知识视角下的项目风险集成管理：
框架、模式与仿真

张亚莉 著

机械工业出版社

本书凝聚了作者长期以来在项目风险管理领域的研究成果，从多个方面对项目风险问题进行了理论探索。与目前普遍基于数学解析模型的技术视角不同，本书力图把现有的项目风险管理理论与方法及管理过程纳入一个整体的集成框架中，从知识管理的视角，利用建模理论中的模式分析、本体及多智能体仿真等方法和技术，研究项目风险知识的复用、共享和沟通，从而在系统的层次上就项目风险给出一个新的观察角度和解决途径。

本书可作为管理科学与工程、工商管理、工程管理及相关专业的博士生、硕士生以及项目管理专业人员开展理论研究的参考用书，对从事项目风险管理实践工作的人员也具有一定的指导作用。

图书在版编目（CIP）数据

知识视角下的项目风险集成管理：框架、模式与仿真/张亚莉著. —北京：机械工业出版社，2019.2
ISBN 978-7-111-61742-6

Ⅰ. ①知… Ⅱ. ①张… Ⅲ. ①项目风险—风险管理—研究 Ⅳ. ①F224.5

中国版本图书馆 CIP 数据核字（2019）第 003972 号

机械工业出版社（北京市百万庄大街 22 号　邮政编码 100037）
策划编辑：常爱艳　责任编辑：常爱艳　刘　静
责任校对：刘雅娜　封面设计：鞠　杨
责任印制：孙　炜
保定市中画美凯印刷有限公司印刷
2019 年 2 月第 1 版第 1 次印刷
169mm×239mm・15 印张・268 千字
标准书号：ISBN 978-7-111-61742-6
定价：59.00 元

凡购本书，如有缺页、倒页、脱页，由本社发行部调换

电话服务	网络服务
服务咨询热线：010-88379833	机工官网：www.cmpbook.com
读者购书热线：010-88379649	机工官博：weibo.com/cmp1952
	教育服务网：www.cmpedu.com
封面无防伪标均为盗版	金 书 网：www.golden-book.com

前　言

项目风险管理（Project Risk Management）是项目管理中十分重要的研究领域。随着我国《积极牵头组织国际大科学计划和大科学工程方案》、"一带一路"基础设施建设先行规划的出台，中国跨组织项目的力度将会增大，科技创新项目、基础建设项目以及相伴而生的大型工程项目的管理也面临着新的机遇和挑战。由于跨组织项目的复杂性和长周期性，应对项目不确定性的风险控制与集成管理就成为保证项目成功的关键。有效地控制项目的风险，对提高项目多方利益相关者满意度、项目绩效乃至国家声誉都有重要影响，因此在动态的不确定环境下进行项目风险集成管理，符合国家和行业对不同类型项目管理的长期要求和未来发展趋势。

当前管理者比以往更关注项目的风险及其控制，并且需要根据以往的风险管理经验和教训以及现有的风险知识、管理理论方法来建立一个适合自身的项目风险管理策略。由于领域化差异、外部环境的快速变化、项目自身复杂性和不确定性等因素，现有风险管理方法难以满足实际项目跨领域沟通与协作的需求，风险知识的有效集成与风险复杂性已经成为一个研究热点和亟待解决的现实问题。

作者所在的课题组长期从事项目风险管理的探索研究，因此本书在对不同领域风险管理思想进行深入分析的基础上，求同存异，力图把现有的项目风险管理理论方法及管理过程纳入一个整体的集成框架中，从而在系统的层次上对项目风险给出一个新的观察角度和解决途径。在研究方法方面，本书采取了模式分析、多智能体建模仿真以及与案例研究相结合的方式，保证研究结论的科学性和适用性。本书的宗旨在于将最新的项目风险管理理论与方法呈现给相关的研究人员，同时推动项目风险管理理论与方法在项目管理实践中的应用。

与目前基于数学解析模型的技术视角不同，本书从知识管理的视角，利用建模理论中的模式分析、本体及多智能体仿真等方法和技术，研究项目风险知识的复用、共享和沟通。

| 知识视角下的项目风险集成管理：框架、模式与仿真

主要内容包括：基于知识的风险管理模式、过程、风险模型，以及不同的项目计划组合、信任、合作等条件对项目风险的知识交换、风险绩效的影响。

本书主要创新在于：

1. 提出一种项目风险研究的集成框架

针对目前涉及不同领域的项目在风险沟通、协调中出现的混乱问题，本书从不同领域分析了风险概念的共性和差异化特征，给出了一个由模型域、数据域、技术域与过程域构成的集成框架。

2. 提炼出基于知识复用的风险管理模式

针对当前大多数项目团队忽视对风险相关知识的提炼、积累和复用而造成的管理成本增加等问题，本书利用模式分析的方法抽取有效的风险管理的一般化过程、方法或管理程序，并通过对其进行重组，设计出适宜项目自身特点的管理模式。

3. 提出基于知识的项目风险模型和管理过程

针对由于不同项目、行业的风险知识存在的语义差异而造成的风险沟通障碍，本书从知识管理的角度研究了项目风险知识的沟通和共享问题。在现有的风险管理过程的基础上，提出了基于知识管理的项目风险管理过程，通过与组织学习和知识管理系统的有效集成，可以实现项目风险管理过程的持续改进。建立了一个分层的风险本体模型，可以在一定程度上实现风险知识在不同组织、团队及利益相关者之间的语义共享，改善风险沟通的效果。

4. 构建基于利益相关者知识的多智能体项目风险仿真模型

针对项目风险中的不确性和复杂性问题，在风险的主动计划、持续过程及利益相关者沟通模式的基础上，借助知识网络和多智能体技术建立了一个项目风险的仿真模型。该模型将已知风险集合、利益相关者的风险知识分布以及不同的风险计划作为输入，可以输出最优的控制次数、风险计划组合以及不同条件下风险影响的具体量化结果，并且在项目利益相关者信任和项目供应链合作伙伴关系两个典型情境下进一步扩展了多智能体项目风险仿真模型，同时探索了不同项目中信任和合作关系对项目风险的影响。

在本书的撰写过程中，作者引用和参考了国内外项目风险管理方面的诸多文献，

这些前人的研究成果是本书得以顺利完成的基础。虽然阅读、消化文献是辛苦的，但当受到精妙观点的启发时，又是倍感欣喜的。真诚感谢众多文献的作者及其出版机构。另外还要感谢西北工业大学管理学院杨乃定教授给予的指导，以及本书作者的几位研究生，包括西北工业大学管理学院的郭琳、徐祎飞、姜香美等同学，他们也参加了相关课题的研究工作。最后还要感谢西北工业大学管理学院学术专著出版基金的资助。

虽然经过了多次推敲与修改，但由于作者水平有限，本书仍然难免有疏漏之处，恳请各位专家学者不吝赐教。

张亚莉

目 录

前言
第1章 绪论 ·· 1
  1.1 项目管理的不确定性与复杂性 ··· 2
  1.2 风险、不确定性和危险 ·· 5
  1.3 项目风险管理中存在的问题 ··· 7
  1.4 项目风险的知识管理 ··· 9
  1.5 项目的智能体仿真 ··· 10
  1.6 本书的内容和结构 ··· 12
第2章 项目风险的集成化框架 ·· 14
  2.1 风险内涵的领域化差异 ·· 14
      2.1.1 统计学派 ·· 16
      2.1.2 风险敏感的工程行业 ··· 17
      2.1.3 信息安全领域 ··· 18
      2.1.4 金融投资领域 ··· 19
      2.1.5 心理学及社会学领域 ··· 21
  2.2 风险概念辨析 ··· 22
  2.3 项目风险的集成框架 ··· 24
      2.3.1 项目风险模型 ··· 24
      2.3.2 项目风险的相互依赖性 ··· 25
      2.3.3 项目风险管理过程 ·· 28
      2.3.4 项目中的"软风险" ··· 29
  2.4 小结 ··· 32
第3章 基于知识复用的项目风险管理模式 ··· 33
  3.1 模式 ··· 33
  3.2 模式的描述 ·· 35
  3.3 项目风险管理的基本模式 ·· 37

3.3.1 风险的被动解决模式……39
3.3.2 风险的主动计划模式……41
3.3.3 风险的持续过程模式……44
3.3.4 风险的项目组合模式……48
3.3.5 风险的团队协作模式……52
3.3.6 风险的利益相关者沟通模式……56
3.4 应用案例分析……61
3.4.1 装备项目的风险管理特点……61
3.4.2 某项目中风险模式的组合及复用……64
3.4.3 项目风险管理的系统模型……69
3.5 小结……70
第 4 章 基于知识的项目风险模型与管理过程……71
4.1 项目风险的知识因素及管理过程……72
4.1.1 项目风险的知识因素分析……72
4.1.2 基于知识的项目风险管理过程……73
4.1.3 组织学习与项目风险管理的集成……76
4.2 基于本体的项目风险模型……78
4.2.1 项目风险的分层结构……78
4.2.2 基于本体的风险模型定义……80
4.2.3 项目风险知识的语义共享……82
4.3 案例：软件项目风险本体模型……84
4.4 项目风险知识管理系统的设计……85
4.5 小结……87
第 5 章 基于利益相关者知识的项目风险仿真……88
5.1 复杂自适应系统与智能体建模仿真……88
5.2 基于知识的项目风险的 ABMS 模型……92
5.2.1 仿真平台……92
5.2.2 项目风险仿真的总体结构……94
5.2.3 模型主要元素设计……96
5.3 仿真案例的基本信息描述……102
5.4 仿真一：项目风险管理循环次数……105
5.5 仿真二：不同风险计划的组合……109
5.6 仿真三：不同阶段的项目人员流失……113

5.7	仿真四：多风险高关联项目	120
5.8	小结	124

第6章 基于利益相关者信任的项目风险仿真 ... 126

- 6.1 基于信任的项目风险管理 ... 126
- 6.2 基于信任的项目风险仿真模型 ... 128
  - 6.2.1 仿真的总体结构 ... 128
  - 6.2.2 模型主要元素设计 ... 131
- 6.3 仿真案例的基本信息描述 ... 135
- 6.4 仿真一：风险知识交换的信任度 ... 137
- 6.5 仿真二：利益相关者的活动自由度 ... 140
- 6.6 仿真三：利益相关者的视线范围 ... 143
- 6.7 仿真四：利益相关者自主负责风险的能力 ... 149
- 6.8 小结 ... 156

第7章 项目中供应链合作伙伴关系风险仿真 ... 158

- 7.1 项目中供应链风险管理过程 ... 158
  - 7.1.1 供应链风险沟通 ... 158
  - 7.1.2 供应链合作伙伴关系及其风险管理 ... 159
  - 7.1.3 民机项目供应链风险沟通与管理 ... 160
- 7.2 项目中供应链合作伙伴关系风险仿真模型 ... 160
  - 7.2.1 仿真的总体结构 ... 160
  - 7.2.2 模型主要元素设计 ... 164
- 7.3 仿真案例的基本信息描述 ... 165
- 7.4 仿真一：不同的供应链结构 ... 169
- 7.5 仿真二：风险合作对制造商的影响 ... 171
- 7.6 仿真三：风险管理力度 ... 173
- 7.7 小结 ... 175

第8章 结论 ... 177

附录 ... 180

- 附录A 基于利益相关者知识的项目风险仿真代码 ... 180
- 附录B 基于利益相关者信任的项目风险仿真代码 ... 198
- 附录C 项目中供应链合作伙伴关系风险仿真代码 ... 207

参考文献 ... 218

第 1 章 绪 论

随着项目管理理论的蓬勃发展，它在实际中的应用也越来越深入人心，尤其是在建筑、航空、产品研发、信息技术（IT）等很多领域，项目管理已经成为企业和组织保证产品质量、控制成本、及时交付以及高客户满意度的重要保证。可见，这些领域的项目管理的成功在很大程度上取决于项目管理所提供的成熟的数量化技术。一般来讲，项目的确定性程度越高，项目范围越清晰，项目团队对项目涉及的专业领域的知识了解得越深入，则实施项目管理的效果越显著。然而，实际中很多时候情况并不够理想，多数领域中的项目更多地面临各种不确定性和复杂性的挑战。

随着现代社会中各种新的管理思想和信息技术的出现，应用项目管理的组织和团队已经处于不同于传统意义的一个新的环境。项目管理早已不再局限于由临时成员所构成固定团队的内部管理，并从单纯面向特定领域的任务转为涉及不同专业领域专家、客户等众多利益相关者的跨组织协作管理。同时，新兴的各种项目管理、知识管理、工作流、移动社群媒体等软件系统以及虚拟团队、业务流程和服务外包等形式，都对传统项目管理提出了新的挑战。

作为项目管理研究和实践中的热点和前沿问题，项目风险管理已经越来越成为保证项目成功的必要组成部分（Chen et al.，2018；Cooke-Davies，2002；Reed，Angolia，2018）。特别是在某些特殊的领域，诸如国防、建筑、水利、能源、化工等安全敏感性的行业，风险管理除了能够保证项目的顺利实施外，还起着维护人们生命财产安全和社会稳定的重要功能。可以说，项目管理已经有了较为成熟的理论和方法，这些理论和方法在很多实际的工程项目中发挥着举足轻重的作用，但是随着人们对风险本质理解的逐渐深入，在不同领域对风险概念也存在认知上的差异。同时技术快速发展、系统复杂性增加，已经使具有能动性和主观价值判断的项目利益相关者认识到项目风险管理并不是普通的常规化任务，而是有着自身的特殊性、不确定性和复杂性。

因此，进行项目风险管理方面的深入研究，在风险的理论方法、管理和控制过程、识别和评估技术以及应用工具等方面，都具有十分重要的实践意义。

1.1 项目管理的不确定性与复杂性

项目中不可预见的不确定性是指由于不能识别出相关影响变量以及它们之间的函数关系，而无法对事件和行动预先地进行计划；而项目中高度的复杂性是指，由于变量及其交互数量太多而导致难以预先决定一个最优的行动序列（Sommer，Loch，2004）。

因此，如何在现有项目管理中引入新的思想、方法或技术来应对这些挑战已经成为当前项目管理的热点问题之一。虽然严格地讲，关注于"威胁"和"事件"视角的风险管理并不是项目不确定管理的全部（Ward，Chapman，2003），但是风险管理仍然可以视为目前应对项目不确定性、模糊性和复杂性的一个最为有效的手段和必要组成部分。传统的项目风险管理中那些成熟的数量化技术并不总能奏效。例如，Pender（2001）就认为建立在传统的概率理论基础上的 PMBOK（Project Management Body of Knowledge，项目管理知识体系）的风险管理知识领域难以解释项目中的许多实际问题，于是提出了一个包括风险、不确定性、无知和模糊性的不完备知识的扩展框架。

项目风险复杂性的一个主要表现在于项目或项目群中涉及的风险数量众多、各风险之间的内在关系错综复杂。如何有效地识别和刻画项目（包括项目群）生命周期中出现的风险及其相互间的关系、如何全面地进行项目的风险评价等问题已逐渐成为新的研究方向。

对于项目管理中的各种不确定性和复杂性，Sommer 和 Loch（2004）提出了两种基本的策略：试验性错误学习（在项目中制订新的或修改原有计划的能力）与选择（寻求多个备选方案直到最好的被识别出来），同时研究了在不同的不确定条件下采用两种策略的优先级以及受复杂性影响的最优试验次数。Pich、Loch 和 Meyer（2002）则用关于世界状态和行为效果的可获取信息的足够程度表示项目中的不确定性、模糊性和复杂性，并提出了一个支付（或收益）函数形式的项目模型，该函数依赖于世界的状态和行为序列的选择。信息的缺乏既可以是因为事件或因果关系的不清楚，同时又由太多变量的交互所导致的行为效果的评估困难所造成。行为和世界状态之间的交互决定了支付函数的复杂性。该模型认为项目管理应该存在三种最基本的策略：指导、学习和选择。而传统的项目管理方法强调足够的信息和指导性，并且现有众多的项目管理方法都是围绕如何满足和适应这三种基本策略的。项目选择一个适宜的策略既取决于所面临不确定性的类型，也依赖于项目收益函数的复杂性。此模型最大的贡献在于建立了一个严格的方法以支持项目管理者在项目开始时判断可用信息的足够程度，从而选择合适的策略组合。

这种基于序列决策理论的概念模型，虽然通过引入模糊性和复杂性作为因子可以有效地解释项目管理不同方法的共存现象，并在一定理论程度上肯定了借助学习和选择以及这两种方法的结合来消除因不确定性、复杂性导致的信息缺乏的研究思路，然而这些模型仍然缺乏具体可操作的方法来指导实际项目的实施。所以，项目管理者尽管熟悉这些相关理论模型，但是如何学习和选择仍然要借助自己以往的经验以及其他特殊的技术和方法。

在目前多数的项目管理实践中，风险管理者常借助项目计划来应对环境中各类风险因素，包括应急计划和项目缓冲。例如关键路径法（Critical Path Method，CPM）、计划评审法（Program Evaluation and Review Technique，PERT）和图形评审技术（Graphical Evaluation and Review Technique，GERT）等。当项目内外环境快速变化或处于高度不确定时，Eisenhardt 和 Tabrizi（1995）的实践研究推荐了一个"迭代或试验"的项目管理方法，例如计算机行业的硬件产品创新和软件系统升级。而并行工程的思想则主张应该同时提供多个解决方案，如果它们的结果可被测量，之后便选择其中最好的方案。虽然存在诸多不同的项目管理方法，但是这些方法在某种程度上存在冲突，例如在执行计划、触发基于未来事件的应急措施、试验和学习或者同时多个方案的试验等要求方面。虽然所有这些方法都包括不确定的思想，但遗憾的是，目前还不存在一个可被广泛接受的概念模型来帮助项目管理者理解为什么存在这些不同的方法、需要选择哪一个以及何时使用它们。这就导致了大量项目在面对项目难以避免的不确定性和复杂性时的失败，如进度延期、预算超支、绩效下降以及机会丧失等。

目前项目管理中常用的风险技术主要依赖于可支持风险分析的扩展"关键路径"方法，及借助图形化的蒙特卡罗（Monte Carlo）模拟程序对可能后果和任务反复试验进行分析。在 GERT 以及后续的 Q-GERT（Queuing GERT）等工具中，还引入了对任务危险程度的测量，以及包含部分重叠活动、返工的项目计划中的仿真（Pritsker，1966；杨青，刘志林，单晨，2017）。近几年出现了一些新的项目风险管理方法，主要包括模糊分析法

知识视角下的项目风险集成管理：框架、模式与仿真

（陈娟，2008；张俊光，宋喜伟，贾赛可，等，2015；赵恒峰，邱菀华，1997；朱明明，2010）、贝叶斯风险分析（Yet et al.，2016；董正国，王凭慧，2012；何清华，杨德磊，罗岚，等，2016；胡书香，莫俊文，赵延龙，2013）、神经网络预测模型（胡勇，贺晓娟，黄嘉星，等，2010；蒋天颖，丰景春，2009），以及 VaR（Value at Risk）方法（钟懿辉，2013）。然而，上述研究大多侧重于项目风险识别、评价的量化分析、评价方法的比较分析以及风险管理过程方面的定性分析等方面。

CPM 和 GERT 等方法把计划网络中的任务都看作预先确定的变量，这种预先的假定其实代表着计划者对未来工作的估计。然而随着项目的不断演化和环境的变化，项目的状态往往都会超出计划者最初的预期，这也是造成不断进行计划变更的原因。与这种思想不同，Ludwig、Möhring 和 Stork（2001）认为任务是一个利用序列决策（动态规划、决策树等）工具进行决策的结果，并针对项目计划发展了一个动态策略（Dynamic Policy），即在项目计划中，决策和控制行为可以在整个项目过程中逐步地多次出现。在项目管理的实践中，这种基于动态策略的方法被称为风险管理，即识别可能（且不确定）事件以及它们对项目的影响。它的目标在于减少风险（其大小用可能性与影响的乘积来衡量），尽可能快地估计一个危机事件将要发生的可能性，并且制定降低其不利影响的应急措施。

McFarlan（1981）在分析了一些主要信息系统项目的基础上，指出应该根据项目规模、结构以及技术经验等不确定性的不同情况来调整管理风格；Schrader、Riggs 和 Smith（1993）则强调了不确定性和模糊性（关于功能变量的知识不足）之间的差异，但是在项目管理方法中没有建立起两者的联系。Shenhar 和 Dvir（1996）提出了一个基于技术不确定性和项目复杂性的经验分类模式。然而这并不适用于其他不同的领域行业。

实际中，项目管理者经常简单地在他们的项目中引入某些"余地"及时间费用上的缓冲来处理风险。为了防止自我实现预言现象（皮格马利翁效应）的出现，项目团队就必须共同保持这种"余地或缓冲"。另外一种"余地"的形式是弹性，即使用那些能够满足具有多个可能后果的风险控制的技术和管理过程。例如，可以利用延期的设计或者设计一个超出预期要求的产品性能指标。

由于项目处于一个模糊、复杂的世界中，在管理实践中，对于工程项目中存在的不确定性问题常常采用基于迭代和反复试验的方法，这种方法对于那些快速响应市场及环境变化的管理需求尤为重要。这样的项目既具有一个广泛和弹性的目标，又有预评价和分析的原型构造及"认识和学习"的需求，即从市场中启动项目，从失败中学习，并调

整下一步的策略。有时在一个项目中，企业的项目团队还可以根据项目的"里程碑"是否能消除重要的模糊性和知识差距来决定是否继续项目。

1.2 风险、不确定性和危险

Rosa（2003）认为风险是一种情境（状态）或一个事件，在这种情境中，人们的价值（包括他们本身）处于危险中，并且后果具有不确定性。所以，不确定性与风险之间存在紧密的联系，许多行为理论研究人员对未知后果的情境反应，把个体或群体心理上的不确定性看作一种十分重要的部分。

从经济学角度，Knight（1921）认为应该严格区分风险与不确定性两个不同的概念，风险是一个可量化的不确定性测度，而不确定性则具有不可量化的特点。不确定性是一个心理建构，它只存在于人们的意识中，如果一个个体的知识是完备的，则此个体就不存在任何不确定性（Windschitl，Wells，1996）；Willows et al.（2003）认为风险是状态或事件发生的频率或可能性以及可能后果大小的结合；而不确定性的存在则是由于缺乏相关的知识，即可能来自于一个不准确的关于风险的知识，这包括一个事件发生的可能性和由确定的因果关系所决定的结果集都是不确定的。有时即使有了这些准确的知识，仍然存在后果出现的不确定性。可见，不确定性描述了人们拥有关于风险的知识的程度。不确定性可以分为赌博性的不确定性（Aleatory Uncertainty）和认识的不确定性（Epistemic Uncertainty）。前者用于可能性和其所决定的结果都准确已知的情况；后者则用于可能性和后果都不能准确了解的情况。Willows et al.（2003）从可能性和后果的知识所掌握的程度给出了不确定性与风险之间的关系。

不确定性是由缺乏事件发生可能性或者其后果的知识所造成的。反之，一旦具备这两方面的充足知识，就可以数量化和精确地刻画风险。如图 1-1 的右上区域所示，基于风险的决策过程和不确定性的类型可以分为以下四种（Willows et al.，2003）：

（1）真实世界的环境不确定性。

（2）数据的不确定性。

（3）知识的不确定性。

（4）模型的不确定性。

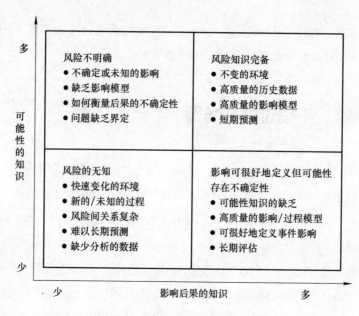

图 1-1　风险、不确定性与知识

从决策的角度看，风险往往与决策紧密相关。与赌博性的不确定性相关的决策称之为精确性的不确定性条件下的决策，有时也称之为风险决策；然而很多情况下，可能性或概率不能够被了解和估计，这时就称之为不确定性条件下的决策。一些学者认为"风险"这一概念一般用来描述这两种不确定性应用的情形（Knight，1921；Morgan，Henrion，1990）。并且具有多个结果的方案选择在风险条件下都可以对给定的选择指定一个条件概率（Friedman，Savage，1948），这种方法的基本原理来源于冯·诺依曼提出的著名的博弈和经济行为理论（Von Neumann，Morgenstern，2007）。所以，许多经济学家都倾向于把风险作为一类决策问题而不仅仅是一种量化的数字。

除了不确定的概念外，风险在很多情况下还和危险被看作同义词，在一般的风险管理理论和实践中管理者却忽略两者之间的内在差异。Luhmann（2017）认为风险与危险的不同之处在于：风险必然与人的决策相关，即当某个决策可能导致损失时，就说这个决策是有风险的，这与前述的统计学中风险决策理论的思想相吻合；而如果导致（可能的）损失的原因完全是外在的，即不涉及人的决策时，这就是危险（而非风险）。虽然目前人们对于不确定性、风险及危险的认识比以往更加深入和透彻，但究其原因在于"不可预知性"的存在，即人无法预先知道环境与决策的后果。对于不可测量的不确定性以及不可预知的外部危险而言，要么完全拒绝它们，要么调整对它们的承受能力，或者借助历史信息与现有的知识经验给出一个主观的估计，把它们在某种意义上转化为可测量的风险。

可见，这些相似而又有所区别的概念的背后意味着不同的哲学含义。并且在不同的领域中，其应用背景及测量方式的不同决定了"风险"一词所蕴含的不同意义。由于项目管理本身就具备不同领域的适用性，即任何领域的工作都在一定程度上可以看作项目，并且可以按照项目管理的方式来运作，而即使在一个项目内，也有可能涉及众多不同的领域，因此，了解不同领域内风险的概念和定义、测量及评价等管理方式有助于项目中风险的沟通，进而有效地提高项目风险和管理水平。

1.3 项目风险管理中存在的问题

在项目管理中首次引入风险管理的观点是美国项目管理协会（Project Management Institute，PMI）1987年版的《项目管理知识体系指南》（Duncan，1996），当时风险主要是指项目工期、成本的不确定性，但是不确定性贯穿于项目生命周期的每一阶段和各个方面；James（2001）认为风险是一个项目中可能出现问题的且会对项目目标产生影响的任何事情；有的学者则认为风险是约束和不确定性的组合（Robert，1996），即通过消除或放松某些约束条件的限制与降低不确定性来控制风险。然而项目的约束通常都不易消除。例如，项目的完成期限往往难以变更；与之相比，在项目关键阶段的核心成员的人力约束具有更大的不确定性。显然，项目风险随着项目的性质不同而不同，在整个生命周期的各阶段，风险的大小也不一样。

风险在实际中还被认为是一个项目过程中的任何负面影响或对期望结果的一种威胁。风险还受到对在一个项目中发生事件、项目结果的感知和期望的影响。此外，风险也会对项目的不同部分产生不同的影响，例如，某些项目可能受到交付问题的影响，而其他项目则可能受到管理问题或系统可靠性问题的影响等。

项目风险与问题不同，问题是指已经发生并且对项目已造成负面影响的事件；项目风险也不同于那些未来注定会发生且发生后会对项目产生不利影响的事件。项目风险也可能发生，也可能不发生，如果它发生的话，会给项目带来负面的影响。

根据前面对风险概念进行的分析可知，不同领域的项目对风险概念有着不同的定义。

可见，项目风险是一个多维度的概念，任何一种对它的单独定义都不够全面。在目前风险的研究和实际应用中，风险管理还存在以下几方面的问题：

1. 项目风险概念的定义仅仅考虑风险的不确定测度和其后果两个方面

大多数项目管理者都认为风险是未来可能的不利事件发生的概率与其后果的函数，通常用两者的乘积来衡量其大小，并以此作为风险评估的基础。然而，并非所有的风险都可以这样衡量，对于某些项目能承受的风险来说，尽管其发生的概率非常小，但一旦发生，项目就会导致失败或终止。如果单从后果和发生概率的乘积来看，有可能被评估为一个中等风险；而相反，某些发生概率很大但后果虽然严重却处于项目可接受的程度之内的风险则可能被评估为高风险。这样，实际操作中往往会导致管理者和有关人员忽视前者。所以，有必要从代表性的领域对风险概念和内涵进行深入、细致的比较分析，这应该是所有项目风险全面研究的必要前提和坚实基础。

2. 风险评估忽视"软"数据因素产生的风险

对项目风险的评估，往往局限于风险发生后的成本或金钱损失，忽视某些由于难以量化的"软"数据因素产生的风险。"软"因素主要包括项目团队、成员等利益相关者的心理、团队氛围、组织政治等。造成这种状况的一个原因就是各种风险数据收集的限制。实际项目中风险数据大多来源于项目的管理信息，如项目计划、进度报告以及某些财务等管理指标的测量，这些数据无法反映某些不利事件对组织团队的士气、高层管理层的信心等方面的影响，而这些心理感受所导致的不利气氛的蔓延、组织政治因素的介入都会对项目的成功带来直接的影响。

3. 忽视不同领域中风险认知上的差异性

由于项目管理应用于不同领域，以及每个领域又有自身特点，因而管理者都发展了与其领域相适应的风险理论及方法，这些风险理论方法通常都基于不同的假设集合，有着不同的系统构成，甚至有的时候这些方法在某方面存在冲突。

当项目涉及不同领域时，项目管理者将面临众多的风险方法和管理过程，然而如何在相关的众多方法中找出适合自己项目的管理方法和过程，已经成为当前项目实施风险管理的最大瓶颈。然而遗憾的是，现有的研究和实践缺乏这方面的支持。本研究在分析总结现有理论方法的基础上，利用模式建模理论提炼出具有普遍意义的风险基本管理模式，实现风险知识的组合和复用。

4. 多侧重风险识别和评估的具体技术

现有风险管理研究多侧重风险识别和评估的具体技术，这种过于数学化的风险复杂模型和一些从硬系统"移植"而来的特定技术，已经成为当前国内该领域研究中普遍存在的现象。这些数学化的风险模型从实际项目应用的情况来看，至少有两个缺点：一个是应用条件和范围有限；二是与项目风险管理实践的严重脱节。实际上风险管理者常常抱怨他们无法真正掌握和信服这些看起来完美和复杂的数学公式和推理，无法使用它们来确定地解决项目风险的实际问题。本书的风险研究总体上摒弃了这种风险的研究思路，而是从知识及其沟通的角度来研究项目风险管理的模型、过程和系统等。

5. 线性的解析模型不适用非线性的复杂系统

目前项目风险模型多是基于解析模型的风险识别和评估，但由于项目风险管理的复杂性和不确定性，这些线性的解析模型在本质上并不能体现作为复杂系统的非线性特征，以及不同项目利益相关者在风险管理中的交互行为。而常用的蒙特卡罗仿真作为一种单纯的技术也不能解决项目风险管理中呈现出来的社会性。所以，借助传统的风险方法，项目管理者很难从项目全生命周期中整体把握和预测项目的风险及其影响，而广泛应用于社会技术系统的智能体建模仿真为项目风险管理提供了一个新的途径。

1.4 项目风险的知识管理

目前人们比以往任何时刻都关注项目的风险管理，Charette（1996）认为：项目管理在某种意义上就是关于风险的管理。在项目风险管理的研究和实践中出现了很多针对风险管理过程的理论方法，其中比较知名的有：PMI 的 PMBOK 中的风险管理、英国项目管理协会（UK Association for Project Management）的项目风险分析和管理（Project Risk Analysis and Management，PRAM）指导手册，以及由 Yusuff 提出的 AS/NZS 4360 标准（Yusuff, 2006）。另外，在 IT 和其他领域，也提出了诸如基于项目生命周期的风险管理（Pennock, Haimes, 2002）、持续的风险管理（Rosenberg, Hammer, Gallo, 1999）、集成的风险管理（NRCan, 2001；刘伟，杨绍斌，游静，2010）以及团队风险管理（Higuera et al., 1994）等。

虽然这些方法基于不同的视角，但都强调对风险管理过程的控制。同时，项目所在组织也越来越重视组织的学习和知识的管理。很多组织已制定了一系列的政策和措施来鼓励组织内部的知识创造、转化、共享等活动，并且借助知识管理软件平台来构建组织的知识地图以及专业知识库。可以讲，风险管理在一定程度上就是知识的管理。

然而，实际中大多数组织或项目团队都忽视了对项目风险相关知识的提炼、积累和复用，即使在新项目中使用以往项目的经验，也往往局限于对现有的项目文档的查阅或再修改。但是，作为一种有效的知识描述和沟通形式，风险模式同其他类型的知识一样已经成为组织或项目风险管理中的重要资源。管理且最大限度地复用这些知识能够为企业与软件开发商带来巨大的利益。同以往某一单纯的项目风险管理方法相比，项目风险管理模式的方法不但可以提高风险知识的复用程度和通用性，还可以保持不同风险模型之间语义的一致性，降低风险沟通的障碍，提高项目风险管理的绩效（Reich，Gemino，Sauer，2014；Yang，Huang，Hsu，2014）。

虽然大多数组织中的知识管理和项目风险管理隶属不同的部门，但在实际的操作中两者往往交织在一起，并且相互影响。一些企业已经意识到这个问题，并做了有益的尝试，例如美国德州仪器公司的"警告通知系统"、福特的"最佳经验复制"（Dixon，2002）。而在研究领域，单独研究知识管理或风险管理的文献很多，也比较成熟，但研究二者间内在关系及过程整合的文献却比较少见（Coleman，Casselman，2004；Liu，2016；高妍方，邓晓红，崔晓青，等，2016；张春勋，黄琼思，2009），虽然Alhawari、Karadsheh、Talet等人（2012）从系统实现的角度提出了基于知识的信息技术项目的风险管理框架，然而对风险和知识两者概念之间的内在联系还缺乏更深入的剖析。

当前，如何有效地提炼、共享项目管理中所涉及的各种风险知识已经成为一个十分有意义的工作。本书正是基于知识的视角来研究项目风险管理中的模型、可复用的管理模式以及基于知识的风险管理过程，并且在所提出的相关风险的知识研究基础上构建了一个基于智能体的项目风险的模型，从利益相关者知识、信任、项目供应链合作伙伴关系等几个专题进行了仿真建模与模拟。

1.5 项目的智能体仿真

现代社会越来越多的项目都呈现出了跨越时间和空间的虚拟集成特性，并且随着信息技术的迅猛发展和组织学习、组织知识管理的出现，大规模的工程项目的风险管理逐渐演变为一种非线性的动态系统，特别是在项目涉及的"软因素"（人、组织、政策、沟通机制等）的影响下，风险管理变得更加复杂化。风险本身的不确定性和随机性，大量风险相互影响所导致的复杂性（Qazi et al.，2016），以及项目中个体在传递风险相关知识时的模糊性等特点，让采用基于 Agent 的建模与仿真（Agent-based Modeling and Simulation，ABMS）理论和方法来研究作为复杂自适应系统（Complex Adaptive Systems，CAS）系统的项目风险问题成为可能。尤其是某些诸如航空武器装备、大型的工程及社会项目，涉及的单位众多（如国防系统的大型型号项目，其合作单位通常包括电子、化工、机械、信息等行业的几百家单位），任何一家出现偏差，都有可能带来或大或小的损失。如果将项目中涉及的众多人员和组织单位分别抽象为不同类型的 Agent，通过对项目风险管理一般过程的分析建模，就可以建立关于项目风险的 ABMS 仿真模型。

ABMS 对于组织和社会科学的模拟仿真，已经取得了许多具有理论与实际意义的研究成果，如基于 Agent 的项目管理、项目计划及系统工程等（Ciancarini，Omicini，Zambonelli，1999；Dixon，Reynolds，2003；Knotts，Dror，Hartman，2000）。Dal 和 Merlone（2004）采用 ABMS 的方法研究组织人员流动率对整体营运效率影响；美国国防部（DoD）也已广泛使用 Agent 仿真来支持其决策过程，其中 Cioppa、Lucas 和 Sanchez（2004）对军事领域中 Agent 仿真的典型应用进行了深入的分析和总结。而在国内，多 Agent 模拟仿真技术也引起了国防军事领域中研究人员的关注，2004 年国防科技大学等单位的学者陆续发表了多 Agent 仿真技术在 C^4ISR、作战对抗等领域的应用研究（陈艳彪，李志刚，黄建明，等，2004；迟妍，谭跃进，2004）。

长期以来，项目风险管理者倾向于对项目客观事件风险的关注，风险管理也比较重视对客观事件风险概率的计算和损失的估计，但关于项目中人和组织的风险研究不足。对风险发生概率的判断、造成后果的估计与人（Agent）的先验知识和效用有关，不同的 Agent 对风险的态度有所不同，因此有必要借助多特征效用等理论来测量偏好问题，并根据社会网络等理论对 Agent 之间进行"软因素"在沟通网络、知识网络以及任务网络等方面的关联建模和仿真分析。

本书所建立的风险模型将从计划、团队协作、风险氛围、任务、知识等不同方面对 Agent 之间的相互作用进行描述，通过模拟仿真来考察项目中某些因素在其生命周期过程中的相互影响及趋势。对项目中的涉及因素进行基于时间的整体性分析与模拟，并为分析者提供可视化的直观效果，从而实现项目风险的事前分析与预测。利用 ABMS 及相关技术可以有效地克服以往关于风险的单纯定性分析（组织内的管理机制、政策、规范和原则的框架性研究）难以实际操作的缺点，同时与那些侧重局部量化的基于个体或团队的概率估计方法分析相比，可以从宏观的角度来审视风险在跨越整个项目生命周期上的整体效应和涌现出来的某些宏观行为，从而实现风险的综合分析和事前预测。

1.6 本书的内容和结构

本书一共分为八章，各章的主要内容简述如下：

第 1 章，绪论部分对项目风险国内外研究现状和存在问题进行了深入分析。

第 2 章，分析了不同领域中风险概念的差异以及风险不同内涵所体现出的哲学含义，提出了一个项目风险的集成框架，该框架由数据域、模型域、过程域和技术域四个相互联系的领域构成。在这个集成框架之下，本书紧紧围绕风险的知识及其知识管理（收集、沟通、共享等）进行了研究。

第 3 章，从风险知识复用的角度，将风险管理模式作为一种特殊的知识，利用建模理论中的模式方法提炼出某些基本的风险管理模式。主要包括风险的被动解决模式、风险的主动计划模式、风险的持续过程模式、风险的项目组合模式、风险的团队协作模式、风险的利益相关者沟通模式。最后以一个装备项目为例，说明了风险模式组合和复用的具体过程。

第 4 章，在现有风险管理过程的基础上，提出了基于知识的项目风险管理过程，构建了基于本体的项目风险模型，以改善风险知识的沟通。

第 5 章，在相关风险管理模式的基础上，从风险知识的分配、交换以及利益相关者沟通角度，利用智能体仿真技术对项目风险进行了建模与仿真。

第 6 章，在第 5 章的基础上，进一步研究了基于利益相关者信任的项目风险的建模与仿真，包括风险知识交换的信任度、利益相关者的活动自由度、视线范围和自主负责风险的能力对项目风险绩效的影响。

第 7 章，在第 5 章的基础上，研究了项目中供应链中合作伙伴关系风险的建模和仿真，包括不同供应链结构、风险合作以及风险管理力度对风险绩效的影响等。

第 8 章，对全书进行总结。

本书内容整体逻辑结构如图 1-2 所示。

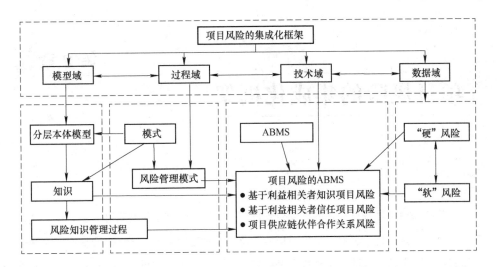

图1-2 本书内容整体逻辑结构

第 2 章 项目风险的集成化框架

风险在项目中是普遍存在的，项目管理在一定程度上就是风险管理。由于企业内、外部环境的快速变化，项目以及项目群所涉及的不确定因素日益增多，面临的风险种类也越来越多，风险导致的损失规模更是越来越大，这些都促使科研人员和实际管理人员从理论和实践上更加重视对大型工程项目的风险管理。但是，当前项目风险管理的理论研究还不尽成熟，其实际应用的效果也不十分理想，尤其在国内的一些项目中，风险管理在很大程度上只是停留在意识和概念阶段。项目风险理论的研究内容也缺乏深入，特别是在当前项目风险管理领域包含哪些需要解决的问题以及项目风险的研究应该沿着哪些思路等方面。本章正是针对这些问题，在对国内外项目风险管理研究现状进行分析的基础上，提出了目前项目风险管理研究应该关注于项目风险元模型的分层构建、单项目及多项目的风险依赖性分析、风险管理过程及人、组织等"软风险"等几个方面，并给出了一个由模型域、数据域、技术域与过程域构成的集成化研究框架。

2.1 风险内涵的领域化差异

随着项目管理在各个领域中的广泛深入发展，项目管理无论在规模还是复杂性等方面都超出了人们的预想。特别是在那些涉及不同领域的工程和社会性的项目中，由于组织和项目作为一个技术社会系统所呈现的高度不确定性和复杂性，项目风险在风险哲学、风险定义、沟通与管理的理论及方法等诸多方面呈现出了多样性。这种所谓"风险丛林"的存在，在很大程度上困扰了管理者在项目及组织中的风险管理策略的选择，并且造成了项目所涉及的不同领域在关于风险概念及风险知识的沟通、协调中的混乱。在这种情况下，深入了解风险的概念及其哲学内涵以及项目风险在不同领域的应用及其侧重，不但是构建项目风险元模型的基础，而且也有助于项目管理者及其各种利益相关者重新审视项目管理中的风险概念及风险管理过程和方法的优缺点，从而改善项目风险管理的绩效。

建立风险模型的前提是需要深入了解到底什么是风险，风险的概念、定义是什么等。然而，无论是在学术领域，还是在不同领域的实际管理中，对于风险概念的认识一直都存在着诸多争议。争议的原因是多方面的，风险概念之间的不同有时可能来源于主体拥有信息的不同，有时则可能来源于主体兴趣和偏好的差异。Brun（1994）认为风险的含义是因人而异的；Thompson 和 Dean（1996）则进一步指出，这些不同的风险观点和由此产生的众多方法在本质上是基于不同的哲学假设。研究风险和风险问题的专家更有可能也更应该构造一个具有良好定义、内部一致的风险概念，而非通常意义上的风险概念，这样才有可能清晰地阐明这些风险概念、方法之间的不同，了解风险分析、评价和沟通在通常认识之下所隐藏的深刻含义。

风险概念和风险定义在实际使用中往往相互重叠，很多情况下，人们并不严格区分二者的差别。其实，风险概念是用于在使用某一语言的人们之间共享关于"风险"一词的语句，其中包括各种不同的文法格式（如名词、形容词和副词等）。从语言学的角度看，风险定义也就是通过字典定义的方式给出一个概略性的同义词汇来解释概念的一般用途。然而在科技和学术领域中，研究者往往需要在风险概念的一般意义上进行更精确的形式化约定。共享同一概念的人们可以在他们各自的领域中应用不同的定义，这种约定的定义建立了一个应用范围更小、也更具体的等价词汇（也称术语）和管理过程的集合。同时这种约定的定义还必须规定在什么时候、何种情境下使用某个术语，以及不同领域中术语之间的联系。风险的定义通常借助一些公式、数据、量化关系以及使用"风险"这一术语的情境来表示。可见，风险定义其实就是约定了在某个领域或情境而对风险概念进行等价替代和引用的标准。

对于风险这个具有模糊性和难以定义的概念来说，即使有时澄清了不同定义的差异，也不能解决人们对风险认识的分歧，这是因为这种分歧本质上来源于其哲学意义上的差异。哲学上的分歧和差异并不仅仅是定义上的不同，即这种差异不能通过对有争议的术语进行约定性的定义来解决。一般而言，风险的某个约定性定义仅适用于对风险有着某些共同认识的人们之间。例如，当人们认为风险是一个可能性和未来事件之间的关系时，就可以把这种关系定义为一个曲线或在事件概率分布之上的一个曲线集合，或者仅仅是一个损失与概率的乘积。

目前大多数对项目风险的研究文献都隐含着假定风险在一般意义上的概念，随着项目风险的逐步发展，很多研究者都忽视了风险更深层次的内涵。并且，这种一般意义上的假定往往排斥关于风险的其他方面的认识。

在字典解释中，风险是危险或所遭受危害的可能性；在维基百科全书中，风险是一个与人的期望有关的概念，它表示一种潜在的负面影响或由某些当前过程或未来事件引起的其他的价值方面的特征；在日常生活中，"风险"一词经常等价于损失或威胁的可能性；在专业的风险评价中，风险用事件发生的可能性和事件引起的影响来表示，这些事件可能处于不同的情境中。

可见，上述风险字典解释是构成风险一般意义的基础。然而，在风险一般意义之上，存在许多不同的定义，这些定义往往与特定的专业领域、文化背景等因素相关。关于风险的定义，可以笼统地划分为两大类：一是科学和工程领域中的风险估计；二是依赖于人的风险认知。所以在科学和工程等领域中存在着不同的风险定义。

2.1.1 统计学派

根据期望效用理论，风险常常映射到一些不期望事件的可能性上，可能的损失和收益通过结果的期望值来反映。统计决策理论中关于某个参数 θ 的估计 $\delta(x)$ 的风险函数定义为损失函数的期望值（苑诗松，王静龙，濮晓龙，1998），即

$$R(\theta,\delta(x)) = E_{x|\theta}[L(\theta,\delta(x))] = \int L(\theta,\delta(x))p(x|\theta)\mathrm{d}u \qquad (2-1)$$

式中　θ ——自然界或社会可能处的状态；

　　　x ——样本观测值；

　　　$\delta(x)$ ——决策函数；

　　　$L(\theta,\delta(x))$ ——损失函数；

　　　$p(x|\theta)$ ——概率密度函数；

　　　u ——控制测度。

在统计决策理论中，参数空间中的每个元素 θ 代表着自然界或社会可能处的状态。从概率密度函数 $p(x|\theta)$ 抽样，获得样本 $x=(x_1,\cdots,x_n)$，就是为了从此样本获取有关 θ 的最新信息，以便做出更好的决策。而 $\delta(x)$ 作为决策函数，即代表着对自然界（或社会）可能做出的行动。损失函数 $L(\theta,\delta(x))$ 表示当自然界（或社会）处于状态 θ 时，而人们采取行动 $\delta(x)$ 对人们引起的（经济）损失，即损失矩阵。

在实际的风险决策问题中，对未知参数的统计推断的精确程度并不能单纯依赖样本的规模，大量的非样本信息也可以用于推断和决策。这些非样本信息主要来源于主体的

经验和历史资料,即所谓的先验信息。利用先验信息的统计就是目前广泛应用于经济领域和决策分析中的贝叶斯(Bayes)决策分析。Bayes 学派最基本的观点是:任一未知量 θ 都可看作随机变量,并可用一个概率分布去描述,这个分布称为先验分布。主观概率是确定离散先验分布的常用方法,即一个事件的概率可以是人们根据经验对该事件发生可能性所给出的个人信念,这样给出的概率常称为主观概率。可以看出,主观概率与使用频率方法确定事件概率代表了两种不同的哲学观点。

2.1.2 风险敏感的工程行业

在一些风险敏感的工程行业中,如核电站、飞行器制造以及石油化工领域,风险一般定义为(丁厚成,万成略,2004):

$$\text{风险} = \text{事故发生的概率} \times \text{事故的金钱损失或伤亡人数} \qquad (2\text{-}2)$$

工程系统中的风险往往来源于工程系统中复杂环节的控制失效以及对目标的防护失效,这些失效的同时发生常常会导致严重的后果。根据英国 1979 年发布的《合理可行的最低程度原则》(As Low As Reasonably Practicable,ALARP),工程领域中的风险被划分为三类:

(1)允许风险(Acceptable Risk)。一般采用定性的风险分析方法,如危险源(HAZARD)方法等。

(2)可容忍风险(Tolerable if ALARP Risk),即符合 ALARP 原则的风险。一般采用半量化的风险分析方法,如风险矩阵等。

(3)不能容忍风险(Intolerable Risk),即不能接受的风险。这部分通常采用定量的风险分析方法,例如故障树/事件树技术。

在工程领域中,除了上述的风险管理方法外,项目或组织还通过执行相应的安全标准来进行管理,如针对机械安全的国际标准 ISO 12100(ISO,2010),以及劳动安全卫生管理的国际标准 ISO 16000(杨雪峰,2005)。由于很多实际中的安全故障都与人的失误有关,因此出现了诸如人因工程、过程安全管理等广泛用于安全及风险管理的常用方法。

在某些特定的工程领域中,除了考虑风险的危害程度外,有时还需要对形成危害的可能性进一步细分,例如危害暴露的频度和持续的时间、事件发生的概率、对危害的控制能力三个方面。

2.1.3 信息安全领域

在信息安全领域中,风险被定义为以下三个变量的函数(Gary,2000):

$$风险 = Threats \times Vulnerabilities \times Impacts \qquad (2-3)$$

式中 Threats —— 威胁,来自外部的事件或活动,通过某些内部的弱点对系统造成影响;

Vulnerabilities —— 弱点或漏洞,系统内部本身所具有的不足之处;

Impacts —— 后果或影响,威胁通过系统所暴露出的弱点给组织造成的短期和长期的不利后果。

如果其中任何一个变量为零,则风险就为零。

显然,项目的威胁依赖于项目的外部环境,这包括政治、经济、社会文化和技术等方面,可以借助 PEST(Political, Economic, Social-cultural, and Technological)、PESTLE(Political, Economic, Socio-cultural, Technological, Legal, Environmental)以及在 PESTLE 基础上加入伦理和人口统计学特征的 STEEPLED(Political, Economic, Socio-cultural, Technological, Legal, Environmental, Ethic, Demographic)等方法来分析项目的威胁(Armstrong, 2006);项目的弱点则可能包括缺乏的技能、动机、财务或其他资源的限制等;对项目的不利影响则一般包括超支、延期与低的客户满意度。

在威胁/弱点概念的基础上,结合风险的一般化定义,Microsoft 安全风险管理流程(Microsoft Security Risk Management Process)对风险进行了更细致的定义(Robin et al., 2002),即风险是漏洞在当前环境下被利用的可能性,从而导致资产的机密性、完整性或可用性的一定程度的损失。

当风险陈述中包括了两个风险要素(可能性和影响)时,流程将它称为格式正确的风险陈述。一个格式正确的风险陈述如图 2-1 所示。

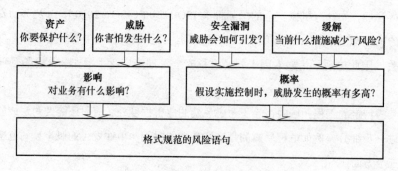

图 2-1 格式正确的风险陈述组成

参与风险管理流程的每个人都应理解风险定义中每个要素的复杂性,这很重要。只有充分理解了风险,企业才能在管理风险时采取具体的措施。例如,首先,定义企业面临的影响时要求以下信息:什么资产受到影响,可能发生什么损坏,以及资产损坏的程度为多少。其次,要定义影响发生的可能性,必须理解每次影响是如何发生的,以及当前的控制环境在降低风险可能性方面的有效性如何。

2.1.4 金融投资领域

随着投资、保险等经济学理论以及伴随着信息技术而产生的各种金融衍生工具的发展,风险概念以及评估、管理风险的各种方法和技术在经济、金融领域中得到了广泛的应用。所谓的金融风险,简单地说,是指一个投资的实际收益与预期收益存在差异的可能性,也包括原始投资部分或全部损失的可能性。它通常通过某个投资的历史收益或平均收益的标准差来测量。例如,目前评估金融市场风险最常用的金融工具 VaR(Value at Risk)(Jorion,2001),即在险价值就是在市场正常波动下,某一金融资产或证券组合的最大可能损失。换言之,即在一定置信水平下,某一金融资产或证券组合价值在未来特定时期内的最大可能损失。例如,某一投资公司持有的证券组合在未来 24 小时内置信度为 95%,在证券市场正常波动的情况下,VaR 的值为 300 万元。其含义是:该公司的证券组合在一天内,由于市场价格变化而带来的最大损失超过 300 万元的概率为 5%,即平均 20 个交易日才可能出现一次这种情况;或者说有 95%的把握判断该投资公司在下一个交易日内的损失在 300 万元以内。

VaR 的基本模型如下:

$$VaR = E(w) - w^* \qquad (2-4)$$

式中 $E(w)$——资产组合的预期价值;

w——资产组合的期末价值;

w^*——置信水平 α 下投资组合的最低期末价值。

VaR 模型有两个重要的前提假设:一是市场的有效性假设;二是市场波动的随机性。在市场不规范或政府干预比较严重的条件下,应用 VaR 模型只能近似地正态处理。在假定收益随时间独立同分布的条件下,可以利用历史数据样本的直方图来计算;在假定资产组合收益是正态分布的条件下,则可应用方差—协方差法来计算;另外,还有通用的蒙特卡罗模拟法。值得说明的是,VaR 模型只关心超过 VaR 值的频率,而不关心超过 VaR 值的损失分布情况以及在处理损失符合非正态分布(如厚尾现象)及投资组合发生改变时表现的不稳定。

即使在同一金融领域中,不同经济理论对风险的定义也不尽相同。例如,Artzner、Delbaen、Eber 等人(1999)在其提出的一致性风险测度的数学模型中,认为风险是投资者的未来净值,即由其所持有的每个投资在未来某个时间 T 的货币价值与汇率变化系数的乘积之和。在这种风险的定义之下,满足一致性要求的风险测度模型必须满足平移不变性(Translation Invariance)、次可加性(Subadditivity)、正齐次性(Positive Homogeneity)、单调性(Monotonicity)。其中次可加性正是通过投资组合来降低风险的最基本假设,但是这种从概念和公理层次进行分析的一致模型太过抽象,不具有可操作性。

由于金融机构面临日益增多的各类风险,如市场风险、经营风险、信用风险、流动性风险、清算风险及法律风险等,除了 VaR 以外,还存在众多的风险测量方法,如方差、风险矩阵、CVaR(Condition Value at Risk)、BVaR(Bayes Value at Risk)等。不同方法系统的并存、缺乏统一标准,除了增加企业成本外,还存在不具可比性的缺点,企业可能同时收到关于风险的不同类型报告,但对公司的整体风险状况仍缺乏了解,这些风险互相影响,不能简单地进行相加。另外,这些方法大多基于后向观察(Backward-looking)阶段,即以历史情况来推测未来,然而,风险作为一种未来的不确定性,理想的风险测量方法还应该考虑未来的事件,即前瞻性(Forward-looking)。

Lo(1999)提出了基于偏好、定价和概率的全面风险管理,认为风险是复杂系统的一种固有属性,现有的一些风险管理方法太侧重于风险的统计特征,而忽视对偏好的研究。Dembo(1998)提出了一种全面测量风险的一致框架 MtF(Mark-to-Future),MtF 是一个全面建立在情景模拟基础上的风险测量与管理系统,它具有一体化、前瞻性和动态可调性。MtF 中的风险不是一个绝对的量度,它总是一种行为(或组合)相对于另一种行为(或组合)而言。例如,对于保持组合不变来说,风险可能与新购买的股票有关。在这种情况下,风险测量的就不仅仅是单独持有该股票,而应该是加上该股票的现有组合与原组合之间的比较。这样,原组合就是风险的一个比较基准。即用期望的事后懊悔水平——后悔值来评估风险,它相当于对损失投保得到的保险金额。后悔值之所以构成风险测量的理想指标,是因为它更准确地描述了风险的主观和客观特征,反映了未来的不确定性。虽然这种方法在限制金融市场中的利率风险方面取得了成功,然而同其他对风险的定义不同,这种风险概念由于数学上的复杂性而难以理解,这就造成了在风险信息披露、评估和透明化方面的障碍。并且也很难判断某个投资是"套头交易"还是"赌博"行为。由于懊悔测量难以反映实际的人的风险厌恶(规避)程度,所以它难以确定对交易的后果是否满意。

金融风险中常需要评估信用风险、信息及时或信息来源风险、概率模型风险和法律风险等。金融领域中一个最基本的思想是风险与收益的关系，高风险高回报的原因就在于投资者需要对承担的额外风险得到补偿。

2.1.5 心理学及社会学领域

Tversky 和 Kahneman（1989）结合心理学和经济学来研究人们不确定状态下的决策行为，其中著名的是框架效应（Framing Effects），即对一个问题两种逻辑意义等价的不同说法却导致了不同的决策判断，框架效应是所有形式的风险评价不可忽略的方面。特别是有限理性的存在，某些极端事件由于其可能性太小以至于难于直觉评估，评估者还需要面对各种认识和文化上的偏见，并且由于道德风险的存在，评估者及其评估结果往往不能完全得到其他人的信任。对于某些极端突发的不利事件，人们即使知道其发生的可能性并不为零，但由于对错误或后果的厌恶，仍然把它们排除在分析之外。因而，决策者的这种倾向经常会影响精确、严格的科学方法的应用。

对于不确定性条件下的决策来说，决策者必须考虑认识偏见和文化偏见。没有一个群体和个人在评价风险时不受"群体思维"（Group Thinking）的影响，有时接受明显错误的方案仅仅是因为迫于权威和其他社会性的干扰。一个解决框架效应问题的方法就是做出一个严格的约定：确保所有情境必须包含那些群体不愿意或不相信的所谓高危害低可能的"威胁"和"假想"事件。例如，航空公司的风险管理者在对于劫机这类恐怖事件的情境分析中，或许会把这种威胁纳入公司规定的预算中，这样就可以通过很小的投入来有效地预防由于上级管理者对这类低可能事件的忽略而导致的风险。

从某种意义上来讲，风险可以被看作集体测量和共享这种"对未知环境的真实恐惧"的一种方式，即包括理性怀疑在内的一系列自身经验的非量化偏见集合所构成的混合体。行为金融（Behavioral Finance）领域就是关注人的风险规避、非对称性懊悔以及其他不同于"理性"的金融行为。在这种情况下，风险可以看作与某个资产的收益相关的不确定性程度。因此，关注和了解人们决策时的非理性和对风险的心理认知可以更有助于减少风险的发生以及对危害的准确评价。

虽然风险有许多不同的定义，但更多情况下风险被看作个体未来将要经历的危险后果的可能性（Short，1984）。Rayner 和 Cantor（1987）认为人们在关于风险的本质问题方面有着一致的看法，即风险由不利事件的可能性和后果的大小组成。这种定义对于工程技术领域中的风险计算来说，在一定程度上是足够的。然而，这种一般意义上的风险定义难以完全适用一个涉及领域范围更广泛、规模更大、更难处理的许多社会化的风险管理。

2.2 风险概念辨析

从决策理论角度来看，风险是事件可能性和效用的函数，即决策者通过对每一个可能后果的期望乘以相应的可能性来计算效用，并进行方案之间的对比和排序。可以说，决策理论已经成为理性风险分析的基础和实际风险管理的常识。

然而在有些情况下，仅仅考虑可能性和后果是不够的，Ronald、Deborah 和 Rachelle（1991）就提出风险还与其他某些维度相关。例如对一些具有危险性的新技术项目来说，采用新技术的风险取决于新技术的选择是自主选择还是被迫强制采用、造成伤害是来自单个事件抑或多个独立事件的累积、不利后果是否具有可逆性等方面。从新技术可接受程度的不同等级来看，存在两种不同的风险：主动或自主选择（Voluntary）风险和强制被迫性（Involuntary）风险（Starr，Whipple，1991）。在这种情况下对风险的理解是一个主观反应，对技术风险的这两种可接受的程度其实反映了不同的社会偏好。这种对风险评价的研究是建立在公众观点的基础上，这一风险概念有别于那种"通过包括完全的特征和通过数据收集和量化方法的风险分析"。这种基于主观的偏好和公众观点的风险认识，可以用来解释为什么某些项目中不同社会和组织角色的人对同一潜在或已发生的问题拥有不同的感受，以及对风险的不同态度。

从社会文化角度分析，任何一个特定文化的信仰都是基于个体判断和喜好的，这些信仰分布于文化的一个社会关系的固定结构中。所以，在任何一个项目中，关于风险的信仰是项目所属的社会政治文化的一部分（Douglas，Aron，1982），即认为关于风险信仰的基本作用就是构成结构化社会关系的象征性符号系统。社会中的个体和团体将建立一个形成固定结构的关系，同时这种固定结构可以建立起社会中关于权力的层级结构，个体关于风险的断言或信仰与他们在社会权力结构中的地位相关。这种观点表明，在很多大型的工程项目以及社会项目中，不同项目利益相关者对风险的断言常常意味着：在通常意义上关于风险事实之下存在着更深层次的社会关系，这种社会关系有时表现为特定社会群体、组织内部之间的权力和政治等因素。研究也发现，项目利益相关者在社会关系网络中的地位会通过影响其个体行为来改变网络结构，同时影响其他利益相关者的地位，从而给项目治理带来新的风险（彭本红，谷晓芬，周倩倩，等，2016）。

Shrader-Frechette（1991）描述了关于风险的哲学争论的两种观点：①实证主义者认为风险是一个纯粹的科学概念，它包含一个完全的特征并且通过数据收集和量化方法来进行分析；②与之相对的是相对主义者，他们认为当外界现象发生时，风险是一种根据个体或社会经验所产生的主观反应。实证主义者把风险作为物理世界中环境的客观引用；而相对主义者把风险作为一种纯粹的精神建构，表示情感、道德或政治上的反应。

与实证主义和相对主义的风险观点类似，还存在概率主义和情境主义这两种风险观点的划分（Hornig，1993）。概率主义作为一种科学观点绝大程度上和实证主义一致，但是与相对主义有所区别的是，情境主义观点认为社会情境是决定风险的最重要的维度。Thompson 和 Dean（1996）认为无论是哪种分法，其观点并非截然相反或相互矛盾的，而是一个连续统的两个方面。实际中经常会遇到一些人持有这两种观点的极端化立场。例如，纯粹的概率主义认为可能性是风险本质和主要的维度，其他维度都是次要的；而极端的情境主义者则认为，不存在一个本质上的风险决定维度，即把可能性、熟悉程度、可逆性等其他因素都同等看待。

风险概率主义者中一个最典型的代表是关于风险分析的经典论文——《风险决策的风险》（Starr，Whipple，1980），其中认为风险评价的基本核心是一个定量化的分析。这种分析可以定义为：" 一个基于收集的数据、案例和统计的过程。其中任一阶段既有可能是正确的也有可能是错误的，在此基础上，构造一个简单的模型来预测一个结果。"预测一个结果就是指派一个可能性的结果。在某些情况下，关于风险的评估存在的分歧或争论其实反映了关于后果和概率效用的不同的价值判断和信仰。这是因为概率的评价本身是一个充满价值判断的过程。

从对风险的态度和反应的角度来看，风险的熟悉程度、可逆性、主动还是被迫等维度形成了风险的直观评价，这种定性的评价或者可以代替概率的知识，或者反映了后果效用的一种相对判断。例如在核电项目中，关于核事故概率的不同估计说明了专家和非专家在风险评价上的背离。所以，可以通过教育培训的途径修正这种广泛存在的关于概率的不同理解。这时，风险就不仅仅是一个科学调查，而且还是一个在专家和公众之间谈判协调的政治过程。因此，对风险常常存在多个评价，其中每个评价由特定政治文化中的不同竞争群体的判断来确定。

风险的情境主义其实是一种社会建构主义者的观点。社会建构主义者关注个体和群体对风险的断言和声明,也就意味着风险行为问题不但需要个体的理解,还包括公众的普遍意义上的理解(Douglas,Aron,1982)。情境主义认为:对任何一个风险而言,并不存在某个维度是其本质的决定因素,风险可能与很多维度相关,且每个维度的重要程度视不同的情境而定。情境主义的风险观点往往用于风险沟通过程的设计,Plough 和 Krimsky(1987)认为风险应在引起争论和讨论的社会情境中来研究,在制定关于风险的有效政策和有效沟通策略时,既要考虑风险的技术性或科学性,又要兼顾不同的文化背景,而非传统风险沟通中只关注那些可量化的变量。在面对诸如核电站、化学设施等具有危险性的科技项目时,非专业的人往往根据自身的选择性偏好只关注某些属性,而把其他的属性排除在外。当人们更多地关注控制属性时,意味着其对风险的关注其实是一种对失去控制的担忧;而对科学家和政府机构而言,关注控制属性是用来表明一种对当前状态的控制能力的自信。

严格的实证主义或概率主义观点是通过从科学角度来收集数据和其他证据的过程方法来试图建立一个理论或因果关系。这常常比情境主义要求得更为苛刻和严谨。情境主义通常用条件概率代替因果关系,也就是说在证据的优势基础上得到结论,证据的优势意味着有足够的可能性做出关于不利后果或伤害的可能性结论(Correl,1993)。情境主义者认为风险的不同概念源于各自领域的实际需求,虽然这些概念在各自领域中成为可理解的常识,然而,当这两个不同领域彼此交互时就可能产生由于认识上的差异而导致的沟通障碍。

所以,当项目的成功依赖于多个不同领域的知识和经验时,对项目风险的管理就不仅仅是一个风险的评估问题,而是一个沟通的问题。而沟通问题的本质则来自于上述对风险概念在哲学层次上的分歧。很多时候,项目风险管理者可能并不清楚自己持有何种的哲学立场,然而了解关于风险的本质及其不同风险哲学观点所导致的认识差异,有助于人们对风险建立一个全面的认识。

2.3 项目风险的集成框架

2.3.1 项目风险模型

由于风险内在的复杂性以及不同专业领域的特殊性,目前大多关于风险研究的文献中,对风险、风险因子、风险事件、风险类别、后果等基本概念的界定也不尽相同。在通用性和专用性方面，风险相关术语也缺乏统一规范以及严格、细致的划分。例如，对风险的量化有许多不同的定义（James，2001；Kaplan，Garrick，1981），除了最常见的风险定义 $R=f(P, C)$，其中 R 表示风险，P 表示不利事件发生的概率，C 表示该事件发生的后果；有的认为风险还与风险的检测能力指标、个人的风险态度、可控性等因素有关，其中风险态度又往往与性格、风险背景、激励机制、经验、期望值等因素有关。另外，对于风险系统的内在机理与结构、风险的时间与空间特性、风险间的相互关系及动态变化规律等方面也缺乏深入的研究。

考虑到风险概念的领域化差异以及风险应用的特定情境，项目管理者应该考虑通过构建一个分层的、可扩展的模型结构来解决风险管理中的沟通问题。借助本体论或面向对象等方法可以构建一个统一的风险系统的元模型，用来描述和刻画项目和项目群中风险系统的基本元素（术语描述）、元素的类型特征、属性、行为及其相互关系（如时间先后、因果关系等）和必要的约束。一个理想的风险模型应该具有不同的抽象层次，如最高的为风险的核心元模型，它是一个适用于所有领域的项目风险的通用元模型；对核心元模型在不同领域上进行扩展就可以得到特定领域的扩展元模型；结合具体的项目信息，根据其所属的领域扩展元模型进行例化就得到具体项目的风险模型。

风险模型的扩展机制是构建整个模型结构的关键。扩展机制可以有两种不同的实现策略：一种是"元模型+profile"方式的轻型扩展，这种方式主要是通过引入特定的标记和构造型（Stereotype）来对元模型的元素进行扩展；另外一种是使用元对象设施（Meta Object Facility，MOF）方式的重型扩展，与前者不同，它通过定义元模型元素的子类以继承方式进行扩展。这两种方式各有其优缺点，有关元模型扩展机制的进一步研究，可参见相关文献（Frankel，2002）。

对项目风险进行不同层次上的模型化处理，可以为企业建立一个风险系统的整体框架，明确其中各元素的定义、内涵及其外延。风险的元模型还应该给出风险元素之间相互关系的形式化或图形化描述以及基于生命周期、组织、资源、功能等不同维度的静态或动态视图。可见，风险元模型的机制研究是企业进行项目群之间的风险集成管理的重要基础，也是今后项目风险管理研究中的核心问题之一。

2.3.2 项目风险的相互依赖性

大量的项目或项目群中涉及的风险数量众多，各风险之间的内在关系错综复杂（Zhang，2016），如何有效地识别和刻画项目（项目群）生命周期中出现的风险及其相互间的关系,并且全面地进行项目的风险评价,已成为当前新的研究课题。

风险间的相互关系可以从两个视角来研究:一是从单个项目角度来研究项目内各风险间的相互关系;二是从组织角度来研究组织内多项目之间的风险相互关系。风险间的相互关系如图 2-2 所示。

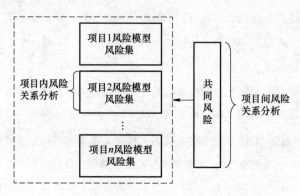

图 2-2　风险间的相互关系

目前国内外对风险之间的内在关系的研究并不多见。Minato 和 Ashley（1998）提出从组织角度研究多项目的风险问题,认为项目总风险包括独立风险和非独立（依赖性）风险。依赖性风险是由于共同的或协相关风险因素相互作用的结果,同时影响各类费用因素,而独立风险来源于费用因素中的风险因素的独特性。可以用一个基于回归分析的数学模型来估计各费用因素的不确定性,根据项目的总绩效来分析其预期的费用绩效,模型中的回归系数是依赖性风险带来的不确定性的测量尺度。

对于项目内风险间关系的研究,目前有代表性的主要有以下几个方面:

1. 基于概率的计算方法

Ren（1994）给出了风险的生命周期的定义及风险之间关系的概率计算方法。项目中的风险依赖关系分为独立、依赖、并联、串联四种基本模式。把时间维度引入风险分析理论和应用中,有助于预测风险的变化趋势及其损失分布。但这种方法也存在一定的不足。一方面,在大多数情况下,管理者难以确定风险的生命周期,因为风险的开始时间、持续时间的长短取决于风险的识别、控制、跟踪等具体措施和管理过程。另一方面,由于风险间的并联、串联等模式是从事件发生的角度来看待风险,所以风险之间的关系就限定为时间区间上的一种单向的影响关系,即假定风险只在其发生时才会表现出对其他风险的影响,并且这种影响也仅仅是促使另一风险事件发生而已。

2. 基于影响图的风险分析

作为一种理解复杂问题的定性工具,影响图不仅有助于识别出风险驱动因素和因果关系,而且还可以识别出潜在的、重要的不确定来源,如与恶性循环有关的风险驱动因素、直接或间接影响其他因素的风险(Chapman,Ward,2003;Pennock,Haimes,2002)。这种方法的不足在于,影响图中并没有说明风险间关系的强度、发生时间、联系是连续的还是间歇的、对其他因素的影响是即时的还是滞后的等。

3. 网络图和系统动力学的方法

Boateng、Chen 和 Ogunlana(2015)采用了网络分析法(Analytical Network Process,ANP)识别了风险间的影响关系并将其与风险优先级指数结合起来;还有学者引入系统动力学中的正向和逆向的反馈回路的概念,以此说明风险之间存在自我调节的回路或恶性循环的情况(Chapman,Ward,2003;任志涛,武继科,谷金雨,2016)。

4. 基于投入产出模型的风险模型

投入产出模型是用来研究经济系统的投入和产出数量关系的一种量化方法,近几年其应用领域还逐步涉及企业管理、社会系统、军事等。投入产出模型首次用于风险分析可见文献(Haimes,Jiang,2001),其中用此模型来分析社会基础设施系统在出现故障的情况下(例如遭受恐怖袭击)各系统之间的相互影响。基于投入产出模型的风险模型与传统的风险评价方法的主要区别在于:对风险的评价不仅包括其对项目的直接影响,而且还应包括通过其他风险因素而产生的间接影响,从而可以保证风险评价在一定程度上的全面性。

上述用于风险依赖性分析的几种方法都隐含着这样的假设,即风险间的依赖是通过具有时间先后或因果关系的事件来反映的。如果基于人的主观因素和风险的悲观原则来看,风险依赖性分析的前提假设应该为:风险之间并不存在时间上的先后关系,而是一直存在且相互影响。这是因为,一般认为的风险的发生或出现其实是人们通过各种监测手段和途径所获取的一种主观上的感知,当风险所造成的影响超过了人们根据具体情况所设置的阈值时,人们才主观上认为风险发生了。其实风险作为一种客体,在人们认识它的影响前,一直都是存在的且风险之间互相影响。人们并不能完全消除风险以及它们之间的相互关联,而只能控制其发展和降低其不利影响。

2.3.3 项目风险管理过程

目前对风险管理也存在许多不同的量化方法和管理实践,从风险管理的量化方法上,有失效模式及其影响分析(Failure Mode and Effect Analysis,FMEA)、事件树分析及故障树分析(Event Tree Analysis,ETA;Fault Tree Analysis,FTA)、人因可靠性分析(Human Reliability Analysis,HRA)、期望货币值(Expected Monetary Value,EMV)分析、计划评审技术(PERT)分析、蒙特卡罗分析等一些风险分析方法,其中有些方法是建立在对所谓"硬系统"分析的基础上,所以更适合于项目某一过程中的某一交付物,而有些方法则只针对风险进行静态的风险分析,这些量化方法对于项目风险管理来说,只是一些具体的工具和方法,有其各自的适用范围,如前文提到的PMI的风险管理、PRAM、AS/NZS 4360等方法。

而从风险管理的实践来看,风险管理出现了不同的过程方法论,如全生命周期的风险管理(Heller,2002)、持续的风险管理(Rosenberg et al.,1999)、集成的风险管理(NRCan,2001)、团队风险管理(Higuera et al.,1994)等。其中:

(1)全生命周期风险管理。这是针对项目整个生命周期中处于不同时间阶段的风险而采取的一种管理过程,它主要侧重于对项目前期风险的有效预防来降低项目中后期出现风险的可能。

(2)持续的风险管理。这是包括风险识别、分析、计划、跟踪、控制以及沟通文档在内的一种反复迭代的循环过程,它认为有效的风险管理应该是一个持续改进的过程。

(3)集成的风险管理。这是从组织的角度对风险进行理解、管理和沟通的一个持续、主动和系统的过程。它不是从单个项目的视角来看待风险,而是从组织目标、战略的高度来进行风险的全局管理。

(4)团队风险管理。这是让具有不同知识背景、代表不同利益和需求的人员参与整个项目过程的风险管理。它是一种全局系统的管理,强调信任、协作、沟通以及知识的共享。

以上几种方法对风险管理基于不同的视角,其关注的侧重点也不同,但它们都强调风险管理的重点在于过程。上述风险管理过程的规范化和流程化是规避风险的重要措施。所以,对项目风险内在本质的了解建立在人们对风险管理的各种实践活动不断深入的基础上,对风险基本概念和内在机理的明晰有助于风险管理活动的改进。作为项目风险管理的一部分,明确风险间的相互关系及其动态的变化规律有助于对风险系统内在机理的认识，改善实际的风险管理过程。目前关于风险管理过程方面的研究，除了提出新的风险管理理论和概念外，其更有价值的工作可能是对上述的这些方法进行综合的比较分析，找出它们的异同、适用范围以及各自在风险管理领域中的定位，从而在更高的层次上来探究风险管理的本质。

2.3.4 项目中的"软风险"

长期以来人们倾向于关注项目的客观事件风险，风险管理工作也比较重视对客观事件风险概率的计算和损失的估计，但对项目中人和组织的风险研究相对不足。风险是与人们的行为相联系的，这种行为既包括个人的行为，也包括群体或组织的行为，不与行为联系的风险只是一种危险。而行为又受决策左右，因此风险与人们的决策有关。客观条件的变化是风险的重要成因，尽管人们无力控制客观状态，却可以认识并掌握客观状态变化的规律性，对相关的客观状态做出科学的预测，这也是风险管理的重要前提。对风险发生概率的判断、造成后果的估计也和人的先验知识和效用有关。不同的人对风险的态度有所不同，多特征效用理论使用量化模型来测量偏好问题，在结果非赢即输的情况下，通过增加效用函数来建立个体主观风险判断模型（Barron，Winterfeldt，Fischer，1984），还有借助双线形模型和联合期望风险模型建立涉及概率和后果的风险函数（Luce，Weber，1986；Mellers，Chang，1994）。可见，风险管理同行为科学有着内在的联系。

杨宝君（2003）提出"主体行为风险"的概念。项目主体（指项目参与人和项目的潜在竞争对手）行为风险是指由于主体的特定行为而给项目造成损失的可能性。项目主体行为风险又分为内风险与外风险：内风险是指某一项目主体内部所出现的组织管理风险和跨文化风险等；外风险是指某一项目主体与其他潜在竞争对手、其他项目主体在协作和竞争中所承受的风险。而项目客观事件风险是指项目主体以外环境发生变化后给项目可能造成的损失。其实，项目主体风险除了上述的项目参与人和潜在竞争对手外，还应包括项目所涉及的所有利益相关者。与项目利益相关者的关系是决定项目成功的关键，Thomsett（2003）提出由于外部环境的变化很快，成功的项目管理需要更加关注于人和人之间的关系，将传统的项目管理"向内看"和"向下看"转为"向外看"和"向上看"，即需要更加看重与项目利益相关者及组织高层的沟通，力争赢得他们的支持。项目中与主体行为有关的这些"软风险"的模糊性加剧了风险沟通的障碍，从而影响项目风险管理的绩效。张亚莉和杨朝君（2006）认为项目沟通越顺畅，难以量化的"软风险"信息的失真就越小，风险也越容易被尽早发现。

| 知识视角下的项目风险集成管理:框架、模式与仿真

用数量化方法来描述和求解风险问题已经比较成熟,且在以往的实践中发挥了巨大的作用,而人的因素,即"行为问题"(Behavioral Issue)将在项目管理中占有越来越重要的地位。项目风险管理研究应当重视基于心理、行为、知识方面的研究,Haimes(2001)给出了系统风险分析的七个行为准则,项目经理行为风险(例如有关项目经理的伦理道德和渎职等)的研究与管理也是其重点。此外还可以从知识管理的角度来进行项目的风险管理,主要包括如何把对风险的认识和管理的过程形成团队或组织的知识、建立有关项目的案例知识库、通过沟通与交流等技术共享或传递风险知识等。

通过对上述几个关键问题的分析,本书提出了一种项目风险研究的集成框架,它由模型域、数据域、技术域及过程域四个不同且相互关联的领域构成,如图2-3所示。

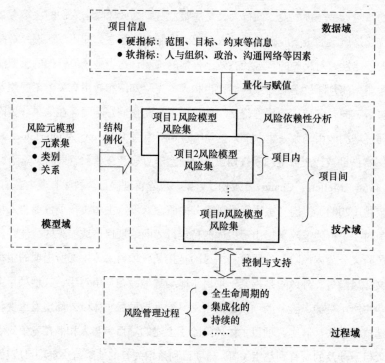

图2-3 项目风险研究的集成框架

1. 模型域

模型域是项目风险集的一种模型化抽象,与特定的项目信息无关。它提供一种通用的风险核心元模型及不同层次的领域扩展元模型,这些风险元模型主要给出项目风险的基础元素(术语集)的定义、分类及关系。如果说模型域中的元模型是关于风险的语法结构,那么项目风险模型则是在这种语法结构之上进行具体项目信息指派而形成的一种

语义说明。风险元模型可以为企业的项目群提供一种"共同风险"的基础信息,通过不同项目之间风险信息的沟通和共享,来实现企业项目风险的集成管理。

2. 数据域

数据域与特定的项目信息相关,包括所有与项目有关的各种信息,如项目背景、目标、约束(时间、质量、成本等)、利益相关者及组织等信息。数据域主要提供两种形式的数据信息来形成项目风险模型中的各种风险指标:一种是所谓的硬指标,如与时间、成本相关的易于量化的风险指标,目前的项目风险研究主要集中在这方面;另外一种就是软指标,如与人、组织、政治和沟通网络等因素相关的难以量化的风险指标,即前面所提到的项目中人和组织的"软风险"。由于风险本身的不确定性、主观性等特点,项目中各种"软风险"以及与之相关的识别、评价和控制等问题已经越来越引起人们的重视,但目前关于"软风险"的研究成果还相对匮乏。

3. 技术域

技术域包括应用于具体项目的风险分析及评价的各种工具、技术和方法。技术域是实现项目风险管理必不可少的手段。目前用于项目风险的绝大多数的技术方法都是以单个项目作为研究对象,鲜有以项目组合为对象的风险集成研究,尤其是关于多项目间风险依赖关系的研究。风险依赖性研究可以对项目风险做出更为全面和综合的分析和评价,弥补以往风险评价的不足,有望成为技术领域中一个新的研究热点。

4. 过程域

过程域关注项目风险的管理过程,也包括指导风险管理实践的原则、步骤和各种工作规范。不同领域的项目有不同的特殊要求,因此需要采取不同的风险管理过程。风险管理过程是影响项目风险管理绩效的重要因素,它往往受项目所在组织的结构、政策、文化、环境等方面的制约。目前,基于全生命周期的、集成化的、持续的、团队的等众多的风险管理过程给企业项目风险管理提供了多种选择,但如何根据企业自身的条件来进行定制改造、过程的优化,则是一个企业风险管理者需要解决的问题。

虽然目前关于项目风险中各种"硬指标"的量化分析和评价方法的研究较多,但由于它们各自关注的视角和侧重点不同,当前项目风险的相关研究过于零散和拘囿于细节,缺乏整体的系统化以及高层次的抽象化。为了解决这个问题,我们提出了基于扩展和例化的风险元模型的分层结构、单项目和多项目的风险依赖性分析、风险管理过程以及人和组织的"软风险"等方面的研究内容,通过引入相应的模型域、技术域、过程域与数据域等概念来构建一个关于项目风险研究的集成框架,这为项目风险更深入的研究提供了一种全新的视角和思路。

2.4 小结

  风险的认知和评估与特定领域的知识背景及个体经验相关,所以对于涉及多个专业领域的项目风险管理来讲,风险的测量和认知不仅是一个损失大小和发生可能性的简单评估,而是一个多维度的测量。

  通过分析风险概念的哲学含义,可以得出风险管理除了关注测量、评估和控制方面外,还要关注风险沟通问题。了解关于风险的本质及其不同的哲学观点所导致的认识差异,有助于人们建立对风险的全面认识。

  当前项目风险管理的研究应该从数据域、模型域、技术域和过程域四个相互联系的方面来进行,其中:数据域侧重"软风险"的研究;模型域采用分层的、可扩展的模型结构来解决由于风险概念的领域化差异而导致的沟通问题;技术域关注项目内和项目之间的风险关系的研究;过程域对现有众多的风险管理理论方法进行综合比较,找出它们之间的异同以及各自的优缺点及适用范围等。

第 3 章 基于知识复用的项目风险管理模式

大多数项目都需要根据以往的项目风险管理的经验和教训,以及现有可以获取的风险知识、管理理论方法来建立一个适合自身的项目风险策略;当项目结束后,项目可以通过某种有效的方式来记录和保存这些项目风险管理的知识。然而,目前很多项目由于自身规模所决定的复杂性和风险的不确定性,导致人们在管理项目的过程中提出了很多控制风险、提高项目绩效的理论和方法,而且这些管理方法都有自己的特殊性。

从组织的角度来看,大多组织可能需要同时管理多个项目,而这些项目可能来自不同的专业领域,甚至有时某些项目内部也可能涉及不同的专业、不同领域的外部组织和相关利益相关者。如果组织或项目团队能够借助某种方法或技术手段把现有的一些风险管理知识进行重组和修改,从而构建出适合自己的项目风险策略,就不但能够降低项目执行风险管理的成本,还可以提高组织的项目管理的水平。

正是基于此目的,本章提出利用模式分析的理论方法来抽取可能有效的风险管理的一般化过程、方法或管理程序,分析每个项目风险模式的动机、适用性、结构与过程等,并通过对这些风险管理的基本构造模式进行重组来设计适宜组织和项目自身特点的特有管理模式。模式与模型这两个概念在某些特定条件下可以通用,但本书将严格区分这二者的概念。前者在一定程度上是一种抽象的知识,它描述了解决某一类问题的方法;后者是一种具体的知识,它描述了解决某一个特定对象或特定问题的方法。模式是一种通用的且可以复用的知识,而模型则是具体问题的个性描述。虽然两者是不同的概念,但有时它们之间又有联系,即如果把模式应用到特定的问题域,经过所谓的实例化就会得到所需的模型。

3.1 模式

模式描述了一个在我们周围不断重复发生的问题,以及解决该问题的核心方案。使用者可以反复地使用该方案而不必再做重复劳动。最早明确提出模式的概念并把它进行实际应用的是建筑大师克里斯托弗·亚历山大（Christopher Alexander），他于20世纪70年代提出了城市和建筑模式，该模式思想及其模式语言对其他诸多领域产生了巨大而广泛的影响（Eriksson，Penker，1998；Fowler，1997；Gamma et al.，1995），如用于软件工程领域中的需求分析模式、设计模式、电子商务的运行模式、企业管理模式等。

通常而言，一个模式具有四个基本的要素（Eriksson，Penker，1998）：

1. 模式名称

模式名称是一个能够反映模式描述问题、结构特点的助记名或者其"隐喻"。命名一个新的模式意味着增加一个新的领域术语。模式可以在不同的抽象层次上进行设计。模式名称的重要作用在于，当使用者讨论和引用它们时，可以基于一个标准的术语表，而不必涉及方案的具体细节。一个模式还可以拥有多个不同的别名，这就提高了人们在交流模式所代表的知识时的效率。

2. 应用情境和问题

这部分描述了应该在什么条件下使用模式。它解释了问题和问题存在的外部环境及前因后果，也可以看作问题域的界定和使用模式所必须满足的一系列前提假设。

3. 解决方案

解决方案描述了组成模式的各个要素及它们之间的相互关系、职责和协作方式。由于模式可应用于多种不同场合，因此解决方案并不描述一个特定而具体的设计和实现，而是提供某一类问题的抽象描述和怎样用一个具有一般意义的元素组合来解决这个问题。

4. 效果

效果描述了模式应用的效果及使用模式应权衡的问题，其中包括对使用该解决方案的代价、优缺点的评价。

可见，模式是一个经过实践验证的可用于不同环境的通用解决方案，它们作为一种通过知识加工和经验提取的"准则或指导方案"，可以被重复使用，同时也能以各种方式进行组合和改造以适用于不同的问题域。需要指出的是，模式虽然代表了解决某一类问题的通用方案，但是在理论上这并不意味着该模式是该问题的"唯一解"，同样对于应用模式的每一个具体案例来说，也不一定就是"最优解"，在这种情况下，使用者就需要在特定约束条件下对模式进行必要的调整或重构。

此外，模式还可以为使用者提供一套简洁通用的过程设计、管理、组织方面的词汇或术语，这些词汇提供了一个描述抽象事物的规范和标准，能够有效地促进项目风险管理过程中的信息交流。

模式以不同的形式存在于项目管理的各个方面，在不同的层次可以有不同的模式。例如根据项目的工作任务分解，项目与子项目之间可以存在不同形式的"外包"等契约模式、项目成员与任务之间的职责分配模式、项目交付物的不同交付模式等。本章主要研究的是与项目风险相关的模式。

3.2 模式的描述

模式可以用不同的方式来表示，例如 Alistair（1997）采用类似"医生处方"的方式，即认为模式由问题导致的症状、建议、可能的副作用等构成；Dietrich 和 Elgar（2005）则给出了一个基于资源描述框架（Resource Description Framework，RDF）的形式化定义，即认为模式由表示对象（项目交付物等）的资源、关系、约束、属性等集合构成。非形式化的描述方法主要用于人们之间的知识沟通和共享，具有直观易懂的优点；而形式化定义作为非形式化方法的补充，虽然可读性比较差，但它可以借助模式知识的本体描述、自动提取、关联查询以及推理等手段来辅助支持相关业务的分析与建模。

由于本书关于项目风险模式的关注重点在于如何通过设计模式来表示风险的管理知识，而非面向计算机系统的自动处理和决策支持，因此采用模式通用的基于文本的非形式化的模板格式来描述。这里以项目中常见的合同模式来说明一个模式描述的大致结构（Eriksson，Penker，1998），其中模式的静态结构主要采用业务建模中广泛使用的统一建模语言（Unified Modeling Language，UML）的类图方式。合同模式的一般化描述见表 3-1。

表 3-1 合同模式的一般化描述

项目	说明
名称	合同（Contract），又称契约
目标	提供对合同中重要的一些通用性概念进行建模的指导方针
动机	合同通常以书面协议的形式将许多买家和卖家联系起来，买卖双方可以是个人、政府或企业。合同还涉及一份或多份关于产品性能参数或服务种类的承诺。产品可以是一个软件系统、建筑物或银行账户，服务可包括系统的售后支持、咨询等

（续）

项目	说　　明
适用性	在使用合同来设计灵活的业务和支持系统时，皆可使用合同模式，例如合同模式可用于银行、产品制造商、电子商务等不同类型的组织
结构	（UML类图：交付物 1..* — 0..1 合同 *..* 参与者（卖家 1..*、买家 1..*）；合同 — 合同类型 0..1） 构造一个"合同"的类来描述有关合同的具体信息，包括合同名称、签订日期、合同金额、起止时间、付款方式等。同时构造与"合同"类关联的"参与者"和"交付物"类，"参与者"表示合同所涉及的买家和卖家。"交付物"表示要求提供的产品或服务。而"合同类型"在这个模式中是可选的
参与对象	合同所约定的项目是交付物，合同是买卖双方达成的协议，买家和卖家是交易的参与对象。合同之间也可以互相联系。框架合同就是一种可以与其他合同相联系的合同，它定义了两个公司所定合同的概要条款，可能由一些更具体的细节条款组成
结论	合同模式可以促进灵活的业务过程和支持系统的设计，它能够处理不同的合同条款和说明
示例	根据合同模式构造的保险合同模型 （UML类图：保险公司（承保人）1 — 0..* 保险合同 0..* — 1..* 个人（投保人）；保险 1..* — 0..1 保险合同；保险泛化为汽车险、人寿险；保险合同 1 — 0..1 保险单） "个人"（Party，作为投保人）与"保险公司"（Party，作为承保人）签订保险合同；"保险合同"中可能是汽车险、人寿险等多个不同的险种；保险单描述保险合同
相关模式	产品数据管理模式可以对合同模式中产品的概念进行扩展，例如，如果产品的相关文档也属于合同的一部分，则合同中的"交付物"类和产品数据管理模式中的 Product 类就成为同一个类；合同模式描述合同的建模，而产品数据管理模式则描述产品的相关文档。此外，核心-陈述模式可以与合同模式结合起来描述合同的陈述

　　模式的这种文本化表示具备简单直观的特点，它适合在不同领域和专业的人员之间进行交流和共享。另外，Henninger 和 Ashokkumar（2005）提出利用本体技术对模式进

行形式化的描述,这种形式化的模式可以在某个组织或整个万维网的范围内实现模式中术语的标准化和协调,从而在某种程度上实现模式的自动组合。

3.3 项目风险管理的基本模式

一个项目风险管理模式描述了一种可以适用于特定领域范围的并且可以重复使用的项目风险管理的基本结构和建议流程。结构图表示了一个项目风险管理模式中的基本元素,即对象,UML 中用"类"来表示。除了上述表 3-1 中的条目外,本章中的项目风险管理模式在基本结构图的基础上引入了过程图来描述当前模式的管理过程,以及模式的基本结构元素和过程之间的相互联系。

图 3-1 给出了一些本书常用的图形表示符号,结构图主要描述不同类之间的一般联系(如 1 对多、多对多)、特殊联系(继承、组合)以及依赖关系。例如一个项目有多个风险,一个风险可能会在多个管理过程中出现,一个人员风险可能通过继承分为人员变动风险和人员渎职风险,一个项目团队通过组合由多个成员构成。更详尽的 UML 建模表示请见文献(Booch,Rumbaugh,Jacobson,2001)。

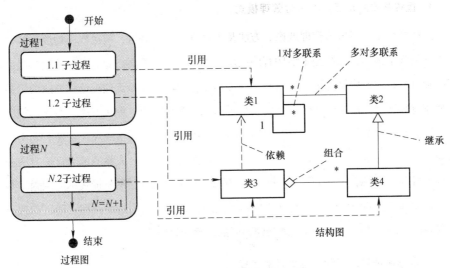

图 3-1 项目风险管理模式的示意图

过程图给出了一种具体流程的典型方面,为了突出重点和简洁性的需要,它可能会忽略或简化某些次要的过程。某个过程可能需要细分成多个更小的过程;每个过程都可能会引用结构图中的某些元素，这种引用可能以某些元素作为过程的输入、输出及控制因素，但本书中统一用从过程图到结构图的一个单向的虚线来表示。例如子过程 $N.2$ 就涉及了"类3"和"类4"两个元素。

利用模式理论来研究项目风险管理基于三个方面的考虑，如图3-2所示。

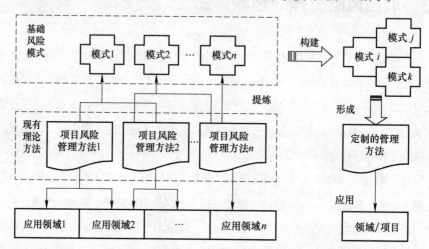

图3-2 项目风险管理模式的形成与应用

1. 提炼基本的可复用的风险管理模式

对现有众多项目风险管理理论、方法及工具进行深入分析，可以找出构成一般化风险管理的基本结构，这些基本结构有些应用于不同领域、不同行业的风险管理实践中，有些则具有特定的应用范围。虽然某些先进和完善的项目风险管理理论和方法对于某些大型或特殊项目而言是合适的，然而这些所谓"重型化"的工程化方法，由于其规模和实施的成本和复杂性等原因，难以应用于其他诸多的中小型项目的风险管理。而实际中的项目管理者希望能够以某种方式对现有的这些大型、详尽、成熟的风险管理方法进行适当"剪裁"，以满足当前项目的需要。作为一种基本的构件，风险模式不但刻画了某一类风险管理方式的组成结构，而且还提供了在这种结构之上的对应流程。项目管理者可以借助这些基本的风险管理模式来搭建不同的风险管理方式。

2. 多领域项目的风险管理模式的集成

随着人们风险意识的逐渐增强，人们在不同领域、不同行业的项目管理实践中发展了众多风险管理理论和方法。这些方法有其共性又有其各自的特征。当前一些工程或社会性项目往往涉及多个不同的专业领域，项目管理者需要了解和掌握不同领域的风险管理知识来降低项目的风险。在这种情况下,了解这些风险理论方法之间的共性和联系就显得尤为重要。本章力求在一个整体框架下描述出所提炼风险基本管理模式之间的相互联系,这种联系刻画了通用风险管理过程中不同风险管理方式相互协作的接口,而尽量与项目所涉及的具体专业和领域无关。

3. 作为知识管理手段的风险管理模式

风险管理模式可以被看作一种经过提炼和适度抽象的知识。它可能来自某些其他领域风险管理的先进思想、规范化的过程及成熟的技术工具等,也可能借鉴了本组织内以往项目风险管理中积累的经验和教训,还可能源自专家、专业机构对项目风险的支持。本章提出的风险管理模式属于项目风险研究中的"过程域"问题(张亚莉,杨乃定,杨朝君,2005b),利用模式这种复用知识的手段,可以为组织或项目团队提供一种新的总结积累管理项目风险管理知识的有效方法,从而通过风险知识的重用和共享来提高项目风险和知识管理的水平。

3.3.1 风险的被动解决模式

被动的项目风险管理常常被称为"救火模式",即项目管理者虽然了解项目可能存在风险,但由于风险管理资源的限制,因而在项目启动前不制订风险计划。被动的项目风险管理基于这样的假设:即使风险发生了,总会找到相应的办法。管理者和项目成员大多抱着"车到山前必有路"的心态。然而,实际中大多项目的经验表明:使用这种被动的项目风险管理,问题往往会在项目进行的过程中不断地暴露出来,此问题还未解决,彼问题又出现,项目管理者和成员变成了"消防员",到处救场。

被动的项目风险管理忽略了风险持续的长期性以及风险的叠加效应。削减项目风险管理的前期投入,只会增加项目的后期风险控制成本,并且往往是前期投入的几倍,甚至更多。例如在软件项目中,如果项目前期的用户需求不清楚,或者缺乏前期标准的制定和规划,就会严重影响项目后期的工作。

虽然人们对被动的项目风险管理存在很多的批评和异议,但并不意味被动的项目风险管理就毫无用武之地。而在目前很多实际项目中也一直应用被动的项目风险管理,所以很有必要对其进行分析。当然,在某些特殊项目中,被动的项目风险管理或许是管理者最佳的"权宜之策"。

按照前述的模式描述形式,被动的项目风险管理模式的具体内容如下:

名称: 风险的被动解决模式,又称救火模式、消防员模式或"老虎队"模式。

目标: 风险的被动解决模式往往用于那些缺乏足够管理风险资源的项目,以及没有任何同类经验的首次开创或实验性项目。这个模式的目标是使管理者能够在项目前期省略风险的预先工作,从而节省时间和成本,并保障项目团队和有关利益相关者对项目启动的信心。

动机: 项目中使用被动解决模式有时是无意识的行为,有时则不然。在缺乏项目管理规范和风险意识的企业和团队中,可能始终都没有正确的项目风险概念,更不用谈风险计划及其管理了。在这种情况下,风险是否出现在项目管理者眼中都是客观必然的,与人的决策无关。而有时由于对项目拥有足够的资源和控制能力,项目可能出现的风险及其应对措施已经趋于团队或组织的"自然反应",即形成了组织的惯例。在此种情况下,风险管理往往被省略以节约工期和成本,而非被忽视。当然,有时还可能需要进行成本效益分析来决定是否采用被动的风险管理。

适用性: 被动解决模式往往适用于以下三种情形:①低风险、低成本的小型项目。②项目有着丰富的可借鉴的经验,已经了解绝大多数可能出现的风险并且有资源及时消除风险的危害。这类项目的主要工作往往已经形成了标准化、程序化的重复工作。例如,某专业软件公司对其主营产品软件的实施项目、某企业对所属设备进行的周期性的检修或技术革新项目。③与主动的项目风险管理模式一起使用,相互补充。

结构与过程: 见图 3-3。

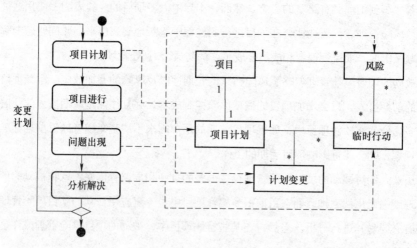

图 3-3 风险的被动解决模式示意图

参与对象： 确切地讲，在风险的被动解决模式中，往往不能预先给风险明确定义。风险被管理者简单地认为是项目中出现的普通问题（这里为了便于说明，仍采用"风险"这一对象）。项目中当然存在多种风险，当风险成为干扰项目的问题时，管理者会采取临时解决方案。有的情况下，可能需要对项目计划中的预算、成本等内容进行修改。

结论： 需要强调的是，被动解决模式并不一定意味着落后和错误。对风险不进行任何预先防范和管理，这只是表示没有任何的风险管理计划，项目计划中也不包含有关风险的相关内容，或者组织或项目团队没有关于风险的任何制度性的要求。由于风险的不确定性和认知局限性，现代项目的风险管理既包含了主动预先的管理，也离不开被动的风险管理。

示例： 被动解决模式常见于很多软件项目的开发，另外作为一种问题解决模式，还广泛应用于航天航空以及军事领域中。例如，2003年美国哥伦比亚号航天飞机的失事表明（Pavlak，2004），美国国家航空航天局（NASA）需要一个高效且不干扰日常工作程序的被动的风险管理。而Pavlak（2005）也认为一个规范化的项目风险管理应该在主动预先的风险管理和被动的问题解决之间实现合理的平衡。在这种情况下，引入著名的"老虎队"（Tiger Team）机制可以弥补大型组织内部由于庞大机构等因素所导致的风险，实现被动风险管理和主动风险管理的有机结合。关于"老虎队"的团队模式及应用具体见相关研究（Laakso，Takanen，Rning，1999）。

相关模式： 风险的主动计划模式。被动解决模式除了被单独使用外，更多的是与主动的风险管理结合使用。

3.3.2 风险的主动计划模式

与被动的项目风险管理相对应的则是主动的项目风险管理，即项目管理者根据以往的经验，针对项目未来可能发生的某些风险预先制定预防和应对措施，其目的在于尽可能地降低风险发生的概率。可以说，在目前关于项目风险的研究和实践中，主动的项目风险管理已经成为共识，这种风险管理思想所依据的假设为：在项目的启动阶段，预先投入少量的资源或成本对风险进行计划，可以有效降低项目执行过程中风险的发生概率以及风险发生后的成本支出。

能够在项目管理中采取主动积极的风险态度，从某种意义上意味着任何项目都不能回避风险。针对这些因素来制定措施，就可以降低风险的发生，甚至可能消除风险。例如，造成某个项目人员流失风险的主要原因有激励措施不合理和工作缺乏挑战性，那么管理者就可以预先制定改进项目绩效评估的政策和人员的工作任务分配、新技能培训等措施来降低项目的人员流失风险。另外，主动的风险管理的另一重要作用在于，一旦某些预期的风险发生了，项目管理者可以避免因为措手不及而陷入手忙脚乱的状态，这时，只要根据预先的风险计划来进行风险管理即可。

风险的主动计划模式的具体内容如下：

名称：风险的主动计划模式，又称积极的项目风险管理。

目标：主动计划模式往往用于那些具备一定风险管理资源的项目以及积累了某些类似经验的项目。这个模式的目标是使管理者能够在项目前期针对可能出现的风险提前制定预防和应对措施，从而在项目执行的过程中，降低风险对整个项目的不利影响，减少额外资源的支出。

动机：项目中使用主动计划模式通常是一种有意的行为。它可以通过组织或项目的正式的规章制度来体现，例如如果某个项目采用 ISO 系列的质量控制体系，则就规定了在项目计划阶段必须进行风险评估。另外，如果没有正式规定，采用主动计划模式则有可能基于管理者在以往类似项目中获取的经验或教训。这样，管理者通过较少的前期成本支出，就可以为整个项目过程中节约由于风险所导致的大量成本支出。当然，预先风险投入的大小有时也需要通过成本效益分析来决定。

适用性：主动计划模式往往适用于以下三种情形：①高风险或高成本的中型以上规模的项目。②有一定类似项目的经验，了解部分可能出现的风险及原因，并且有资源进行项目预先的风险投入。③虽然项目管理者、项目经理或成员缺乏风险管理经验，但是现有的管理制度要求项目必须进行风险的预先管理。例如某航空武器装备的启动项目，又如，缺乏风险管理经验的软件开发团队可需要外部的专家或专业咨询公司的支持来完成项目的主动风险管理工作的前期项目。

结构与过程：见图 3-4。

参与对象：与被动的项目风险管理不同，风险在这里被显式地细化为已知和未知两种。对于已知风险，主动的风险管理要求制订相应的风险计划，风险计划很多时候和进度计划等一起作为项目计划的组成部分；而未知风险显然不是风险计划的一部分，项目只能在其发生后被动地采用临时行动来应对，有时，根据临时行动的程度决定是否修改原有的项目计划。在图 3-4 的过程图中，当问题或风险发生时，根据风险的性质，要么执行风险计划；要么进行分析，采取临时行动。

第 3 章 基于知识复用的项目风险管理模式

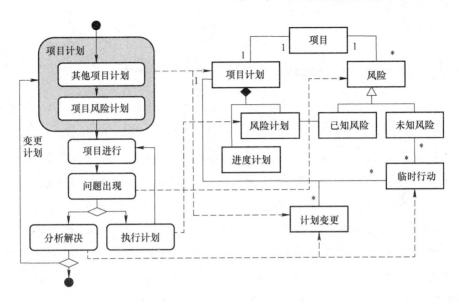

图 3-4 主动计划模式

结论：可以看出，主动计划模式往往与前面的被动解决模式联合起来使用。对于已知和未知的风险分别采取主动和被动的策略，符合项目管理的一般过程和通用的决策原则。当然，应用主动计划模式时，采用何种具体的形式和程序则需要根据项目的规模、要求以及内外部的具体环境而定。虽然，有些企业的业务流程要求项目管理者在项目早期便确定风险，然而在项目后期参与人员并未能够将早期确定的风险的控制坚持到底，在此情况下，仅有主动的风险管理还不够，还需要后面将要提到的持续过程模式。

示例：目前主动计划模式广泛地应用于一般企业、环境安全、金融等等很多领域的项目管理实践中。其中有代表性的有 Smith 和 Guy（2002）提出的用于产品研发的积极风险管理（Proactive Risk Management），成功应用于美国历史上最昂贵的武器项目，即由美国、英国等九个国家联合研发的新一代战斗机——F-35 隐形联合战斗机的项目。在该项目中美国洛克希德·马丁公司和其他关键的供应商使用 Strategic Thought 公司开发的 Active Risk Manager 系统来管理风险。该系统提供一种分层的风险管理过程和集成于项目计划中的风险计划来实现涉及多达几百个用户的风险管理（Curiel，Williams，2005）。微软公司的操作框架 MOF（Microsoft Operations Framework）描述了操作中的风险管理原则：管理风险的过程采用预先的方法将风险管理实践嵌入到角色、过程和评审等每一项 IT 操作中（Robin et al.，2002）。

相关模式：常与被动解决模式联合使用。主动的风险管理还可细分为持续和非持续两种模式。

3.3.3 风险的持续过程模式

如果说被动和主动的项目风险管理是事前和事后的风险应对策略,那么持续的项目风险管理则认为风险管理不是一个一次性的活动,而是一个持续改进的过程。在很多实际项目中,虽然在项目前期进行了风险管理,但是随着项目的进行,受进度压力和资源紧张等各种因素的影响,很多项目管理者都在不知不觉中忽略或省略风险管理的活动。West cott(2005)指出,执行风险管理需要预算和计划,当项目需要降低成本和加快进度时,风险管理的成本和计划就成为首当其冲的牺牲品。这样,风险管理就沦落为一个一次性的活动。持续的风险管理基于这样的假设:对于某些风险,一次性的管理过程并不能成功地消除其影响,只能改变其状态,风险从严重状态到可接受状态的转变可能要经历几次循环往复的过程,对风险的管理是一个具有反馈调节的系统控制过程。

目前在很多不同领域的风险管理实践中,人们就风险管理应是一个持续而非一次性的过程这一观点达成共识,但对风险管理划分的具体过程可能不尽相同。PMI 2003年出版的PMBOK(第3版)指出,项目风险过程应包括:预先的风险管理计划、风险识别、定性的风险分析、定量的风险分析、风险响应计划、风险监测和控制。除了给出每个过程的输入、输出以及可能用到的工具和技术外,PMBOK还新增加了一个项目风险管理过程之间的具体流程图,关于这部分的详细内容见文献(PMI,2004)。为了突出风险的持续化管理的特点,这里采用另外一种实际中普遍采用的过程划分形式,即包括识别、分析(包含评价、排序等)、应对(或行动计划)、监测控制等几部分,略去关于项目前期的风险管理计划部分。

由此可见,任何一个特定的风险都将经历上述大致的一个顺序过程,而风险的管理活动在整个项目生命周期内将呈现连续性、并行性、迭代性。在一些风险正在被跟踪的同时,另外一些新的风险被识别和分析,而执行对某一风险所采取的减轻计划可能产生其他新的风险。由于项目中风险的来源和其产生的后果会随项目的不断进展发生变化,所以一旦各种风险已经被识别和评价,那么越早采取相应的措施越好。对某一特定风险的持续跟踪将不断获得越来越多的相关信息,而风险的优先级就有可能发生变化。对整个生命周期内的所有风险进行跟踪显然是不切实际的,这就要求在每一阶段开始之前,都需要对风险的集合进行分析和评价,以便选出那些关键和重要的风险来进行不断的跟踪和持续管理,这也就是通常所说的主要风险列表(Top N)技术。

第3章 基于知识复用的项目风险管理模式

持续过程模式的具体内容如下:

名称:持续过程模式,又称项目全生命周期的风险管理模式。

目标:通过对某些重要风险的持续跟踪、逐渐改进和调整行动计划,实现项目风险整个生命周期内的全过程管理。

动机:对于某些高风险项目而言,风险管理已成为一项必不可少的项目管理工作,同时对于风险管理有必要的预算和正式的计划。项目管理者需要一种完善、标准且具有可操作性的风险管理方法来应对项目中繁杂的风险管理工作。这时持续的风险管理过程成为保证项目质量和及时交付的首要选择。特别是某些风险从被识别出来,到控制在可承受范围内,以及风险发生后对项目的影响,都会持续一段时间,甚至会贯穿整个项目生命周期。

适用性:持续的项目风险管理过程模式适用于以下情形:①长周期、高成本的中型以上规模的复杂项目。②组织或项目团队具有完善的风险管理制度和可操作的风险控制程序,项目管理者和项目成员具有丰富的风险经验和风险氛围。③把项目的风险管理作为一个独立的项目外包给专业的第三方来实施。然而,对于那些缺乏风险管理经验和制度支持的项目来说,持续的风险管理在实施上的复杂性有可能会给项目"添乱",或者因为不适当的风险管理,不但没能有效控制现有风险,反而增加了新的额外风险。

结构与过程:见图3-5。

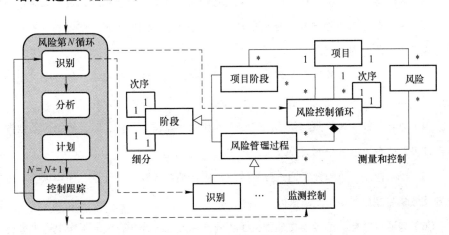

图3-5 持续过程模式

参与对象:持续风险管理引入了类似质量管理中戴明循环的"风险控制循环",显然

知识视角下的项目风险集成管理：框架、模式与仿真

一个项目可能经历多个"风险控制循环"，根据项目规模、持续时间等条件的不同，一个"风险控制循环"既可能跨越多个项目阶段，也可能一个项目阶段包含多个"风险控制循环"。一个"风险控制循环"由多个风险管理过程组成，如风险识别、风险分析、风险计划及风险控制跟踪等。风险管理过程的作用主要是进行风险的测量或者控制，并且更多情况下是针对多个风险的管理，也就是不同风险的评估、风险优先等级的排序；某些严重且难于控制的风险可能要跨越多个"风险控制循环"，当然也就需要多个风险管理过程的控制。而某些不重要的低风险可能只经历一个"风险控制循环"中的识别和分析的过程就被排除在风险行动计划之外。

风险管理过程与项目阶段都具有所有阶段的细分和次序，即一个大的阶段可以划分为几个更小的阶段，并且同级的阶段之间具有固定的次序。不同的"风险控制循环"则通常只存在次序的关系。

美国软件工程研究所（Software Engineering Institution，SEI）提出了一个著名的风险控制循环，即图 3-6 中的持续风险管理（Continuous Risk Management，CRM）模型（Dorofee et al.，1996），其中具体活动如下：

（1）风险识别。风险识别即通过风险发生的条件和结果来识别风险，这一过程可以借助概率风险评价（Probabilistic Risk Assessment，PRA）方法以及事件树和故障树等技术来完成。

（2）风险分析。风险分析即估计其发生的概率、后果的严重程度以及采取应对措施的时间限制，同时对风险进行相似或相关分析、分类、确定优先级，主要的分析方法仍然是概率风险评价的量化方法。

（3）风险计划。风险计划主要是分配职责，确定风险的应对策略，如接受、减轻或监控等。如果采取风险减轻策略，则要定义减轻的等级、目标及费用估算。

（4）风险跟踪。风险跟踪包括风险状态的获取、编辑、分析，以及组织风险数据、报告结果和检查风险策略的实施效果。

（5）风险控制。风险控制通过分析结果来决定是否采取修改计划、注销风险、应急计划及继续监控等行动，然后执行。

（6）沟通与文档。沟通与文档项目团队应该通过正式或非正式的工作渠道来进行有关重要风险的状态、活动以及即将出现的风险的信息沟通和反馈，同时应该对相应的工作进行文档化、标准化的管理。

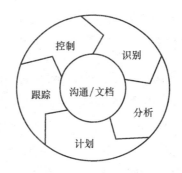

图 3-6　持续风险管理过程

结论：使用风险的持续过程模式能够确保项目管理者不断跟踪项目主要风险的动态变化，从而及时调整风险的行动计划。采取风险的持续过程模式的目的是使风险管理工作从临时应变转为制度规定下的例行工作成为可能。然而这种例行工作要求每一个风险管理者应该具有较高的认同感和舒适感，自然而然地渗透到日常工作中。需要强调的是，包括持续的风险管理过程在内的任何一种风险管理方式都不是适合所有项目的通用型解决方法。为了达到风险管理的有效性，根据项目的实际需求、组织的文化来对其进行适当的"剪裁"是十分必要的。

示例：虽然 CRM 模型是软件工程领域的风险管理模型，但是这种持续的管理思想已被广泛应用于其他领域，成为目前风险管理的一般原则。例如，美国国防部（DoD）于 2006 年 8 月制定了军方采办项目的风险管理指南（2006），美国 NASA 将 CRM 用于改善其日常的风险管理工作（Rosenberg et al., 1999），美国卫生和公共服务部（Department of Health and Human Services, 2001）、美国食品药品监督管理局食品安全与应用营养学中心（US Food and Drug Administration Centre for Food Safety and Applied Nutrition）共同制定了食品安全的操作风险管理（Operational Risk Management，ORM）的系统方法。除了上述这些，实际上还有诸如武器装备研制和采办项目、交通、建筑等很多领域都明确地把基于全生命周期的持续管理思想纳入其各自的风险管理的原则和实践中（陈桂香，黄宏伟，尤建新，2006；李忠民，汤淑春，李军，等，2005；张传栋，卢丙力，2006）。

相关模式：在包含主动计划模式和持续过程模式的项目风险管理中，两者具有紧密的联系，主动计划中一般对项目风险管理的各项要求及内容做出详细的规定，并且包括项目可能风险的预先计划和指导方针；而在每个风险持续控制循环过程中形成的风险应对计划可以看作预先计划的必要补充和具体的实施方案，有时还有可能会根据当前的行动计划来补充或修改整个项目的风险管理原则和整体要求。

3.3.4 风险的项目组合模式

目前几乎所有关于项目风险的分析评价等管理都是关注单个项目。然而，大型项目的管理者或组织高层人员需要在项目的宏观层次或企业的整体战略上协调管理众多相关项目的风险。风险的项目组合模式就是研究在这种需求下多项目风险管理的结构及其过程的一般化形式。可以说，风险的项目组合模式基于这样的假设：增加一个多项目的统一风险管理可以实现多个单独项目风险管理效果简单相加之外的好处，也就是人们常说的"组合效应"（Teller，Kock，Gemünden，2014）。对项目总体或整个组织而言，单独项目风险管理的"局部最优"常常并不意味着"整体最优"。由于项目的特点，每个项目管理者在管理自己的项目时，都会根据所在项目的目标来制定风险管理的策略和资源投入的水平，他们很少、也似乎没有必要来考虑整个组织的战略和整体的利益。例如，项目所在组织经常会出现项目之间关于一些共同资源的"竞争"现象，缺乏整体风险意识和管理制度的组织高层有时会根据某些组织中的"政治因素"来进行稀缺资源的分配，而不是视组织整体通盘的利益而定。

此处所讨论的项目组合包含实际生活中两种不同的形式：

（1）涉及众多子项目的项目（Program）。这即处于协调一致管理之下的相关子项目的集合。这类项目可能包含每个子项目单独范围要求之外的部分，这部分通常来源于子项目之间的相互关联。这类项目的管理（Program Management）通常采用集中式的协调管理方式来实现其战略目标和利益（PMI，2004）。

（2）项目组合（Project Portfolio）。项目组合由一些不一定有相互依赖或直接关系的项目以及其他工作任务构成。这些项目或工作任务根据组织目标、战略的需要而组合在一起，以提高管理绩效。同样，这类项目组合通过集中管理，从而对其中的项目进行包括识别、排序、批准、控制等一系列过程管理。

风险的项目组合管理意味着管理者不但可以完成风险性的项目，而且还可以根据一个最佳的风险整体水平来相应地调整项目的风险。

有时，项目管理者可能会简单地认为项目组合类似于金融领域中的投资组合。然而，这两者是不同的。项目所有者不能像投资者那样自由选择交易股票和债券等金融产品，通过买入或卖出，某一项金融产品可能随时开始或结束；而对于大多数项目来说，项目的实施可能来源于各种外界压力，如组织生存、盈利或政治性的考虑。另外，投资组合和项目组合之间的另一重要不同在于，投资者拥有关于股票变化的信息，甚至是股票之间的相关性，利用它们就可以进行决策；而对项目来说，没有第一时间的或一类项目的变化因素及相关系数，因此不能简单地使用投资组合的方法来管理项目的组合。当然，有经验的项目管理者当面临大量项目时，可以利用合理的统计推断，这种推断是建立在关于过去类似项目的数据库和一个适用于所有项目的一致方法的基础上，从而评估项目风险。

风险的项目组合模式的具体内容如下：

名称：风险的项目组合模式，又称项目组合的风险管理、项目风险的集成管理或 Program 层次的风险管理。

目标：通过引入对项目组合的统一协调管理来管理多项目之间的风险，以达成组织的整体目标或者单独项目风险管理所不能达成的效果。

动机：对于某些同时进行很多项目的组织来说，在组织资源以及项目重要程度、紧急程度存在差异的情况下，从组织或整个大项目的整体高度来把握风险管理，动态调整风险资源的优化配置，这是目前单个项目风险管理方式所不能胜任的。所以，项目组合的风险管理或者说多项目的风险集成管理逐渐成为组织目标和战略层面的工作。

适用性：风险的项目组合模式适用于以下情形：①涉及众多协作单位的大型或巨型工程项目，这类项目往往划分成众多的次一级的子项目。这些子项目之间存在严格的时间顺序或需要紧密、频繁地协调。②同时承担和实施多个项目的组织或企业，需要对某些项目集合进行宏观控制和协调，以达成业务目标。③在把某个项目的不同部分外包给其他多个承包方的情况下，项目管理者需要统一、及时地监控来自各承包方的项目风险。

结构与过程：见图 3-7。

参与对象：从图 3-7 中的结构模式图中可以看出，一个组织（或企业）可能同时管理多个项目，并且根据不同的业务目标和战略需求，可能需要将其现有的所有项目从不同的角度进行分类，形成不同的项目组合，每个项目组合中的项目之间可能并没有直接的联系，但是都从属于所在项目组合规定的业务范围或目标，这样，一个项目就有可能同时属于多个项目组合。项目组合除了上述这种含义外，还可被视为一种特殊的项目（Program），即可能由多个有相互联系的子项目（Project）组成。所以，项目组合在这里有两方面的含义：一是由某个组织目标和业务需求所决定的某些项目的集合；二是由项目本身性质和特点所决定的一种细分结构（子项目）的集合。任何一个项目组合都是所属项目的一个偏序集合，即项目按照组织整体的目标和利益或紧急程度等因素进行风险管理优先级的排序。

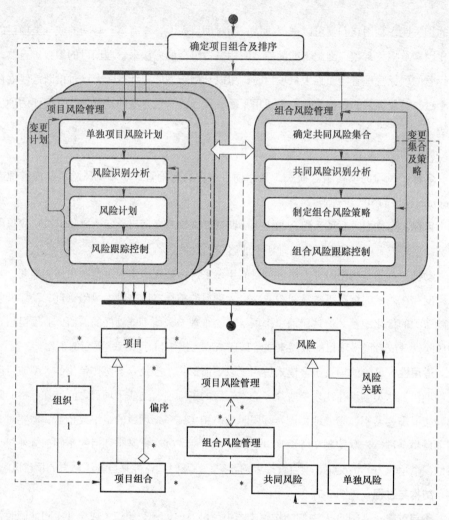

图 3-7　风险的项目组合模式

正如在投资组合管理中投资者必须了解股票之间的相关程度一样,项目组合风险管理的一个重要部分就是决定项目之间的相关度,同时从组合管理的整体观点来看,还必须确保组合中的资产必须相互独立以避免"一损俱损"局面的出现(李星梅,王雅娴,刘再领,等,2015)。项目管理者通常有这样的经验,如果某个项目预算超支,其他项目的预算也往往超支,很多情况下这都是因为项目存在某些相关性。相关性可能来自某些基本的共同因素:如果某种原材料的价格上涨,所有使用这种原材料的项目的成本都将上涨;如果多个软件项目都采用同一种设计方案或"二次开发平台",那么,如果该方案或平台存在缺陷,则所有使用它的项目都会存在问题。所以,与主动计划模式把风险划分为已知风险和未知风险不同，风险的项目组合模式中把风险按对多个项目的影响范围划分为单独风险和共同风险两类。单独风险是指那些只对某个项目有影响的风险，而所谓的共同风险则是指同时影响项目组合中多个项目的那些风险。

当然，实际中并不能完全避免这种由共同风险所造成的上述问题，但是明智的项目所有者和管理者必须了解项目之间的这种依赖关系以及它们的组合效应。例如，在一个大型的化工厂基建项目中，其中一个子项目是建立一个化学反应厂，而另一个项目则是建立一个处理前者产生废物的环保设备，那么这两个项目的风险或许应该被看作一个风险来统一管理。

在风险的项目组合管理中，通常的项目风险管理涉及图中项目和风险之间的多对多关系；而组合风险管理则涉及项目组合和共同风险之间的多对多关系。项目风险管理和组合风险管理之间也存在多对多的相互依赖关系，即一个项目的风险管理可能从属于多个不同的组合管理，而一个组合风险管理显然需要了解所属全部项目的风险管理。

从图 3-7 中的过程图可以看出，组合风险管理首先要确定项目组合及该组合中所包含的项目，以及每个项目的优先级。多项目的组合风险管理与每个项目单独的风险管理是并行的，并且在整个过程中二者之间存在相互的影响。每个项目的单独风险管理都可以是如第 3.3.3 小节中所述的从识别、分析到控制的持续过程，其管理的对象是每个项目所涉及的风险；而组合的风险管理同样也是一个相同的持续过程，但是其管理的对象则是此组合中项目集合所涉及的一些共同风险。共同风险的识别和分析来自于每个项目的风险管理过程，共同风险的评价、计划可能需要在组织、组合的项目之间达成协调和平衡。而一旦共同风险的行动计划确定，就需要相应调整相关项目的独立风险的行动计划，并通过每个具体项目的风险控制来达成整体的项目组合的风险管理目标。

结论：风险的项目组合模式并不是多个单独项目风险管理的"替代品"，很多时候是后者必要的补充。当然，也不排除某些例外的情况。使用风险的项目组合模式能够从组织目标、战略的高度以及某个特定业务需求方面来整体协调多个项目的风险管理，进行风险资源的优化配置。项目管理者应该制定满足组织所有个同层次的项目应急方案，并正式化。如果项目应急方案没有明确显式地说明而是隐藏于管理者的估计中，则组合应急方案就将难以有效地得到执行。周期性的项目评审或协调会就是一种来实现应急方案从隐性到显性、从分散到整合的转变的必要方式。并且在相关项目达成一致的基础上，制定一个满足从工作包、子项目、项目或项目组合、企业等不同层次上的风险应急方案。当然对于某个具体风险来说，在不同的层次上的评估要与该层次上的风险标准相一致。

例如，一个项目的预算超支风险对于其本身来说是高风险，但对于其所在的项目组合而言，却可能是一个可接受的风险。

需要强调的是，本章所讨论的项目组合模式不同于企业的风险集成管理（杨乃定，Mirus，2002），后者主要是针对管理目标、文化、组织、方法以及风险管理信息系统的集成来研究风险的整合，在此基础上，又提出了基于项目的企业集成风险管理的思路（杨乃定，姜继娇，蔡建峰，2003），虽然其核心是"按项目进行管理"，但把组织中一些非项目的操作型业务（Operations）也看作项目进行项目管理的假设显然不能适用于这里所讨论的项目组合模式。

示例： 受金融证券等领域的现代投资组合理论的影响，1981年沃伦·麦克法兰（Warren McFarlan）首次将现代投资组合理论运用到信息系统项目的选择和管理中，通过项目组合方法实现了风险一定情况下的收益最大化（McFarlan，1981）。由于项目也可以被视为组织的一项投资行为，所以很多商业公司、政府部门等组织都逐渐把这种思想应用于业务项目的管理中（Scott，2003），如美国国家能源部（Department of Energy，DOE）就为DOE项目管理者提供了项目所有者的风险管理角色以及有效监控各承包商的风险活动的指导手册，其中就包含了项目组合以及Programe层次的风险管理内容（National Research Council，2005）。

项目组合管理已经成为项目管理最新理论的重要发展方向之一，项目组合的风险管理作为一种管理全局共同风险的新方法，需要从总体上把握所有的项目，需要对每个项目实时的风险、回报、进展状态以及与其他项目之间的关系有一个动态的全局视图。为了实现此目标，国外一些项目组合管理软件厂商针对项目组合管理过程和方法开发了含有风险管理的项目组合管理工具软件，如IBM公司的Rational Portfolio Manager、惠普公司的Mercury Project and Portfolio Management Center。

相关模式： 作为一种特殊的项目风险管理，项目组合的风险管理本身同样可以采用前面所述的几种风险模式，如包含动态调整组合中的项目列表和优先级，以及持续监控和周期评审的持续过程模式；另外，由于项目组合涉及多个项目和有关利益相关者，在具体的协商和沟通的过程中，也可以使用下文将要讨论的团队协作模式、利益相关者沟通模式来提高项目组合风险管理的效果。

3.3.5 风险的团队协作模式

对于某些类型的项目而言，在项目开始时，无论是项目的发起人还是项目的承包商，都有着关于项目成功的直接和最终结果的共同期望。然而,很多时候,随着项目的不断进行,每个参与方都会逐渐觉得当前项目的进展或将要出现的结果与自己最初的预想有所偏离,这些对同一项目的个体或团队上的认知差异反过来又会影响项目的进行和最终的结果。在这种情况下,项目的顺利开展和完成就不仅依赖于某一个团队,而是需要多个团队的相互协调和合作。而这些团队则可能来自不同的组织、领域,根据其专业技能、利益或政治需求的不同负责管理同一个项目的不同方面。Higuera 和 Gluch（1993）认为这种团队风险管理通过把组织内部和组织之间的一些相关个体形成"工作团队"来共同地管理项目的风险,而非"各自为政"。

风险的团队协作模式就是试图在一个共享的项目目标基础上,通过沟通的方式来协调和整合不同个体或团队眼中的"项目视图",从而形成一个一致、有效的风险控制计划。通过风险团队协作,可以建立一个相互协作的工作环境,从而增强项目中个体预先识别和处理风险的能力和动机,当然可以借助一个可理解的切实、可行的风险管理过程、方法和工具的集合来实现这一目标。风险的团队协作模式基于这样的假设：①项目风险有不同的测量维度；②人们对同一风险的个体认知存在差异,而这种差异性是造成项目风险的一个重要因素；③对于同一个项目的风险而言,每个个体或团队都有自己独特的观察视角,通过对它们的整合,项目管理者可以获得一个全面、细致的风险全貌。所以,对不同团队的项目风险管理进行协调和整合可以降低项目的风险。

由于风险的团队协作模式是用一种共享的观点来看待项目整个生命周期中的风险,因此这里的"团队"概念已发生了变化,它包括与项目相关的各个单位和部门以及每个阶段中不同管理层次的人员。对于武器装备项目来说,可能包括武器的采办方、承制方以及政府等,还可能包括总体设计人员、中层管理人员、基层的生产或装备使用人员。对项目中风险进行有效管理,除了对风险的数据和信息进行收集外,还需要对系统的原理、结构与操作等知识有着充分、全面深入的了解。团队的风险管理是让具有不同知识背景、代表不同利益和需求的人员参与整个项目过程的风险管理。它是一种全局系统的管理,强调信任、协作、沟通以及知识的共享,团队中的参与人员对风险的态度不再来自于外界的约束和压力,从而更充满热情和主动。团队的风险管理需要建立专门的风险管理机构来进行日常工作的协调、交流、培训、指导,以及建立高效的信息系统来对项目中的知识进行管理。Higuera et al.（1994）给出了团队风险管理的九条指导原则,见表 3-2。

表 3-2 团队风险管理的基本原则

原则	要求
1. 共享的观点	项目的成功建立在共同目标、主人翁精神和集体责任感的基础上
2. 对不确定的预见	预先考虑问题，估计不确定性的后果，同时对项目资源和活动进行管理
3. 公开的沟通	在项目的不同层次中通过正式或非正式的形式使信息自由流动，人员畅所欲言及达成一致意见
4. 个体观点的尊重	对风险的识别和管理，个体的意见往往能够体现对事物的独特认识
5. 系统的思想	从系统层次上进行问题的界定、分析、设计与研制
6. 与项目管理的有效集成	风险管理是项目管理必不可少且重要的组成部分
7. 主动的策略	建立在对未来事件预测基础上的计划和实施活动
8. 系统及适应的方法	适应项目组织结构和文化的系统方法
9. 规范和持续的过程	对项目全生命过程中的风险进行持续的跟踪、识别和管理

风险的团队协作模式的具体内容如下：

名称：风险的团队协作模式。

目标：风险的团队协作模式的目标是使管理者能够通过团队之间的及时沟通、协调来减少由于团队对风险的认知差异所导致的争论、敌视等不利情况的产生，同时借助谈判协商等方式形成一致的风险计划，避免由于某个团队风险管理的"垄断行为"所造成的风险片面化管理，从而实现风险资源的互通有无和风险的共同管理。

动机：风险的团队协作模式对于项目来讲并不是必需的，而是一个可选的方法。其原因在于项目所涉及的每个团队都可能有自己的风险管理活动，这些独立的风险管理活动可能采用不同或相同的方法、过程或工具。在最理想的情况下，所有团队承担的工作范围都可以通过承包合同或技术协议来详尽地约定，并且在项目执行的过程中，项目范围或用户需求也不会变化。这样，团队之间至少在项目结束或交付物交接时存在一次沟通和协商。然而，遗憾的是，任何的合同或协议都不可能完全且无歧义地界定清楚项目的范围和客户的要求，并且由于业务需求不断变化所导致的项目范围的调整也常常不可避免，团队之间的任务的分配也要及时地进行相应的调整，而非把问题积累到最后交接的时刻。尽早发现问题，并尽快地就风险进行沟通、达成一致和共同应对是项目风险的团队协作模式的根本动机所在。

适用性：风险的团队协作模式通常适用于由多个不同团队负责同一个项目的不同方面的情况。这些团队既可以属于同一组织，也可能来自外部其他的组织。并且每个团队都有自己的项目内部风险管理，对自己所负责的工作范围内的风险具备进行控制、跟踪等的执行能力。有时，其中某个团队可能是一个独立于项目的外部的第三方，充当项目监理的角色。例如，在一个军用机载导航定位系统的研发项目中，无论是项目的发起人，还是专用硬件设备的研发单位、导航定位软件系统的承包商，都有自己的项目风险管理，然而在整个研发过程，设备性能指标、硬件设计方案、软件与硬件之间的接口等都可能不断变化，这种情况下，采用团队协作模式就可以尽早发现可能会出现的问题，同时从项目整体的角度，进行全局的、统一的项目风险管理工作的调度。

结构与过程：见图 3-8。

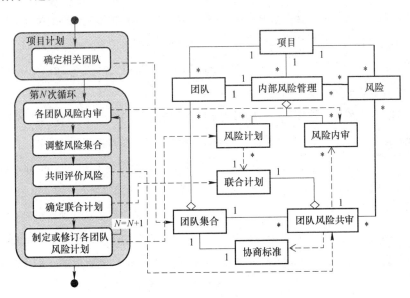

图 3-8　风险的团队协作模式

参与对象：在团队协作模式中，一个项目可能涉及多个团队，每个团队都有自己的一套内部风险管理，团队的内部风险管理由风险计划、风险内审等活动构成。其中风险内审最主要的成果就是形成风险的重要度排序，即风险 Top N 列表。而多个团队所组成的团队集合在达成一个协商标准和每个团队的风险内审的基础上周期性地进行团队风险共审，以形成关于此项目的一个最终的风险 Top N 列表，并且根据共审结果形成一个风险联合计划。每个团队根据这一次的新的风险"联合计划"来修正自己内部的风险计划并执行。

从图 3-8 中左侧的过程图来看，团队之间的风险共审常常不是一个一次性的行为，它既有可能是一个如第 3.3.2 小节所讨论的主动计划模式，也有可能是一个如第 3.3.3 小节所讨论的持续过程模式，即可能有反复多次的团队风险共审循环。每一个循环可能包含如图 3-8 中所示的"各团队风险内审""调整风险集合""共同评价风险""确定联合计划""制定或修订各团队风险计划"等几个子过程。

结论：风险的团队协作模式与其他风险模式的不同之处在于，它是一个针对同一个项目的多团队之间的风险管理和协调机制。由于具有相同的项目目标，所以多团队之间容易达成一致的协商标准。团队协作模式可以看作通过一个由多个不同团队组成的"虚拟团队"（这个虚拟团队应该由其中某一个团队或某个第三方的管理部门牵头负责）进行风险团队协作模式中的日常评审会议的组织、风险信息的收集整理、制定协商标准和形成联合计划等工作。保证团队成员之间良好且高效的沟通是该模式成功的关键。虽然每个团队都可以各自采用不同的风险管理方式，但是如果都采用事先约定好的相同风险管理方式，各自风险管理与共同的风险管理之间的协作接口就会保持一致性，从而降低风险团队协作模式的实施成本和复杂性。

示例：风险的团队协作模式一般适用于大型的政府部门的采办项目及项目分包、转包，或者是在现有项目之外引入具有"监理"角色的第三方管理的情况。例如，在美国国防部的资助下，SEI 提出了可用于政府采办项目的团队风险管理（Higuera et al.，1994；Higuera et al.，1994）；并在此基础上，给出了一个涉及国防部项目办公室（客户）、商业承包商（供应者）以及负责开发、测试等工作的 SEI 等团队之间的风险协作机制（Gluch，et al.，1996）；此外，当该模式中的某个团队充当"监理"角色时，就涉及工程项目的监理管理，方德英（2004）从现有二元信息系统工程固有的项目风险角度，提出了引入第三方监理的充分和必要条件。引入监理机制来控制包括信用和道德等主体行为风险（何旭东，2018）在内的风险管理思想已经广泛应用于建筑、IT 等很多领域的实际工程项目中。限于篇幅，这里就不赘述。

相关模式：常与风险的利益相关者沟通模式联合使用以改善团队之间的沟通；还常常与其他团队的具体风险管理模式，例如持续过程模式一起实现项目风险的共同管理。

3.3.6 风险的利益相关者沟通模式

在目前很多的大型项目中，往往涉及众多的组织和个人，即所谓的利益相关者（Stakeholder），又称干系人。在 PMBOK 中，利益相关者是与项目有关的客户、项目发起人、执行单位或政府公众等的个人或组织，项目的执行和完成与他们各自的利益相关，这种利益的相关既可能是正面的，也可能是负面的。利益相关者也可能对项目的整个过程，或者最终交付物施加自己的影响。所以说，任何一个项目的顺利执行不仅与项目内部成员有关，而且更离不开每个利益相关者的支持。利益相关者虽然不是专家，但可以根据他们自己的立场、愿望和专业来影响项目的决策。正因为利益相关者对项目的重要作用，对于项目利益相关者的有效沟通与管理已经成为当前项目管理以及风险管理领域的热点问题。调查表明，项目管理者大约90%的时间用于沟通，有效的项目沟通包括项目状态问题报告、风险管理、变化管理和质量管理等，并且电子邮件、网络及视频会议并不能保证有效的项目沟通（Noor et al.，2004）。PMBOK中关于项目利益相关者与项目团队的关系如图3-9所示。

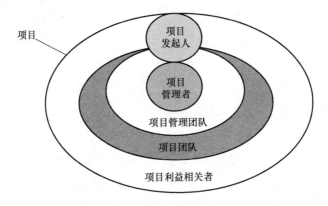

图3-9 项目利益相关者与项目团队的关系

项目利益相关者可能具有不同的权威性和职责，并且在项目生命周期中，利益相关者集合和其相应的权威、职责也可能发生变化。他们对项目具有的权威和职责既可以来自临时的项目调查，也可能来自对项目提供财务和政治性支持。忽视利益相关者管理的项目管理者，以及忽视自己对项目的职责的利益相关者，都会对项目的最终目标产生负面的影响。所以，尽早识别利益相关者尤其是关键利益相关者以及他们对项目的影响，是实际项目管理中十分重要的工作，也是成功应用风险的利益相关者沟通模式的前提。

基于自身利益的考虑，不同的利益相关者可能对项目持有不同的态度。如果可以从项目成功中获得益处，利益相关者通常对项目持积极的或支持的态度；如果利益相关者认为项目工程会导致某些与之相关的负面结果，则利益相关者有可能对项目持消极的、不合作的态度。例如，对于一个化工项目而言，公司领导者和环境保护部门、社区居民的态度显然是不尽相同的。当然，项目利益相关者对项目所持有的态度和立场并不都与直观上的认识相一致。例如，某些重要利益相关者可能会根据个人喜好、组织内部的政

知识视角下的项目风险集成管理：框架、模式与仿真

治斗争的需要，而非组织和项目的利益来决定对项目的态度。当这种情况发生时，通常意味着项目已处于某种不利的局面。由于利益相关者之间的目标往往不同，甚至相互冲突，因而利益相关者的管理对项目管理者来说常常是一个棘手且不能回避的问题。针对利益相关者的有效管理，人们进行了一些研究。例如，Karlsen（2002）提出了一个包含计划、识别、分析、沟通、行动、强化六个步骤的项目利益相关者的管理过程，这个过程可以根据实际情况进行弹性调整，并且从任一步骤可以返回到上一步骤，从而形成一个具有反馈的循环反复的过程。Verzuh（2005）提出了项目管理者如何利用传统风险管理实践来评估利益相关者管理中的威胁和机会，即利益相关者的确定、排序和通过政治地图（Political Map）的利益相关者沟通三个过程来进行利益相关者的预先管理。Stakeholder Management 公司开发了一个可视化的 Stakeholder Circle™软件产品来帮助项目管理者管理从利益相关者识别、分析、排序到制定利益相关者的可视化地图、制定参与战略、跟踪和复审的循环过程（Stakeholder Management Corp，2007）。

对于一个项目而言，关键的利益相关者可能包括项目管理者、项目客户和项目产品的使用者、项目的执行机构、项目团队成员、项目管理团队、提供财务资源的发起人或团体、项目影响者、项目管理办公室等。当然，在不同的项目中，利益相关者可能有多种不同的名字和分类，如内部利益相关者、外部利益相关者、个体和组织、所有者和投资者、销售和承包商、政府机构和媒体等。有时，利益相关者之间的角色和职责可能相互重叠。

有经验的项目管理者或组织高层人员通常非常注重同项目内部成员、项目利益相关者之间的协调和合作。风险的利益相关者沟通模式就是研究在这种需求下引入利益相关者管理来改善项目风险管理绩效的一般化形式。风险的利益相关者沟通模式基于这样的假设：有效的风险管理不应该只关注项目内部，而更应该关注项目利益相关者的管理；并且让利益相关者及时了解风险信息，鼓励他们主动参与到项目的整个风险管理活动，这样可以提高利益相关者对项目的满意度，减少实际中实施风险管理的阻力。而这也正符合社会心理学中的行为和认知理论，即人们对自己投入较多的事物往往会有更正面的评价。设想两种不同的情况：一种是利益相关者被项目完全忽视，另一种是利益相关者定期接到项目风险报告，并付出时间和精力来参与项目风险管理。通常后者对项目的认可程度要高于前者。

风险的利益相关者沟通模式的具体内容如下：

名称：风险的利益相关者沟通模式。

目标：风险的利益相关者沟通模式的目标是使管理者能够通过利益相关者之间的及时沟通、信息共享来提高利益相关者对项目的关注、参与和支持程度，提高在项目风险管理过程中客户、项目成员等在内的满意度，进而改善项目的内外部环境。

动机：传统的项目风险管理通常是面向项目团队内部的管理，然而在项目风险管理中如果忽视了对项目利益相关者的管理，那么当风险超出项目团队的范围和能力时，或者当风险不能被隐瞒时，风险通常已成为很严重的问题，这时项目管理者和项目团队只有被迫向项目外部利益相关者寻求支持和进行风险转移。这种实际中经常出现的情况，意味着项目利益相关者的地位被弱化为一个可随时提供支援的后勤人员或处理"烂尾工程"的补救者，甚至将利益相关者看成处于项目团队对立面的监督者而非合作者。项目利益相关者、项目管理者和项目成员往往陷入相互指责、推诿，甚至敌视的尴尬境地。所以，预先识别出项目的利益相关者、明确其各自利益诉求，并且提前约定好各自的项目职责及日常的沟通机制，使利益相关者从原来的问题被动告知到风险管理的预先参与，从充满怀疑、不信任到在一定共识的基础上积极地通力合作，正是本章提出风险的利益相关者沟通模式的目的所在。

适用性：风险的利益相关者沟通模式适用于任何项目，特别是大型复杂的项目。然而它不能单独使用，必须与其他风险模式结合起来使用。例如，在项目采用风险的持续过程模式的同时，可以在其中一个或多个风险过程中使用利益相关者沟通模式。然而在某些风险厌恶型或官僚的组织文化中，实施该模式可能会变得困难。组织和项目团队应该营造一个开放、信任、尊重、共享及合作的风险氛围，鼓励任何风险信息的识别和披露，以及利益相关者个体或团队风险经验和相关领域知识的交流分享。

结构与过程：见图 3-10。

参与对象：在风险的利益相关者沟通模式中，一个项目需要根据所涉及的多个利益相关者制定一个项目风险沟通的原则和策略，例如包括利益相关者的通信列表、使用媒介及沟通方式等；与其他风险模式的不同在于，该模式侧重于风险相关的风险信息与知识在利益相关者之间的沟通共享；风险信息与知识可以有很多不同的形式，如利益相关者拥有与自己领域相关的风险知识和个体经验；项目拥有与项目风险有关的风险计划、风险评估报告等信息。风险活动可以划分为识别分析、评价计划、跟踪控制等具体的活动，在每一个风险活动中，都可能包含风险信息与知识的沟通共享。通过沟通共享，风险活动既可以把某些风险信息与知识作为活动的输入，也可以产生新的风险信息与知识。

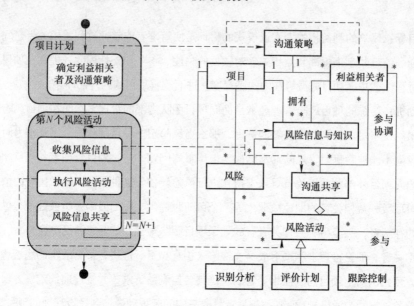

图 3-10　风险的利益相关者沟通模式

利益相关者既可能是风险信息与知识的拥有者,也可能是沟通共享活动的组织者、协调者和信息知识的发布者,还可能是风险活动的参与者,例如:在风险识别中提供或收集风险信息;在风险评价中对风险进行排序;制订风险行动计划;负责风险的控制和跟踪等。项目管理者既可以在主动的风险计划中预先分配利益相关者的职责,也可在每个风险管理循环的风险行动计划中进行利益相关者职责的分配,即明确某个利益相关者对某个风险活动的参与程度,是负责还是辅助支持。

从图 3-10 中的过程图来看,该模式需要在项目计划阶段提前进行关于利益相关者的级别、偏好、期望等内容的识别和分析,并就项目风险沟通的原则和具体策略达成一致意见。在项目风险管理过程的具体风险活动中,使用利益相关者沟通模式来实现风险的收集,或者实现风险的利益相关者集体评价,或者在行动计划中确定利益相关者的职责和任务。例如,在项目的风险识别中,项目管理者通过对所有利益相关者提交的风险初步列表进行风险识别;通过若干利益相关者打分的方法来实现某些重要风险的评价等。

结论:严格地讲,风险的利益相关者沟通模式是一个关于风险的各种信息和相关知识在利益相关者之间进行传递和共享的模式。项目管理者和项目团队必须清楚地意识到项目风险管理不是某个人或团队独占的"权利",而是所有利益相关者共同承担的"义务"。需要注意:避免口头或形式主义,如应该在利益相关者之间建立快速有效的信息反馈和评估机制,而不是在某个利益相关者提出一条风险建议后无动于衷或石沉大海,或者是"事不关己，高高挂起"；防止该模式的过度滥用，造成不必要的成本开支和管理工作；防止过分依赖利益相关者的群体决策，忽视其可能出现的负面效应或成为推脱责任的借口等。

示例：风险的利益相关者沟通模式来源于很多不同领域中对利益相关者参与决策过程的深入研究。美国能源部和利益相关者参与风险评估协会（CRESP，Consortium for Risk Evaluation with Stakeholder Participation）对核废料的运输进行了利益相关者参与决策过程和利益相关者风险信息需求的案例研究（Drew et al.，2003），该研究表明利益相关者希望能通过获取更多的技术信息来帮助他们更有效地参与决策过程，并且信息应该保证透明化和在所参与的利益相关者之间的公开化。世界水坝委员会（World Commission on Dams，WCD）在其2005年的研究报告中提出了利用3R（Rights，Risks and Responsibilities）方法来实现在决策过程中的利益相关者参与（Bird，Haas，Mehta，2005）；针对通常的项目管理多侧重费用/进度约束或者可靠性问题，Cooper（2003）则认为应该考虑包括发起人、公众、科学团体、项目所在组织、项目团队等在内的不同利益相关者对"风险""成功""失败"等概念的更为广泛的理解和解释，并以NASA的空间行星探测项目为例从利益相关者的角度讨论了项目风险与利益相关者期望的关系以及风险的评价问题。Skelton和Thamhain（2006）针对复杂的技术类产品研发项目提出了一种利益相关者方法来降低项目的风险，其思想就是在项目早期阶段通过利益相关者之间的有效交互来识别风险，并在利益相关者网络内来共同处理这些风险。Woolridge、Mcmanus和Hale（2007）则针对软件项目提出了一个基于结果的利益相关者风险评价模型来实现利益相关者分析和风险的评价。Xia、Zou、Griffin、Wang和Zhong（2018）最近的一项综述研究也认为，对项目风险和利益相关者进行综合管理是可行的，并且讨论了风险与利益相关者管理之间的四种连接模式。由此可见，这种以整体和综合的方式思考、分析和管理风险和利益相关者的做法符合未来项目管理的发展趋势。

相关模式：常与风险的团队协作模式联合使用以改善团队之间的沟通；还常常与其他团队的具体风险管理模式，如持续过程模式，一起实现项目风险的共同管理。

3.4 应用案例分析

3.4.1 装备项目的风险管理特点

武器装备作为满足国家利益和国防利益需要的一种特殊产品，不但对军事、国防等

知识视角下的项目风险集成管理：框架、模式与仿真

领域具有重大的影响，而且也代表着一个国家综合实力和工业整体的水平。作为一种大型的工程项目，航空武器装备项目具有高科技含量、高风险、周期长、涉及单位众多等特点。例如我国第三代先进战斗机——歼-10的研制就是一项庞大而复杂的系统工程，航空、航天、电子、兵器、化工等行业共有120多家单位数十万人参与了研制。因此，航空武器装备项目的管理必须是一种统一规划、统筹安排、全系统、全寿命的管理。

项目的全生命周期是指从立项到收尾的整个过程。以武器装备项目为例，全生命周期包括从立项论证开始，经过设计、研制、试验、评审、生产、采购、使用、保障直至退役处理的整个过程。而全生命周期风险管理则是利用系统的理论方法对存在整个项目生命周期中的风险进行识别、分析、评价、计划、控制、跟踪等持续改进的管理过程。其中发展比较成熟的有生命周期成本（LCC）法，目前LCC已经成为衡量一个武器系统投资水平和经济性的主要参数，同时也是项目各个过程中决策的主要依据之一（花兴来，刘庆华，2002）。通常在项目的论证、研制、使用、维护等各个阶段都存在大量的不确定性因素，从而在整个生命周期中都时时刻刻伴随着风险。在重大工程项目中的风险具有以下四个特点（杨建平，杜端甫，1996）：

（1）项目整个生命周期内的风险存在具有客观性和普遍性，即只能在有限的空间和时间内对风险进行一定程度的控制，而不能完全消除风险。

（2）虽然个别风险事故的发生是偶然的，但大量风险事故的统计分析却呈现明显的运动规律，所以可以借助概率统计方法和其他现代风险分析方法来管理风险。

（3）在项目的整个过程中由于外界因素和人为控制，风险在质和量上发生变化，同时项目的每一阶段都可能产生新的风险。

（4）重大工程项目周期长、规模大、设计范围广、风险因素数量及种类繁多都会使其在全生命周期内面临的风险多种多样，并且大量风险因素之间、风险因素与外界环境之间存在错综复杂的关系以及多层次性。

针对以上的特点，杨建平和杜端甫（1996）同时提出了五步的综合集成方法来指导重大工程项目的风险管理，一些学者也总结了常见的一些风险估计方法（吕建伟，2002；沈国柱，2000；赵恒峰，邱菀华，1997；朱启超，匡兴华，沈永平，2003），以及风险的生命周期中风险之间并联、串联的依赖关系的概率计算方法（Ren，1994；赵恒峰，邱菀华，1996）。但总的来说，国内对于风险的研究仍然局限于具体评价方法的研究，缺乏对项目全生命周期这一过程中风险的系统研究，尤其是缺乏对风险管理的持续性、有效的风险组织管理等方面的研究。

第3章　基于知识复用的项目风险管理模式

目前在项目中的风险管理主要停留在项目的每一阶段以及最终产品上，如用于产品和生产装配线的失效模式及其影响分析（FMEA）、事件树及故障树分析（ETA、FTA）以及人因可靠性分析（HRA）等一些风险分析方法，而忽视了装备设计、研制、使用与保障等过程中风险的统一管理。实际上，项目生命周期中不同阶段的风险之间是相互关联、相互影响的。同项目中采用的价值工程和全生命周期成本分析一样，全生命周期风险管理能够更加有助于项目的成功。例如武器装备项目，如果忽略生命周期中某一重要阶段的风险管理，不但会加大前期研制的风险，而且对于后期装备的维护保养、安全运行以及部件的更新换代也会带来不利的影响；如果早期出现的关键风险未能及时有效地给予处理，那么其对后期的不利影响将存在放大效应。

美国国防部一直把风险分析作为装备研制过程的重要组成部分。美国重大国防采办项目风险评估体系的最佳实践证明：工程项目管理就是风险管理，只有使进度风险、费用风险和技术风险的管理成为与装备的整个生命周期相伴随的一个系统化过程，才能最大限度地控制和减低风险（程文渊，许佳，张慧，等，2017）。所以，对项目全生命周期中的风险进行系统、有效的分析与管理将变得越来越重要。

从项目管理的角度来看，项目整个生命周期内的风险主要分为技术风险、进度风险、费用风险、计划风险与保障性风险等，其中技术风险是主要因素，技术风险包括使用新技术、新材料、新工艺、新设计对装备带来的前所未有的性能风险。一方面，技术方案的落后可能会造成产品的寿命过短，过早地被迫改型或淘汰；另一方面，过于先进的技术方案往往会造成整个项目的进度延迟、费用预算的严重超支以及难于满足保障性目标。项目前期的论证、分析及设计阶段应该综合考虑对整个生命周期的其他后续阶段的影响，任何中途技术方案和目标需求的改变都会造成人财物的巨大浪费。可见，项目前期风险的管理是能否有效管理整个生命周期风险的前提。

而从项目作为一个复杂系统的角度来看，产生系统故障的风险主要来自硬件系统、软件系统、组织、人与外部环境五个方面，从图3-11可以看出，系统风险之间存在相互的影响，而这种相互的影响始终存在于整个项目生命周期的各个阶段。其中，人的风险是核心的因素，它包括人员的不可用性、技能、泄密、失误等方面；外部环境风险包括国际形势、国家政策、国民经济、自然灾害等因素；除了硬件系统和软件系统风险外，组织风险是风险管理中最容易被忽视的因素，项目组织的管理模式、沟通方式、信息技术的使用、知识管理等都是组织风险的来源。如果把硬件、软件系统及人的风险看作系统发生故障的直接因素，组织风险则主要通过硬件、软件及人来间接地影响整个系统。

对于同一研制项目,与低效的组织管理相比,良好的组织管理可提高成功率 10%～30%,可缩短开发周期 20%～60%,可降低额外成本 8%左右,组织管理是影响项目进程的最大风险源(花兴来,刘庆华,2002)。

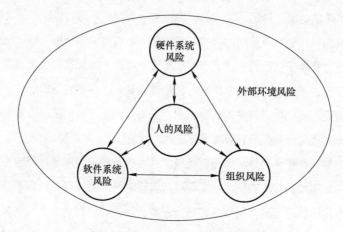

图 3-11　系统的风险构成

3.4.2　某项目中风险模式的组合及复用

在分析了武器装备项目的特点及其风险管理的现状后,这里以一个该领域的实时监控系统的某研发项目 X 为例,说明在项目风险过程中如何应用本章提出的几种基本风险模式来实现其项目风险的管理。

该实时监控系统主要是实现武器装备系统运行中的各种信息的实时测量、异常状态的测量与预警功能。作为一个机载的系统软件项目,它从属于一个更大的国防装备项目。该项目的顺利实现需要多个协作单位的配合,并且项目的某些关键节点可能会受到其他相关项目的制约。该项目要求尽可能不失败。实时监控软件的最终交付日期不能变更,同时项目经费十分充足。由于该装备是一个新的实验性型号,虽然涉及的相关技术都是成熟的技术,但是相关的硬件和软件设计团队却缺乏实际的经验。经过分析,该项目所涉及的关键利益相关者如图 3-12 所示。

(1) X 项目软件开发团队:负责该软件系统的开发,具体包括系统分析、设计、实现、测试及安装维护等工作。

(2) 项目管理者:负责 X 项目的日常管理,包括项目计划的制订、风险控制等工作,并承担 X 项目的外联工作,如与其他利益相关者的协调、向上级单位或装备总体组的汇报等。

第3章 基于知识复用的项目风险管理模式

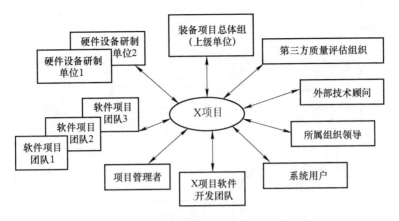

图 3-12　X 项目利益相关者

（3）系统用户：该实时系统软件的最终使用者，如装备驾驶员或中央调度员等。

（4）所属组织领导：X 项目所在组织的、对该项目有影响作用的关键高层管理者。

（5）外部技术顾问：X 项目临时聘请的高级技术顾问，协作项目管理者进行日常项目的管理，同时负责软件开发标准的制定、执行及监督。

（6）软件项目团队：与该实时系统存在信息交互的其他软件系统的开发团队。

（7）硬件设备研制单位：与该实时系统存在信息交互的其他硬件系统的研制单位。

（8）第三方质量评估组织：装备项目总体组指定的第三方专业的质量评估组织，为该软件系统的阶段评审和最终验收提供支持。

（9）装备项目总体组：负责整个装备项目管理的管理单位，这里是 X 项目的直接上一级管理单位。

虽然目前国内很多大型国防企业以及国防项目中采用一些所谓"重型"的风险管理体系，但是这种规定十分详细、面面俱到的风险管理方法既需要组织和项目的长期经验积累，还需要设立某些常设机构保障实施。由于该项目在政治性、时间限制等方面的特殊要求，以及 X 项目的管理者、项目成员以及项目所属组织等主要利益相关者普遍缺乏风险管理意识和项目风险管理的经验，因此，可以利用本章提出的风险模式组合的方式来定制项目风险管理。具体的 X 项目的风险管理如图 3-13 所示。

X 项目的风险管理由主动计划模式、持续过程模式以及利益相关者沟通模式组合而成。具体组合方式如下所述：

（1）在项目计划中应用风险的主动计划模式来制订项目风险计划。

（2）在项目风险计划中应用风险的利益相关者沟通模式来完成确定利益相关者和沟

通策略的风险预先工作。

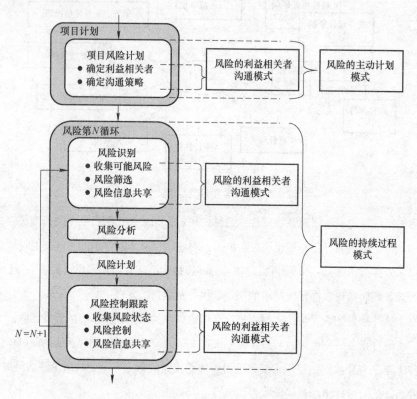

图 3-13　通过模式组合定制 X 项目的风险管理

（3）在项目执行过程中应用风险的持续过程模式来实现项目风险在整个生命周期的识别、分析、计划和跟踪控制的循环过程。

（4）在风险识别和控制跟踪的子过程中应用风险的利益相关者沟通模式来实现利益相关者之间的风险共同识别、风险共同控制和跟踪。其中包括收集所有利益相关者提供的可能风险信息，进行汇总和筛选，或者收集利益相关者监控的有关风险状态等。

X 项目所使用的风险计划的大致内容如表 3-3 所示。

表 3-3　X 项目风险计划

---

1. 介绍及背景

　　1.1 项目意义、目标及与风险相关的目标

　　1.2 风险管理过程及程序

2. 风险管理机构或团队

第 3 章 基于知识复用的项目风险管理模式

（续）

　2.1 风险管理机构、团队及相关利益相关者
　2.2 风险管理职责分配
　2.3 风险沟通原则和策略
3. 风险管理过程
　3.1 风险识别
　3.2 风险分析
　　3.2.1 风险评价（可能性、后果、时间期限估计，风险矩阵）
　　2.2.2 风险分类（分组、风险相互关系、去除重复）
　　3.2.3 风险排序（风险 Top N 列表）
　3.3 风险计划
　　3.3.1 风险登记
　　3.3.2 应对行动（风险承担、转移、控制和避免）
　　3.3.3 确定行动职责
　　3.3.4 预算（成本、资源约束等分析）
　　3.3.5 最终期限
　3.4 风险控制跟踪
　　3.4.1 当前状态分析
　　3.4.2 状态信息编辑和报告（风险瀑布图）
　　3.4.3 风险指标和预警
　　3.4.4 风险决策（重新计划、结束、启动应急计划、继续跟踪执行当前计划）
　3.5 风险沟通
4. 结论

　　X 项目的风险计划由项目管理者、项目团队及外部技术顾问共同制定并参照整个装备项目和第三方质量评估组织的某些要求。风险计划的目的是为项目管理者、团队和相关利益相关者建立一个正式的、广泛接受的风险管理制度和规范，并且在项目开始之前，积极调动利益相关者的参与热情，利用头脑风暴等方法来形成项目可能的已知风险列表，并形成初步的风险计划。

　　由于对风险采取持续的控制，所以在 X 项目中，对于每个风险通过风险瀑布图来跟踪风险随着时间的演变状态。风险瀑布图如图 3-14 所示。

　　在图 3-14 中，风险从高风险的状态到可接受风险的状态经历了两个应对行动的步骤。在实际中，可能经历一个或多个风险的应对行动，当风险已经处于可接受状态时，仍然要进行对该风险的跟踪，直到最终关闭该风险。在管理列表中的每个风险状态的基础上，根据实际需要，还可以形成一个项目关键风险的跟踪图，这个项目风险跟踪

图提供了一个基于整个项目的全局角度来观测这些关键风险的状态变化和相应的风险决策点,即包括风险的重新计划、启动应急计划、继续跟踪或关闭。

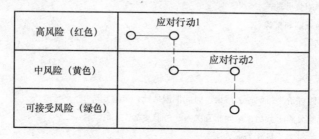

图 3-14　跟踪单个风险的瀑布图

X 项目之所以采用风险的持续过程模式,是基于这样的风险共识,即风险的管理不是一个静态的一次性的工作,而是一个持续的贯穿整个项目周期的工作,这个工作最早开始于预先的项目风险计划。除了用在风险的周期性评审报告中的风险瀑布图等方式来描述风险外,X 项目还借助一个定制的简化系统来记录风险在整个生命周期中的所有信息,其中包括:

(1) 风险命名和描述。

(2) 用于跟踪的风险唯一编号,在风险整个周期中保持不变。

(3) 负责管理风险的利益相关者或参与者。

(4) 风险当前的评估等级。

(5) 风险的影响(项目质量、范围、性能、成本和时间等)。

(6) 与风险关联的某些指标及预警的阈值或区间。

(7) 当前正在执行的风险行动计划及未来估计。

(8) 风险的历史信息及工作备忘录。

当然,项目管理者希望跟踪的任何信息都可以包含在上述记录的风险信息库中。这些通过计算机系统记录的风险信息可以为风险利益相关者的风险决策和行动提供快速且一致的支持,以避免时间上的延误。

X 项目中的利益相关者在风险管理中起到了十分重要的作用,利益相关者不但在风险的识别和跟踪阶段根据自己的经验和领域背景承担某些风险信息的收集与风险状态的检测,而且在风险的控制阶段负责某些风险的应对活动的具体执行。例如,在风险还未发生前,利益相关者就利用自己的经验来协助项目管理者和团队进行风险预先计划的制订;在某些风险发生后,利益相关者则会利用自己的影响和政治地位来为项目提供必要的支持。

3.4.3 项目风险管理的系统模型

通过 X 项目的风险管理，可以看出大型项目的风险管理同项目管理本身一样是一个复杂的系统工程，很多人都认为项目风险管理其实可以看作一个项目并完全按照项目的方式来进行管理。成熟的项目风险管理是建立在目前项目风险管理各种成熟的理论、方法的基础上，其中包括本章提出的基本的风险模式以及一些定性定量的方法、动态系统的方法等，有效的项目风险管理包括项目的管理、组织形式、知识管理、沟通协调、全过程的综合评价等诸多方面。通过 X 项目可以看出，一个基于主动计划、持续过程和利益相关者沟通的项目风险管理的系统模型可以如图 3-15 所示。

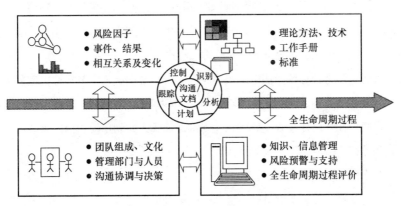

图 3-15 项目风险管理的系统模型

该系统模型由五个相互联系的部分组成：

（1）风险系统的内在机理与结构，即研究和管理的客观对象，包括风险、风险因子、风险事件、结果等概念的描述，风险的时间与空间特性，以及风险间的相互关系及动态变化规律等。

（2）风险的理论、方法与技术，包括各种基本的风险模式、分析方法与实用技术，工作过程及操作手册，制定的规范文件与标准。

（3）基于团队的风险管理，即风险管理的组织形式、文化及组成，利益相关者沟通协调与决策。

（4）信息技术的支持，包括对风险管理中的知识管理、历史数据及专家经验，以及各种信息支持系统，如风险预警、全生命周期过程评价等。

(5）持续的风险管理，是当前项目风险管理的核心，在对风险系统的认识不断深入的基础上，借助理论方法、团队的组织管理以及信息技术来完成识别、分析、计划、跟踪及控制的反复循环的动态过程。

项目的一次性、独特性及自身的难度和复杂性决定了风险的不可避免，同时风险发生后所造成的难以弥补的损失决定了风险管理的重要性。基于模式和知识复用的风险管理是项目风险管理研究的新领域，同时也是管理实践的迫切要求。

3.5 小结

项目风险及风险管理方法是一种特殊的知识，可以利用建模理论中的模式方法来提炼某些基本的风险管理模式，这些模式描述了可供项目和组织重复使用的风险知识，并且通过规范、统一的风险用语来改善风险沟通障碍。

在对现有风险有关理论方法以及实践深入分析的基础上，本章提炼出适用于项目风险管理的几种基本模式，其中包括风险的被动解决模式、主动计划模式、持续过程模式、项目组合模式、团队协作模式及利益相关者沟通模式，并利用模式语言来分析了每一种风险模式的目标、适用性、结构与过程等。

利用基本的风险模式，项目管理者可以根据项目的实际情况定制项目的风险管理，从而复用现有的风险知识，并且项目管理者也可以根据已有的项目风险的经验教训、理论方法和文档资料提炼和挖掘新的风险模式。本章以一个武器装备项目为例，说明了风险主动计划模式、持续过程模式以及利益相关者沟通模式可以实现该领域项目的风险预先计划、全生命周期管理以及利益相关者之间的有效风险沟通。

第4章
基于知识的项目风险模型与管理过程

由于社会经济、信息技术的快速发展,处于组织学习和变革当中的现代项目管理具备了不同以往的内涵和特征。其中项目的风险管理已从原来单纯的侧重那些用数量来描述的问题转向了结合人与组织的"行为问题(Behavioral Issue)",项目风险管理的研究越来越重视基于心理、行为、知识等方面的研究,引入上述这些软因素后,项目的风险管理呈现了高度的复杂性和相互关联性;此外,供应链、项目组合及虚拟项目管理等理念的出现都促使组织或企业对项目风险的管理视角由单个项目内部转向对多项目的集成管理,从项目所属的组织内部延伸到项目涉及的外部组织。在这种情况下,以往基于单独项目的风险管理已经难以满足项目组合以及跨越组织界限的风险管理。

在现代的项目组合管理中,由于项目涉及不同的专业领域,许多组织和团队规定了许多专有的管理术语来指导风险的一系列管理过程。由于一个项目可能涉及不同领域的众多利益相关者,项目管理者就不得不与这些项目利益相关者进行沟通。另外,风险的识别、分析、评价及控制等本身也是一种特殊的知识,由于风险的不确定性以及不同主体对风险的认知程度、主观态度等方面的不同,导致在实践的管理活动中,不同项目、不同组织甚至不同行业的风险知识存在大量的语义差异,即对于相同的风险领域对象的描述用语却不同,或相同的描述用语却代表着不同的对象等。这就在一定程度上难以共享风险领域的知识,从而形成项目风险沟通障碍,因而在不同的利益相关者之间、团队之间以及组织之间如何有效地就项目风险信息和知识进行沟通和共享,就成为一个新的挑战。

本章主要从知识的角度来研究项目的风险管理模型及过程。首先分析可能引起项目风险的知识因素,提出了一个基于知识的项目风险管理过程,并且还给出了一个基于本体技术的项目风险的层次模型来实现项目风险的术语、评价规则、管理过程等知识在语义上的规范化、共享和融合,从而改善在不同组织、团队及利益相关者之间的风险知识的沟通效果。然后根据此思想给出了一个基于风险本体知识模型的项目风险知识管理原型系统的设计方案，这个集成化的项目风险知识的沟通及管理的平台软件系统，借助数据库、网络等技术可以实现跨越时空、跨越行业领域以及组织界限的项目风险知识的智能推理、交流与共享。

4.1 项目风险的知识因素及管理过程

4.1.1 项目风险的知识因素分析

传统观点认为，风险是不利事件发生的概率和该事件发生后果的函数。而从知识的角度来分析，风险实质上是源于对未来不确定事物缺乏了解，即缺乏足够的预测未来不利事件知识。而风险管理也就是对风险知识的管理（Rodriguez，Edwards，2014）。显然，组织获取和积累的经验知识越多、信息和知识传递的速度越快、沟通和共享过程中信息和知识的"失真"程度越小，则组织预测和控制项目风险的能力就越强。即使组织或项目拥有了足够的知识，由于知识本身的不确定性（Harrison，1987）、对知识的不当应用、知识管理中的问题等因素，仍有可能产生风险。因此，在任何时刻 T 的项目风险也可以表示为项目或组织拥有知识和施加在这些知识之上的管理过程所决定的一个函数。

$$\text{Risk} = f_T(\text{knowledge}，\text{management process}) \qquad (4-1)$$

随着时间的推移，组织获取和积累的经验知识越多，预测和控制项目风险的能力就越强。图 4-1 给出了造成项目风险的主要知识因素。

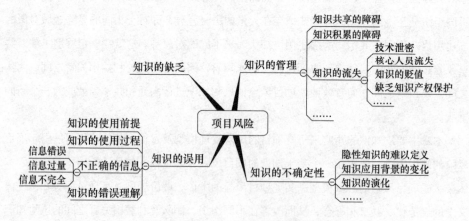

图 4-1 造成项目风险的知识因素分析

造成项目风险的知识因素除了知识的缺乏外，还包括知识的误用（Gregoriades，Sutcliffe，Shin，2003）、知识的不确定性以及知识的管理等方面。

其中，知识的误用给项目带来的风险主要表现在：当项目或组织拥有足够的知识时，在不当的背景条件下应用知识或遗漏某些步骤；错误的、冗余的、不足的信息对知识模型输出的干扰；由于知识的本质在于理解而不是占有，因此不同主体对知识以及应用知识获取结果理解上存在偏差。

知识的不确定性主要来自知识本身的难以显性化和模糊的特性，有些知识文档并不能准确地描述其内在的本质，隐性知识也难于完全显性化（Nonaka，Takeuchi，1995），在不能获取拥有特殊知识的人力资源的情况下来应用这些不完全的知识，显然会产生项目的风险；知识的不确定性还表现为知识的应用背景可能会随着时空的变化而变化；同时由于科技的进步，针对同样领域问题的知识本身也存在演化。所有这些都有可能对项目造成潜在风险。

知识管理中的知识积累反映了一个组织知识资产增值的状况，如何把个体的知识通过组织学习形成项目团队、组织的知识一直是知识工作者面临的挑战。拥有特殊才能的核心员工的离职、技术泄密、缺乏知识产权保护以及由于科技的发展带来的知识贬值等不同形式的知识流失，也是项目风险的来源之一。

对于风险管理则有

$$\text{Risk Management} = f(\text{goal, risk problem, context, agent, knowledge}) \quad (4\text{-}2)$$

上述表达式反映了基于知识的项目风险管理的本质，即项目或组织应该在其整体目标的约束下，在适当的情境（时间、地点和条件）下，由适当的主体（项目人员和利益相关者）借助适当的知识（模式、模型、方法或管理过程）来实现适当的风险问题的管理。而对项目风险的管理来说，除了某些专业领域的知识外，风险的分析、评价、控制等本身也是一种知识，例如，一个软件项目的管理者可能需要了解谁具有某个软件技术的开发经验和技能，如何评估风险之间的依赖关系，以及当执行一个风险行动计划后的相关工作文档应该及时提交给谁等。如何有效地在项目中或组织内部来积累、共享和应用这些针对风险的管理知识是项目风险管理的一个重要方面。

4.1.2 基于知识的项目风险管理过程

现代的项目风险管理是项目生命周期内一个持续的风险管理过程，它具体包括风险的识别、分析、计划、跟踪与控制，同时通过规范标准的方法对项目风险状态等信息进行沟通和文档化记录（张亚莉，杨乃定，杨朝君，2004）。目前各种项目风险管理都是一种基于过程控制的方法，它们主要侧重对风险管理过程的不同阶段、步骤进行标准规范且细致的控制来实现项目风险的管理，关于项目风险管理的成熟度模型就是基于这种思想的一种典型的管理方法论（Hillson，1997）。同上述这些基于过程控制的项目管理方法不同，基于知识的项目风险管理更侧重从知识管理的角度来重新审视以往的风险管理过程，其具体的过程如图 4-2 所示。

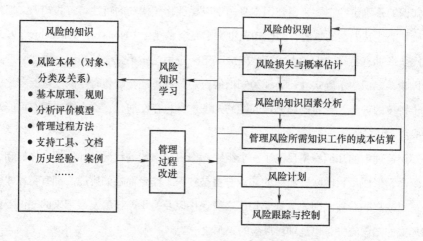

图 4-2　基于知识的风险管理过程

通过对风险对象及其管理过程的本体建模来进行知识的统一表示和描述，组织、项目团队、个体及利益相关者之间就可以共享一致的风险管理术语、指导原则、评价标准以及标准的控制过程等。通过对风险知识的共享、审计、存储等组织学习过程来形成一个关于风险的知识库，并通过组织的管理过程的持续改进来实现项目风险管理过程的重组与优化。

1. 风险的识别

通过风险发生的情境来识别潜在的风险，形成风险的核查表，这一过程可以借助鱼刺图、认知图、事件树及故障树等技术。

2. 风险损失与概率估计

估计风险事件发生的概率、后果的严重程度以及采取应对措施的时间限制，同时对风险进行相似或相关分析、分类、确定优先级、概率风险评价等一些量化方法，风险的评估一般需要遵循最坏情况的悲观原则。

3. 风险的知识因素分析

对造成风险的知识因素进行分析,逐个找出影响风险的知识问题。例如,项目的进度风险可能由于核心项目成员的离职而导致知识流失,也有可能目前组织缺乏开发某个产品功能的知识积累。知识因素分析可以借助图 4-1 所示的方法以及组织的知识关联地图来完成。

4. 管理风险所需知识工作的成本估算

对解决造成风险的所有知识问题进行成本计算,也就是为了消除或控制某一项风险,需要对解决同一知识问题的不同方案进行比较分析,只有当投入的成本小于或等于风险所造成的损失时,才进行相应的知识工作来进行风险的控制。当然,有时还需要综合考虑时间、资源等方面的约束。

5. 风险计划

风险计划主要是分配职责,确定针对风险的知识管理。例如:针对项目的人员流失,需要尽快启动新成员的招募与培训;对于某个产品功能的开发,需要通过购置第三方的产品而不是寻求外部技术顾问的支持等。

6. 风险跟踪与控制

风险跟踪与控制包括风险状态的获取、编辑、分析,以及组织风险数据、报告结果和检查风险的实施效果;通过分析结果来决定是否采取修改计划、注销风险、采取应急计划及继续监控等行动。

上述的风险管理活动是一个不断循环和反复的过程,并在整个项目生命周期内呈现连续性、并行性、迭代性。在每一个具体的风险管理过程中,都同时进行关于风险管理及与风险有关的专业知识的组织学习,形成关于风险的新知识。风险的知识包括风险的本体(风险的对象、分类和关系)、基本原理与规则、分析评价模型、管理过程方法、支持工具、文档以及历史经验和案例等。同时通过利用现有的风险知识,项目管理者可以持续改进项目风险管理的过程及步骤,从而提高个人、项目团队及组织对风险的认识以及管理风险的绩效,如图 4-3 所示。

图 4-3 基于知识的风险管理过程

由于一个组织可能同时进行多个项目的实施,因此需要在项目组合的层次上,实现具体项目之间风险知识的集成化管理。另外,一个项目可能涉及多个组织或领域,因此还需要在本体语义的层次上,实现不同组织或领域中风险本体之间的映射和变换,从而在不同的组织、业务领域、项目、个体或利益相关者之间就可以实现不同风险本体的语义以及知识的集成,从而共享一致的风险管理术语、指导原则、评价标准以及标准的控制过程等。

抽象的风险知识模型和特定项目的风险实例信息一起构成了全部的风险知识体系。构建项目风险的知识体系后,需要在项目风险的管理过程中,通过组织学习来实现风险知识的沟通、共享以及积累。一方面,风险的经验和知识来源于风险的管理活动,即在每一个具体的风险管理过程中,同时进行关于风险管理及与风险有关的专业知识的创造、学习、共享、审计、存储等形式的知识管理活动,从而增加、修改或完善组织风险知识库中的相关知识;另一方面,不断积累和得到证实的知识又对实际的风险管理活动起到指导的作用,即组织可以通过项目风险管理能力的成熟度模型(Irizar,Wynn,2018),来实现其风险管理过程的监控、持续改进、重组与优化,从而提高个人、项目团队及组织对风险的认识以及管理风险的绩效。

4.1.3 组织学习与项目风险管理的集成

组织的知识管理除了受内部的组织目标和文化的影响外,还与个体和集体关于风险的价值观有关。而在虚拟企业、企业联盟或供应链管理中,一个组织的项目风险管理还通过合同契约以及共同的利益与外部的组织或项目利益相关者发生联系。因为项目风险的消除在某种程度上就是真相的暴露,所以项目风险的管理不应局限于团队或组织的内部,应该延伸到组织的边界以外。一个项目可能需要及时与组织的协作单位、上级主管单位、当地政府机关、新闻媒体或所在社区进行项目风险信息的沟通。对项目中风险的有效管理除了对风险的数据和信息进行收集外,还需要对系统的原理、结构与操作等知识有着充分、全面深入的了解。基于知识的风险管理是让具有不同知识背景、代表不同利益和需求的人员参与整个项目过程的风险管理。它强调信任、协作、沟通以及知识的共享，项目的参与人员对风险的态度不单来自于外界的约束和压力，而且还充满热情和积极主动的工作态度，通过组织学习的过程来完成项目的风险管理。除了需要建立专门的风险管理机构来进行日常工作的协调、交流、培训、指导外，还需要借助组织知识管理的信息系统来对项目中的各种与风险有关的知识进行管理。图 4-4 描述了如何在组织的学习过程中实现项目风险的知识管理。

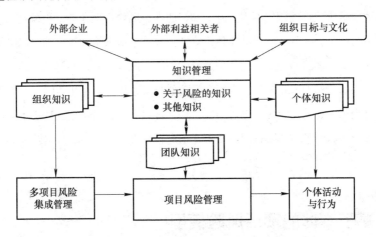

图 4-4 组织学习与项目风险管理的集成

可见，组织的自我学习是基于知识的项目风险管理的基础。这里从风险的角度把组织中的知识分为关于风险的知识以及其他知识两大类。知识分为个体知识、团队知识和组织知识三个不同的层次。通过组织成员之间的相互学习，知识通过知识管理的机制可以在个体、项目团队和组织之间相互转化，从而实现知识的共享和组织知识的积累。从个体的角度来看，个体所拥有的关于风险的知识决定了其在项目风险过程中的日常活动和个人行为；从项目的角度来看，项目团队所具有的风险知识决定了项目风险管理的具体实施过程和步骤；而从组织的角度来看，组织所拥有的风险知识则决定了对项目组合风险的集成化管理。

组织可以借助不同抽象程度的风险本体模型来实现在不同项目之间、不同组织之间共享关于项目风险的知识。组织中的项目可能属于相同或不同的领域范围，而一个项目也可能涉及多个不同领域背景的组织，单纯依靠各自独立的项目风险管理难以进行风险信息和知识的有效集成，基于知识的风险本体模型可以在项目或组织间提供一个更高级别的抽象语义，并为组织建立一个风险系统的整体框架以及基于生命周期、组织、资源、功能等不同维度的静态或动态的视图。含有风险实例信息的项目风险模型构成了一个风险知识库，通过风险知识库，项目和组织可以共享一致的本体模型所表达的风险术语、风险分析及评价规则、管理指导步骤及原则等知识。风险知识库还可以为组织或项目利益相关者提供有关风险的级别、负责评估此风险的人员、风险之间的影响程度等信息以及根据现有的风险事实进行风险的推理和判断，从而提高项目风险预测的水平，实现在项目群之间，以及跨越组织边界的风险集成管理过程中风险知识的交流与共享。

同其他项目风险管理过程不同，基于知识的项目风险管理在知识和风险之间建立起了相互联系的纽带，并且可以借助本体论等知识表示方法来构建关于项目风险的本体模型，从而在个体、团队与组织之间实现风险知识的交流与共享，并把风险的知识因素分析以及所需知识工作的成本分析引入项目风险的分析过程中。利用组织现有的知识管理平台，结合组织已有的项目风险管理经验，项目管理者很容易实施这种基于知识的风险管理。但基于知识的项目风险管理还离不开相应企业文化、政策、战略及各种配套措施的支持。

4.2 基于本体的项目风险模型

4.2.1 项目风险的分层结构

由于风险内在的复杂性以及不同专业领域的特殊性，不同的项目团队、组织或项目利益相关者对风险、风险因子、风险事件、风险类别、后果等基本概念的理解也不尽相同（Juris, 2018）。在通用性和专用性方面，风险相关术语也缺乏统一规范以及严格细致的划分。例如，对风险的量化有许多不同的定义，除了最常见的认为风险是不利事件发生的概率和该事件发生后果的函数，有的认为风险还与风险的检测能力指标、个人的风险态度、可控性等因素有关，其中风险态度又往往与性格、风险背景、激励机制、经验、期望值等因素有关。另外，在组织、项目利益相关者以及风险评价标准等不同的背景下，同样的风险或风险因子之间的相互关系及影响强度也不尽相同。

如何在保证风险管理的专业特殊性的基础上，实现更大程度的关于风险知识的跨项目、跨组织甚至跨行业的共享和交流？本章提出借助本体论等方法构建一个分层的风险系统元模型以描述和刻画项目和项目群中风险系统的基本元素（术语集）、元素的类型特征、属性、行为及其相互关系（例如时间先后、因果关系等）和必要的约束。图 4-5 给出了风险元模型三个不同抽象程度的层次结构。

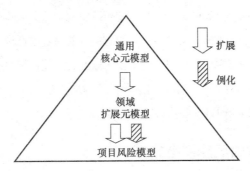

图 4-5　风险元模型的分层扩展及例化

1. 通用核心元模型

它是一个与领域无关的项目风险的通用元模型，由最基本的风险元素、抽象的关系及公理组成，借助风险元素集、约束关系和公理提供的前提假设可以推导出一些通用的定理。Olechowski et al.（2016）建议，可以将风险管理的 ISO 31000 标准作为通用的风险最佳实践的共同理解的基础，促进项目风险管理的专业化和消除领域术语在理解上的差异。

2. 领域扩展元模型

对核心元模型在不同领域上进行扩展，即增加新的风险元素、约束关系和假设公理，就可以得到诸如建筑、航天、IT 等与特定领域相关的扩展元模型。可以根据情况对领域扩展元模型进行不同层次的细化扩展，例如 IT 项目可以分为集成项目、软件、硬件等子领域，而其中软件又可以进一步细化为工程软件、产品等更具体的领域。

3. 项目风险模型

结合具体的项目信息，根据其所属的领域扩展元模型进行扩展和例化，就得到具体项目的风险模型。

项目管理者可以根据给定的业务领域来构建与具体项目无关的领域风险本体模型（Falbo，2004），这种领域模型是该领域中通用的风险经验、技能和常识。借助这种风险模型，项目管理者能够了解：在这个特定领域类型的项目中，一般都有哪些常见的风险，这些风险的类型是什么，其来源有哪些，预测指标是什么，针对特定风险的评价方法和过程模式是什么，风险管理过程中涉及哪些人员的角色，风险的事前计划和发生后的应对策略有哪些？等等。

以此为基础，再加上具体的项目信息，就可以得到项目的风险模型，这些信息包括每一阶段的风险核查表、谁来评估风险等。所有提到的这些信息构成了项目风险管理的知识库。与领域风险模型相比，项目风险模型可以回答与项目相关的具体风险问题而非风险的常识：这一周识别出哪些风险，某些风险的当前状态如何，谁负责监视关键风险，当某个风险发生时应该及时通知哪些关系人？等等。

4.2.2 基于本体的风险模型定义

目前，本体论已经成为知识工程、自然语言理解、智能信息集成、多 Agent 系统等许多领域热门的研究课题。本体论（Ontology）的概念来源于哲学领域的一种关于存在的理论，是对客观存在的一种系统解释或描述。而应用本体论最早的是人工智能领域。Gruber（1993）给出最为广泛接受的关于本体的定义：本体是对概念进行明确和规范化定义的一种说明或描述，用来帮助软件程序和人共享知识。后来该定义得到了进一步发展和完善，Uschold 和 Grüninger（1996）认为本体是关于共享的概念模型的协议。共享的概念模型包括进行领域知识建模的概念框架、互操作的 Agent（人、机器或软件程序）之间交流内容的明确协议，以及描述领域原理的一致约定。虽然许多学者都给出了关于本体的不同定义，但其本质是一致的，都把本体作为领域中不同 Agent 之间进行交流（对话、互操作、共享等）的一种语义基础，尤其对信息和知识在不具备人类思维的机器或软件系统之间的交互和共享具有十分重要的意义。

对于风险的元模型、领域元模型以及项目模型，这里给出基于本体的定义：

定义 1 风险元模型（RMM）用三元组 $<C, R, X>$ 来表示。其中 C 表示风险相关概念的集合；R 表示 C 中概念之间关系的集合；X 表示公理集合，即施加在 C 和 R 之上的规则和约束集合。

定义 2 风险领域元模型（RMD）用三元组 $<C_d, R_d, X_d>$ 来表示。其中 C_d 表示领域 d 中风险相关概念的集合；R_d 表示 C_d 中概念之间关系的集合；X_d 表示公理集合，即施加在 C_d 和 R_d 之上的规则和约束集合。在 RMM 的基础上，通过引入领域特征和约束来得到 RMD。

定义 3 风险项目模型（RMP）用四元组 $<C_p, R_p, I_p, X_p>$ 来表示。其中 C_p 表示项目 p 中风险相关概念的集合；R_p 表示 C_p 中概念之间关系的集合；I_p 表示 C_p 中概念的具体实例集合;X_p 表示公理集合,即施加在 C_p 和 R_p 之上的规则和约束集合。在 RMD 的基础上,通过引入项目特征和约束以及具体的实例信息来得到 RMP。

对项目风险进行不同层次的模型化处理,可以为企业建立一个风险系统的整体框架,明确其中各元素的定义、内涵及其外延。风险的元模型还应该给出风险元素之间相互关系的形式化或图形化描述,以及基于生命周期、组织、资源、功能等不同维度的静态或动态视图。可见,利用本体来建立不同层次的风险模型,不但为企业进行项目群之间的风险集成管理提供了重要基础,而且也对涉及许多不同组织的项目风险知识沟通和共享提供了可能。

上述的三种定义虽然给出了风险模型在不同层次上的定义,但这种形式过于灵活,不易掌握。Naing、Lim 和 Hoe-Lian(2002)给出了一个操作性更强的本体描述方法,即引入概念和关系的属性,同时增加概念之间的层次结构。因为对项目风险领域的本体构建是一个复杂、渐进的工作,它需要很多科研和专业人员以及企业或机构的长期努力和共同协作。这里仅给出实际课题研究中的部分内容来说明项目风险模型的本体构建过程。

一个领域无关的风险元模型的形式为

$$\text{RMM Ontology} = <C, A^C, R, A^R, H, X>$$

其中,C 表示概念的集合;A^C 表示多个属性集合组成的集合,其中每个属性集合对应于一个 C 中的概念;R 是一个 C 上的关系集合;A^R 是由多个属性集合组成的集合,其中每个属性集合对应于 R 中的一个关系;H 表示概念之间的层次结构关系;X 表示公理集合。

C = <风险, 风险因子, 风险事件, 风险损失, 风险计划, 风险评估者, … >

A^C = <A^C(风险), A^C(风险因子), A^C(风险事件), A^C(风险损失), … >

其中,A^C(风险)= <名称, 描述, 类别, 等级, … >

A^C(风险因子)= <名称, 描述, 性质, … >

A^C(风险事件)= <名称, 描述, 发生时间, 地点, 发现者, … >

A^C(风险损失)= <名称, 描述, 计量单位, 评估者, 计算方法, … >

……

R = <影响(风险因子, 风险), 评估(风险评估者, 风险损失), 衡量(风险, 风险损失), 表征(风险, 风险事件), … >

A^R = <A^R(影响), A^R(衡量), A^R(评估), A^R(表征), … >

其中,A^R(影响) = <影响强度, 影响方式, … >

A^R(评估) = <评估时间, 评估方式, 评估者, … >

……

对于 H 来说，它表示概念之间的一种层次关系，例如，组织风险可能包括人员风险和财务风险，而人员风险又可细分为人员离职风险或渎职风险等。则 H 可表示为

H = <(组织风险，人员风险), (组织风险，财务风险), (人员风险，人员离职风险), … >

如果对风险模型增加诸如风险关联的评估准则，即如果一个严重级别高的风险依赖于一个级别低的风险，并且它们之间的影响被评价为高，那么级别低的风险就会升级为高。则

X = <严重(风险 1)←--不严重(风险 1)∧严重(风险 2)∧高依赖(风险 2，风险 1)>

同样，按照上述的过程，结合具体的领域知识，就可以得到不同的扩展领域风险元模型。

对于项目的风险模型来说，除了上述的信息外，还需要对概念进行例化处理。例如对于"人员风险评估者"这一概念来说，在某个具体的项目风险模型中，可能例化为一个或多个实际的人员。

4.2.3 项目风险知识的语义共享

利用本体构建项目风险不同层次的模型，可以在不同项目之间、不同组织之间共享一致的项目风险知识的语义，具体如图 4-6 所示。

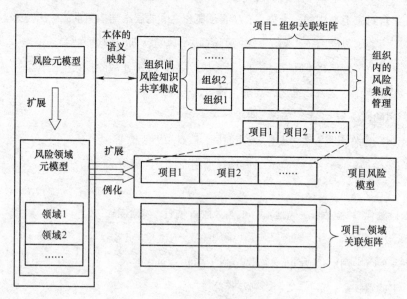

图 4-6 基于模型的项目风险知识的语义共享

第4章 基于知识的项目风险模型与管理过程

从项目的角度来看,一个项目可能与一个主要的或多个次要的领域相关,这由项目—领域关联矩阵来描述;一个项目也可能由一个主要负责的组织以及多个提供支持的组织共同实施,这由项目—组织关联矩阵来描述。例如,一个航空武器装备研发项目就会涉及多个不同的技术专业领域以及不同协作单位。

而从组织的角度来看,一个组织可能同时进行一个或多个项目的实施。杨乃定等(2003)给出了一个基于项目的企业风险集成管理框架,它是从组织内部的角度从目标、文化、方法等方面对项目的风险进行集成化的管理。与上述侧重于管理过程的组织内项目风险集成不同,这里所指的集成还包括基于模型的风险知识在不同领域的组织间的共享与集成。跨越组织边界的风险知识共享必须通过本体映射等手段来实现风险术语及规则的统一查询与推理。

在组织中的项目可能属于不同的领域范围,而一个项目也可能涉及多个不同领域背景的组织,单纯依靠各自独立的项目风险模型难以进行风险信息和知识的有效集成,风险元模型以及领域模型可以在项目或组织间提供一个更高级别的抽象语义,并且与那些含有风险实例信息的项目风险模型一起构成一个风险知识库。通过风险知识库,项目和组织可以共享一致的本体模型所表达的风险术语、风险分析及评价规则、管理指导步骤及原则等知识。风险知识库还可以为组织或项目利益相关者提供有关风险的级别、负责评估此风险的人员、风险之间的影响程度等信息以及根据现有的风险事实进行风险的推理和判断,从而提高项目风险预测的水平。

在项目或组织间实现风险知识的沟通和共享,一方面需要建立合理的组织机构以及指导原则,创建组织学习和信息共享的激励机制;另一方面,还需要利用项目管理、知识网络等信息技术来实现项目风险信息及知识的及时、快速的发布和交流。基于本体模型的项目风险集成框架既可以通过让多个不同的组织或项目共享一个公共的、统一的风险本体模型,也可以通过本体组合、映射等方法对那些不同的本体风险模型进行集成。

众多的本体语言为项目风险的本体建模提供了选择。在吸取了大多数本体语言优点的基础上而形成的网络本体语言(Web Ontology Language,OWL)作为万维网联盟(World Wide Web Consortium,W3C)的推荐标准,已经成为语义万维网的核心技术之一。OWL能够用于描述Web文档和应用中固有的类和类之间的关系,其特有的命名空间机制能够实现在多个组织的知识系统中共享(通过引用)同一本体定义,并可以进行扩展。此外,

OWL 还通过定义类、对象以及它们的属性来形式化一个领域，在 OWL 形式化语义允许程度上对类和对象进行推理。不同的项目团队、组织以及软件系统可利用这种标准的 OWL 语言以及现有风险模型来实现自己的项目风险模型，从而实现基于网络环境下的风险知识在语义上的共享、推理等自动化的处理。

项目风险的管理越来越注重风险信息及相关知识的及时沟通和共享，如何在具有不同专业背景的组织（包括利益相关者）之间共享一致的风险知识、消除项目风险沟通的障碍是一个急需解决的问题。基于本体模型的项目风险知识的语义集成可以说是在这方面的一种新的尝试。基于本体的风险建模可以为人与人之间或组织与组织之间的交流提供标准规范的风险术语，实现不同信息或知识系统之间自动的互操作和有效集成，实现风险知识在项目之间或组织之间的管理和技术上的重用。而关于如何利用 Protégé 等本体建模工具来建立基于 OWL 的风险本体模型，并构造出能够在 Web 上运行的项目风险知识共享、在线推理的集成软件系统，也是今后研究的方向之一。

4.3 案例：软件项目风险本体模型

以软件项目的风险管理为例，这里给出了一个如图 4-7 所示的软件项目风险的本体模型。该本体模型刻画了软件项目风险管理所涉及的主要概念和它们之间的相互关系。

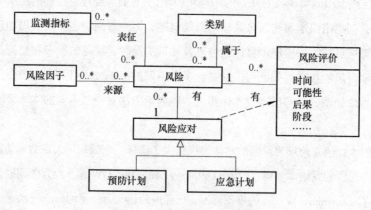

图 4-7 软件项目风险的模型

其中风险可以划分为不同的风险类别，如组织风险、技术风险等。风险的监控可以通过设置风险的监测指标及其阈值来实现。风险因子是造成风险的来源，一个风险可能有不止一个风险因子，同时一个风险因子也可能会造成多个风险。在有些情况下，一个风险可以作为另一风险的风险因子，对风险进行风险因子的关联分析，可以在一定程度上保证风险评价的全面性。例如一个最初被评定为轻级别的风险，经过关联分析，发现某个高级别的风险强依赖于它，则它应被升级为高风险。对一个被识别出来的风险来说，对这个风险的管理是一个持续的过程，管理者应该在项目的每个阶段对存在的风险进行跟踪和评价，并修改或重新制订相应风险计划中各种风险的应对活动。风险的应对活动包括两个方面：一个是在风险发生前的预防管理，以降低风险发生的可能；另一个就是风险一旦发生，应及时采取的应对策略和补救措施。

在项目风险的评价等管理活动中，有时还需从项目组合的角度来关注那些共同风险的关联影响。例如，某个风险可能来自多个项目对同一独占资源的共享，某个项目中的某个风险也可能会影响其他项目中的某些风险等。在制订风险应对计划时，风险管理者应该站在项目组合或组织的高度来对风险的管理工作进行全局的调整和优化。

4.4 项目风险知识管理系统的设计

RiskKMPro（Risk Knowledge Management of Project）是一个基于上述的风险领域模型以及以项目风险本体为思想的软件项目风险知识管理的原型系统。同 Risk Radar、@Risk 等项目风险管理软件不同，其特点在于提供了一种可复用的分层的风险领域模型机制来对项目风险本体进行快速且一致的建模，通过对风险相关知识的本体表示，在项目、组织和利益相关者之间以及不同的软件系统之间实现项目风险知识的共享。RiskKMPro 中的本体描述语言采用标准的 OWL，它通过定义类、对象以及它们的属性来形式化一个领域，并对类和对象进行语义的推理。不同的项目团队或组织可以利用这种标准的 OWL 语言以及现有的风险模型来实现自己的项目风险模型，从而实现基于网络环境下的风险知识的共享与集成。

RiskKMPro 的体系结构如图 4-8 所示，它主要由下面四个部分组成。

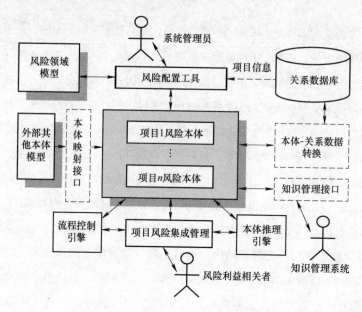

图 4-8 RiskKMPro 的体系结构

1. 风险领域模型的管理

其内容主要包括：①对软件的业务领域进行分类，例如软件领域可以分为工程软件、产品研发等领域，其中工程软件又可分为数据库软件、实时系统等领域。②对每个业务领域进行风险建模。风险领域模型包括常见的风险信息、风险的来源、人员的角色、评价的方法和模型、风险管理的过程模式以及风险计划模板等信息。这部分的工作一般由具有系统管理员角色的风险管理者和领域专家共同来完成。

2. 项目风险本体的管理

项目风险本体的管理主要是指根据项目的类型，在相应领域的风险模型的基础上，结合具体的项目，构建出项目风险管理所需的全部本体。其中项目的特定信息可能来自基于关系数据库的各种外部应用系统。项目风险的本体继承了所属领域风险模型的知识的同时还包括所有的实例对象，如所有实际的风险列表、所有风险利益相关者的通信录、具体的风险管理流程等信息。

3. 项目风险集成管理

项目风险集成管理主要是指为项目管理者和风险利益相关者提供一个在风险识别、分析、计划、跟踪、控制等全过程中的信息和知识的共享平台。用户可以随时访问某个特定项目或者项目组合的风险信息，或者发布关于风险的信息，或者在控制某个风险时，进行对其他项目中关联风险影响的评估，以及借助本体推理引擎，查询与特定风险有关的各种知识，其中可能包括某个风险的来源、以往类似项目的风险管理经验以及与解决风险相关的其他专业知识等。风险管理流程的管理则通过内部的流程控制引擎来实现风险在不同管理阶段中的控制。例如，当某个风险被识别出来后，会自动分发到风险处理的下一流程相关的每个利益相关者的待办任务队列或邮箱中。

4．接口管理

RiskKMPro提供不同的接口来集成相关的外部应用。在OWL本体和关系数据库之间提供本体和关系数据之间的转换接口，提供本体映射接口实现同外部其他风险相关本体的语义集成。另外，它还提供访问组织知识管理系统的途径以实现风险知识和其他专业知识的关联和导航。

通过分层的领域风险模型和项目风险本体，组织可以实现基于知识的项目风险管理过程，并且有利于在不同组织、项目、利益相关者以及软件之间进行项目风险知识的沟通、学习和共享，以此来消除由于不同主体对风险语义差异造成的沟通障碍。而借助本体语言来构建项目风险知识的管理平台具有协调语义上的冲突、统一和自动集成其他业务以及根据本体来进行推理的优点。从RiskKMPro系统下一步的工作来看，利用OWL作为本体建模语言构建系统的优势在于它使系统具有较好的交互性和较高的伸缩性，风险的业务规则和数据条目不需显式地定义在系统的代码中，通过编写更通用也更复杂的服务引擎，最终实现风险知识从代码到模型的迁移。

4.5 小结

项目的风险管理在一定程度上可以看作对风险相关知识的管理，造成项目风险的因素可以从知识缺乏、知识误用、知识管理及知识不确定性等几个方面来分析。在基于知识的项目风险管理过程中，通过与组织学习和知识管理系统的有效集成，可以实现项目风险管理过程的持续改进。

基于分层的风险模型结构可以在一定程度上实现项目风险知识在不同组织、团队及利益相关者之间的语义共享，改善风险沟通的效果。利用基于分层结构的项目风险模型的思想，能构建项目风险知识管理的辅助系统以实现风险知识的复用、沟通和共享。

第 5 章
基于利益相关者知识的项目风险仿真

目前项目风险模型多是基于线性解析模型的风险识别和评估,但由于项目风险管理的复杂性和不确定性,这些模型本质上并不能体现作为复杂系统的非线性特征以及利益相关者在风险管理中的社会性的交互行为。借助传统的风险方法,项目管理者很难从项目全生命周期中来整体地把握和预测项目的风险及其影响。本章针对项目风险中的不确定性和复杂性问题,在项目风险的主动计划、持续过程以及利益相关者沟通等基本模式的基础上(张亚莉,2009;张亚莉,杨朝君,2015;张亚莉,张静文,2009),利用风险知识网络和智能体仿真技术建立了一个项目风险仿真模型。该模型主要从项目风险知识的分配、交换以及利益相关者沟通角度来研究项目风险管理力度(风险管理循环次数)、不同的风险计划、不同时期项目人员流失,以及在多风险高关联项目中风险的影响。

5.1 复杂自适应系统与智能体建模仿真

复杂自适应系统(Complex Adaptive Systems,CAS)最初来源于生物系统表现出来的进化和涌现现象,是由美国计算机科学家 Holland 教授在《隐秩序:适应性造就复杂性》中提出来的(Holland,2000)。该报告的基本思想是:系统中的主体 Agent 能够与环境以及其他主体进行持续不断的交互作用,在此过程中不断地学习和积累经验,并根据所学经验改变自身的结构和行为方式,这些微观层次的众多 Agent 的行为会使宏观系统呈现出新的状态和结构。

CAS 理论把整个系统看作由多个 Agent 组成。Agent 具有"自适应性",也就是 Agent 能够与其他 Agent 和环境进行交互作用,并不断学习和积累经验,根据学到的经验改变自身的结构和行为方式(即行为主体通过学习产生自适应性的生存和发展策略)。在此基础上,在整个系统的宏观层次上就可以看到新层次的产生、分化和多样性的出现,以及

"涌现"的出现。CAS 理论的核心思想"适应性造就复杂性"体现在 Agent 上表现的是：Agent 是主动、自主性的活的个体，Agent 与其他主体以及环境之间的相互影响和作用是系统演化的主要动力。一个 CAS 系统具有自组织和动态识别、调整自己内部组成部分处于一个最优结构的能力，以便在环境中更好地生存和在竞争中保持胜出。

对于所有的 CAS 系统而言，其基本特征如下（Holland，2000）：

（1）聚集：会形成群体或组织。

（2）非线性：简单外推法无效。

（3）流：允许信息和资源的转移和转化。

（4）多样性：体现为 Agent 之间行为的差异性以及所导致的系统鲁棒性。

CAS 系统具有三种机制：

（1）标识：每个 Agent 可以被命名和识别。

（2）内部模型：允许 Agent 对它们所处的环境进行推理。

（3）构造块：整个系统或其子系统可以由许多不同层次的更简单的系统所构成。

这些 CAS 的特性和机制为基于 Agent 的建模提供了一个十分重要的指导框架，作为研究 CAS 系统最有力的工具和新的建模方法，ABMS 近些年来得到了快速的发展。20 世纪 90 年代中后期，随着 CAS 研究的不断发展，ABMS 开始被广泛应用到生物、交通等各类复杂系统的研究中。

CAS 理论认为复杂系统中的很多现象都可以解释为由大量简单自治的 Agent 以及 Agent 之间简单的交互规则组成的多 Agent 系统所涌现的宏观现象。在这样的思想指导下，ABMS 方法将复杂系统中各个组成个体用 Agent 的思想来建模，通过对 Agent 的行为及其之间的交互关系来刻画并描述复杂系统的行为，体现出"自底向上"的建模思想。这样看来，Agent 是 ABMS 的基础，在对 Agent 做出一些简单的规则后，通过相互协调和协作，就可能出现整体的复杂行为的"涌现"。例如，对人类社会行为以及个体决策建模，可以研究整个经济和复杂社会系统中社会交互、合作、团体行为和高级社会结构的"涌现"问题。所以，ABMS 的本质思想是在相对简单的 Agent 以及 Agent 之间简单的交互规则基础上，分析 Agent 所构成的复杂系统在宏观和整体层面上呈现出来的复杂现象。

作为一种实验性的技术，ABMS 提供了一种虚拟的环境，即在不同的假设条件下来观察和预测组织不同个体的行为及其之间的交互行为。其中 Agent 的一个基本特征就是拥有独立决策的能力：每个 Agent 都是一个由某些特征集合和控制其行为和决策能力的规则集合组成的互不相关的个体，有时 Agent 可能还有一些用来修改（控制其行为）规则的附加规则。Agent 通过其行为来达成某个目标,并且 Agent 具有记忆能力,可在经验的基础上进行学习和调整自身的行为,从而保持一定的适应性。ABMS 除了对 Agent 设计和理解外,更重要的是对社会性行为和个体决策的建模,从而刻画社会性的交互和群体行为。

根据 CAS 的特征以及 ABMS 的相关成果,在使用 ABMS 进行系统建模和仿真时,必须注重以下几个方面:

(1) 将系统看作由具有主动性的个体组成,而不是由被动的、僵硬的部件组成。

(2) 传统的建模方法都是由代表了宏观系统的各个属性之间关系的一系列的数学方程作为起点,而 ABMS 方法关注的是系统中发生在个体间的交互行为,宏观系统的某个属性的变化是由个体间的行为引起的。

(3) ABMS 的"自底向上"的建模思路,可以将系统宏观和微观细微有机地联系起来,使人很容易理解和认识到涌现、突变现象的发生。

ABMS 的建模流程如图 5-1 所示。其中,建立 Agent 环境需要定义不同类型 Agent 的数量、宏观环境变量、Agent 间的通信协议等;定义单个 Agent 包括定义不同类型 Agent 的结构、内部状态等;定义 Agent 行为包括定义 Agent 的学习算法、Agent 间的交互规则等。

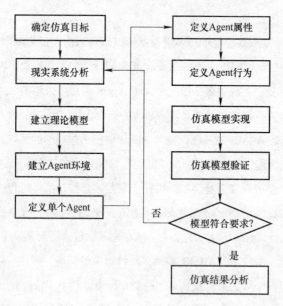

图 5-1 ABMS 的建模流程

与传统意义上的运筹学、管理学不同，ABMS 扩展了现有组织系统建模的边界，并成为一个包括计算机科学、人工智能、经济学、社会学等众多学科的交叉领域。目前在社会系统及管理领域方面，出现了很多诸如亚太社会系统科学主体方法协会（the Pacific Asian Association for Agent-based Approach in Social Systems Sciences，PAAA）、欧洲社会仿真协会（the European Social Simulation Association，ESSA）、北美计算社会与组织科学协会（the North American Association for Computational Social and Organization Sciences，NAACSOS）等著名的国际性研究组织。

ABMS 迅速发展的一个重要原因是近几年来相关软件工具包的出现和自由传播，这些各具特点、功能完善的仿真软件使得任何人都可以方便地进行各自领域问题的建模和仿真分析，一些著名的仿真软件包括 Swarm、Repast、NetLogo、Mason 等。由于 NetLogo 语言简单、文档详细且可以免费得到，因此本书采用 NetLogo 进行项目风险的建模和仿真。

作为一个社会—技术系统，项目管理越来越受到技术的复杂性、所在组织及外部环境变化的影响（Bosch-Rekveldt et al.，2011），根据 Pich 等人（2002）关于项目复杂性及不确定性的观点，Cicmil 等人（2006）认为项目作为一个 CAS，其构成除了技术元素外，还包括社会性方面的结构元素、动态元素以及这些元素之间的交互。在 Bosch-Rekveldt 等人（2011）针对大型项目复杂性所提出的技术、组织和环境（Technical，Organizational and Environmental，TOE）的分析框架中，风险管理是项目管理中唯一同时涉及技术、组织和环境三个不同维度的重要内容。所以，在项目管理中有必要采取与 CAS 相适应的风险管理技术。

作为研究 CAS 最有力的工具和新的建模方法，ABMS 在组织和社会科学等众多领域取得了许多研究成果，如金融领域中股票市场的投资者行为（Arthur，1997）以及投资者情绪对股市演化行为的影响（李红权，邹琳，2009），管理领域的供应链的信息获取和信任关系（Macal，2004；Macal，North，2003）、供应链中企业决策行为和合作（Fox，Beveridge，Glasspool，2003）、军事后勤保障（Cioppa et al.，2004）、基础设施依赖的风险分析（Brown，Beyeler，Barton，2004），电子商务领域中虚拟环境下动态联盟协同管理（蒋国银，胡斌，王缓缓，2009）。此外，ABMS 可以作为城市规划开发的依据，朱玮、王德和 Timmermans（2009）以单个消费者为基础，预测出某个地方的商业空间的动态运行效果，把握消费者活动在时间和空间中的总体数量级和趋势。

尽管存在少量的项目情境下的 AMBS 仿真研究，如基于 Agent 的项目计划（Joslin，

Poole，2005；Knotts et al.，2000）、项目协作与团队（Nogueira，Raz，2006；Son，Rojas，2010）等，关于项目风险的 ABMS 研究还是相当匮乏。

　　按照 Cicmil 等（2006）的观点来分析项目风险管理这一 CAS，其中众多的利益相关者（包括项目成员、项目领导和管理者）可以看作系统中具备社会性的结构元素，组织环境的变化、不确定性风险事件的发生、动态的风险循环控制可看作系统中的动态元素，而项目领导者、管理者、项目团队成员等利益相关者之间的风险信息的沟通、风险活动的协作构成了系统结构元素和动态元素之间的交互。所以，项目涉及的上述人员对于 Agent 而言，都是一个由某些特征集合（拥有的风险知识、经验）和控制其行为和决策能力的规则集合（风险管理的相关算法）组成的互不相关的个体。Agent 通过其风险管理行为和 Agent 之间的沟通、学习和协作等交互来完成目标。对 Agent 的社会性交互行为和个体风险决策的 ABMS 建模仿真，能够模拟项目风险管理中由于风险间相互依赖以及复杂交互所产生的非线性和风险在整个项目生命周期中的"涌现"效应。

5.2　基于知识的项目风险的 ABMS 模型

5.2.1　仿真平台

　　项目风险的 ABMS 仿真模型采用美国西北大学网络学习和计算机建模中心（Center for Connected Learning and Computer-based Modeling，CCL）推出的可编程多主体建模仿真集成环境 NetLogo（Tisue，Wilensky，2004a；Tisue，Wilensky，2004b），NetLogo 是一个易用且强大的计算机辅助工具。该系统采用 Java 语言编写，可跨平台运行。用户可以在仿真过程中改变多种条件的设置，观测每个 Agent 和单元格的状态。并允许建模者对几千个"独立"的 Agent 下达指令进行并行运作，特别适合于研究随着时间演化的复杂系统。

　　NetLogo 的主要功能包括：

1. 建模

　　NetLogo 将空间划分为网格，每个网格是一个静态的 Agent，多个移动 Agent 分布在二维空间中，每个 Agent 自主行动，所有主体并行异步更新，整个系统随着时间推进而动态变化。主体的行为用编程语言定制，NetLogo 中的编程语言是一种 Logo 方言，支持主体操作和并发运行。

2. 运行控制

NetLogo 可以采用命令行方式或通过可视化控件进行仿真控制。在命令行窗口可以直接输入命令,另外还提供了可视化控件实现仿真控制,进行仿真初始化、启动、停止、调整仿真运行速度等。还提供了一组控件,如开关、滑动条、选择器等,用来修改模型中的全局变量,实现仿真参数的修改。

3. 输出

提供了多种手段实现仿真运行监视和结果输出。在主界面中有一个视图(View)区域显示整个空间上所有 Agent 的动态变化,可以进行 2D/3D 显示,在 3D 视图中可以进行平移、旋转、缩放等操作。另外可以对模型中的任何变量、表达式进行监视,可以实现曲线、直方图等图形输出,或将变量写入数据文件。

4. 管理仿真

NetLogo 提供了一个实验管理工具 Behavior Space,通过设定仿真参数的变化范围、步长、输出数据等,实现对参数空间的抽样或穷举,自动管理仿真运行,并记录结果。

5. 动力学仿真

系统动力学是应用广泛的一类社会经济系统仿真方法,但与多主体仿真有不同的建模思想。NetLogo 可以直接进行系统动力学建模仿真。

6. 参与式仿真

NetLogo 提供了一个分布式仿真工具,称为 HubNet,实现模型服务器和客户端之间的通信。多个参与者可以通过计算机或计算器分别控制仿真系统的一部分,实现参与式仿真(Participatory Simulation)。

7. 模型库

NetLogo 收集了许多复杂系统经典模型,涵盖数学、物理、化学、生物、计算机、经济、社会等许多领域。这些模型可以直接运行,例子中的文档对模型进行了解释,为可能的扩展提供了建议。建模人员可以通过阅读经典实例的程序代码学习建模技术,或在研究相关问题时以此为基础进行扩展或修改,大大降低了技术难度,减少了工作量。

5.2.2 项目风险仿真的总体结构

该仿真模型的总体结构如图 5-2 所示。

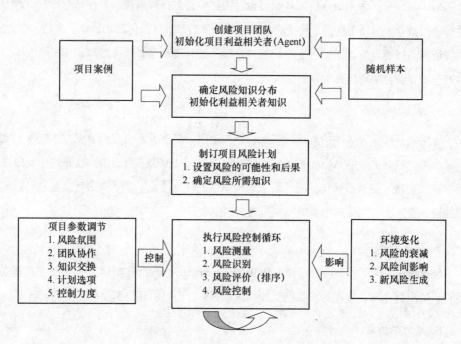

图 5-2 项目风险的 ABMS 仿真总体结构

1. 创建项目团队

主要根据项目利益相关者（Agent）的个数来完成项目利益相关者信息的初始化，分配其标识，初始化其内部变量，设置其初始的工作位置等。

2. 确定风险知识在利益相关者之间的分布

确定每个利益相关者所拥有的风险知识的集合，该集合代表了利益相关者管理风险的能力。

3. 制订项目风险计划

初始化所有已知风险，项目管理者根据经验评估所有已知风险的可能性和后果、每个风险所需的知识以及所分布的位置信息等。

第 5 章 基于利益相关者知识的项目风险仿真

4. 执行风险控制循环

这主要是项目生命周期中所有利益相关者（Agent）在某个时刻同时对自己所负责的风险队列中的风险进行持续的跟踪、测量、识别、评估（排序）、控制的循环过程。

5. 环境变化

这是指随着项目展开，风险随时间衰减，在整个项目生命周期中风险之间的相互影响的效应以及新风险的出现等。

6. 项目参数调节

项目参数是指在执行风险控制过程中，项目或团队中影响利益相关者行为的各种可调节的变量，具体包括团队风险氛围、协作精神、知识交换的效率、可选的附加风险计划、风险的循环次数以及某个利益相关者的流失等。

该项目风险 ABMS 系统的界面如图 5-3 所示。

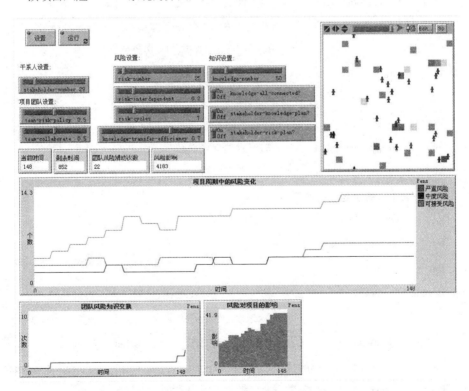

图 5-3　项目风险的 ABMS 系统的界面

5.2.3 模型主要元素设计

模型中的主要元素由作为 Agent 的项目利益相关者（stakeholder）、风险（risk）、全局风险计划以及各种外部控制参数构成。其中：

利益相关者（stakeholder）的主要属性如下：

Int	who	;;利益相关者标识
Int	xcor	;;位置 x
Int	ycor	;;位置 y
Double	heading	;;方向
Double	color	;;颜色
String	shape	;;显示图形
String[]	knowledges	;;利益相关者拥有的风险知识集合，如 k0、k3 等
Int[]	assigned-risks	;;风险计划中被分配的风险集合，如 1、5 等
String[]	risk-list	;;利益相关者当前正在控制的风险列表
		;;风险列表由风险标识和风险的当前状态（后果）构成
Int	state	;;利益相关者的状态，保留
Double	peffort	;;项目投入
Double	reffort	;;风险投入
Int	kexchange-count	;;知识成功交换次数
Int	rcommunicate-count	;;风险沟通次数

风险（risk）的主要属性如下：

Int	id	;;风险标识
Int	pxcor	;;位置 x
Int	pycor	;;位置 y
Double	color	;;颜色，与风险发生状态匹配
		;;灰:未发生;绿:可接受;黑:中;红:高
String[]	rknowledges	;;风险所要求的知识集合，如 k0、k3 等
String	rstate	;;风险状态，如：nohappen; happened; inlist; controlled; closed
Double	probability	;;发生概率，1~9 数值越大代表越可能
Int	consequence	;;发生后的影响，1：可接受；2：中；3：高

第5章 基于利益相关者知识的项目风险仿真

| Int | current-consequence | ;;当前状态（后果） |
| Int | manager | ;;风险的负责人 |

全局变量主要包括：

String[]	team-knowledges	;;团队知识集合
Int[]	planned-risks	;;计划的风险集合
Int	knowledge-exchange-count	;;团队知识交换次数
Double	risk-effect	;;项目风险的影响
Int	risk-cycles	;;风险控制循环次数/间隔周期
Double	team-risk-policy	;;利益相关者主动承担风险的概率 0~1
Double	team-collaborate	;;利益相关者主动发起沟通的可能性 0~1
Double	risk-interdependent	;;风险的关联程度 0~1
Double	knowledge-transfer-efficiency	;;知识交换的效率 0~1
boolean	knowledge-all-connected?	;;是否每个知识至少被一个利益相关者拥有
Boolean	stakeholder-risk-plan?	;;是否制订利益相关者-风险的职责分配计划
Boolean	stakeholder-knowledge-plan?	;;是否制订利益相关者-知识的分布计划

模型基于的前提假设：

假设1：已知风险假设

即本模型不涉及那些不能预见的风险，这符合未知事件不能被管理的一般假设。即项目团队具备所有要管理风险的先验知识，了解每个风险的发生及其后果，以及每个风险所需的知识集合。

假设2：非最优的风险计划假设

即绝大多数项目的风险预先计划并不总是一个关于风险所需知识集合和利益相关者拥有知识集合的最优分配函数，这是与实际情况相符的。

假设3：知识交换改善风险假设

即通过在不同利益相关者之间传递风险所需的知识，或者通过修改计划给风险分配一个合适的利益相关者可以有效地改善风险的识别和控制。

假设4：风险衰减假设

随着项目的进行，项目获得的信息不断增加，团队对风险的认识也逐渐深入，不确定性因素也逐渐减少，所有风险发生的可能将逐渐减低。

假设5：风险记忆假设

如果某个风险已经发生过，由于利益相关者在短时间内具有风险控制的记忆，因此再次发生该风险的可能性将降低。

假设6：最坏情况假设

当风险处于其他关联风险的影响时，只考虑其他风险产生的恶化效应。

风险影响函数：

如果风险总数为 n，项目的截止日期为 T，对风险 r_i 来说，在时间点 t 上其影响后果为 $c_i(t)$，状态为 $s_i(t)$，则其对项目的影响函数 $e_i(t)$ 为

$$e_i(t) = c_i(t)s_i(t) \quad i \in \{0,\cdots,n-1\} \quad t \in \{0,\cdots,T\} \tag{5-1}$$

$$s_i(t) = \begin{cases} 0 & r_i \text{ 未发生或已关闭} \\ 1 & r_i \text{ 已发生} \end{cases} \tag{5-2}$$

那么在整个项目生命周期内，项目总的风险影响 e 为

$$e = \int_0^T \sum_{i=0}^{n-1} e_i(t) \mathrm{d}t \tag{5-3}$$

也就是说，项目总风险影响表现为所有风险影响在整个项目周期内在时间上的积分。

从更一般意义上看，某个时间点 t 的风险影响函数 $e_i(t)$ 可以近似看作风险状态的一个损失函数 L，即

$$e_i(t) = L(s_i(t)) \tag{5-4}$$

项目风险损失的影响函数 L 根据实际需要可有不同的形式，例如期望损失（Browning et al., 2002）、基于偏好的效用理论（Keeney, Raiffa, 1993）等。由于风险仿真关注的是不同情形下风险影响的变化和改善程度，而非绝对的风险影响值，所以本书把影响函数 L 简化为风险状态 $s_i(t)$ 与其对应后果 $c_i(t)$ 的乘积并不会影响仿真的结果及相关的结论。

风险关联所导致的风险叠加效应：

由于风险分布在不同的单元格上，因此有些风险就可能处于邻接状态。本模型采取冯·诺依曼邻域（Weisstein, 2003）来模拟风险之间的相互影响和动态演化。

在本风险模型中，处于图5-4中央的单元格（C）的风险可能受到来自邻近的四个方位单元格（N、S、W、E）的风险的影响。如果相邻四个邻域不存在发生的风险，则意味着中间正在发生的风险是一个独立的风险，它既不受其他风险的影响，也不影响其他的风险；当相邻四个邻域中至少存在一个发生的其他风险时，则中间的风险与这些其他风险相互影响。

第 5 章 基于利益相关者知识的项目风险仿真

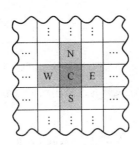

图 5-4 范围 $r=1$ 的冯·诺依曼邻域示意图

对于正在发生的风险 r_i 来说，如果其邻域内存在其他的风险，则其状态除了受到相关利益相关者的控制影响外，还受到由邻域关系决定的关联风险所形成的外部环境的影响。

$N4(r_i)$ 代表风险 r_i 4 个冯·诺依曼邻域中的关联风险集合，m 代表邻近关联风险个数，β 代表风险关联系数（由全局变量 risk-interdependent 决定），根据假设 6 风险 r_i 的状态如果不处于最坏情况（<3）的话，则其转移函数为

$$c_i(t+1) = \begin{cases} c_i(t)+1, & \text{random}(1) \leq \beta \text{ and } \dfrac{\sum_{k \in N4(r_i)} e_k}{m} > c_i(t) \text{ and } c_i(t) < 3 \\ c_i(t), & \text{random}(1) \leq \beta \text{ and } \dfrac{\sum_{k \in N4(r_i)} e_k}{m} \leq c_i(t) \text{ and } c_i(t) < 3 \end{cases} \quad (5\text{-}5)$$

当风险 r_i 的状态已经处于最坏情况（=3），则系统将在其他未发生风险集合中随机选择出一个风险，令其发生。

风险衰减函数：

根据假设 4，风险 r_i 的发生概率会随着项目的进行发生衰减，$p_i(t)$ 代表在时间点 t 对风险 r_i 进行重新评估所决定的其在将来可能发生的概率，α 代表衰减系数，则其衰减函数为

$$p_i(t+1) = \dfrac{p_i(t)(T-t)\alpha}{T} \quad (5\text{-}6)$$

并且风险 r_i 发生后，从其被控制直到关闭之前，该风险都不会再次发生；当关闭之后，该风险再次发生的概率根据假设 5 将等于原来的概率与 γ（风险记忆系数）的乘积。

项目风险计划：

风险计划可以由三个子计划构成，分别是：

（1）风险-知识计划（Risk-knowledge Plan，RK 计划）。

根据假设 1，RK 计划是必需的，也就是对于所有已知风险而言，风险计划者应该清楚每个风险所需要的知识。

（2）利益相关者-风险的职责分配计划（Stakeholder-risk Plan，SR 计划）。SR 计划是可选的计划，根据假设 2，有时项目即使存在 SR 计划，但是实际中风险负责人的指定并不总是根据其是不是具有管理该风险知识的专家，而可能是看其是否具有较好沟通协调能力的管理者，并且人员的选择还可能受到诸如任务、时间及政治等因素的影响。

（3）利益相关者-知识的分布计划（Stakeholder-knowledge Plan，SK 计划）。SK 计划也是一个可选的计划，SK 计划其实是一个全局共享的风险知识地图，每个利益相关者都可以根据这个知识地图来寻求具有某个特定风险知识的其他利益相关者，并发起沟通。例如，当利益相关者发现某个风险后，可以根据 SK 计划得出一个最适合的风险管理的候选利益相关者，或者请求某个知识丰富的利益相关者的帮助，获取相应的风险知识。

对于一个项目风险计划而言，上述三个风险子计划的可能组合如下：

（1）RK 计划：已知风险决定的最小集合。

（2）RK 计划+SR 计划：不了解利益相关者的能力，但指定由谁来负责风险。

（3）RK 计划+SR 计划+SK 计划：了解利益相关者的能力，且指定由谁来负责风险。

（4）RK 计划+SK 计划：了解利益相关者的能力，但不指定由谁来负责风险。

风险管理过程中的算法：

（1）风险监测。风险监测指的是每个利益相关者都对自己负责的风险集合进行测量并进行风险状态更新，其算法较简单，故省略之。

（2）风险识别。风险识别主要完成每个利益相关者对新风险的识别以及在此过程中发生的信息沟通。其具体算法见表 5-1。

表 5-1　利益相关者风险识别算法

```
if 有 SR 计划                                    ;;计划组合[2, 3]
    if 是其负责人
        入自己的风险队列
    else
        if 根据 team-collaborate 随机判断          ;;协作较高
            通过沟通入利益相关者风险队列
        else
            放弃 [发现了却不主动告诉计划中的相关人]
```

（续）

```
else 无 SR 计划                                        ;;计划组合[1, 4]
    if 有 SK 计划 [了解所有利益相关者的能力]            ;;计划组合[4]
        if 根据 team-collaborate 随机判断
            选择一个最合适的人，通过沟通入其风险队列
        else
            放弃 [发现了却不主动告诉最合适的相关人]
    else 无 SK 计划 [不了解其他人的能力]               ;;计划组合[1]
        ;;只好判断自己是否有相关知识
        if 有全部或部分风险知识
            if 根据 team-risk-policy 随机判断
                入自己风险队列
            else
                放弃 [有些风险知识但由于不积极导致放弃]
        else 无风险的任何知识
            只好放弃 [无任何相关风险知识且不知道应该通知谁，故放弃]
```

（3）风险评价。风险评价指的是每个利益相关者对自己负责的风险集合按照严重程度进行排序，并删除（关闭）那些状态已经控制变为 0 的风险，由于简单，略之。

（4）风险控制。风险控制指的是每个利益相关者对自己所负责的风险集合按优先级别进行减轻控制以及在此过程中进行相关知识的交换、计划的变更等。这里假定每个利益相关者在每个控制间隔周期中，一次最多只能进行一个风险活动，或者处理一个风险，或者进行一次知识沟通。其具体算法见表 5-2。

表 5-2　利益相关者风险控制算法

```
;;取出风险队列中的第一个风险
if 具有控制此风险的全部知识
    确定性地控制此风险 [后果降低 1 个等级]
else if 具有控制此风险的部分知识
    if 有 SK 计划 [了解其他人的能力]                   ;; 计划组合[3, 4]
        if 根据 team-collaborate 随机判断
            随机选择具有其他相关知识的利益相关者，进行沟通，交换知识
            ;;交换的成功概率取决于 knowledge-transfer-efficiency
        else
            根据知识拥有率进行风险的概率性控制
```

（续）

else 无 SK 计划	;; 计划组合[1, 2]
根据知识拥有率进行风险的概率性控制	
else if 无控制此风险的任何知识	
if 有 SR 计划 [有的话意味计划中存在错误]	;; 计划组合[2, 3]
;;修改计划	
if 有 SK 计划	;; 计划组合[3]
if 根据 team-collaborate 随机判断	
根据 SK 计划与 RK 计划，选择一个最合适的利益相关者作为风险负责人	
else	
随机选择一个具有知识的其他利益相关者作为风险负责人	
else	;; 计划组合[2]
随机选择一个具有知识的其他利益相关者作为风险负责人	
else 无 SR 计划	;; 计划组合[1, 4]
if 有 SK 计划	;; 计划组合[4]
if 根据 team-collaborate 随机判断	
根据 SK 计划与 RK 计划，选择一个最合适的利益相关者作为风险负责人	
else	
随机选择一个具有知识的其他利益相关者作为风险负责人	
else	;; 计划组合[1]
随机选择一个其他利益相关者作为风险负责人	

5.3 仿真案例的基本信息描述

在对某个实际项目信息分析的基础上，经过模型化的项目信息如下：

deadline	1000
knowledge-all-connected?	TRUE
stakeholder-knowledge-plan?	TRUE
stakeholder-risk-plan?	TRUE
stakeholder-number	29
knowledge-number	50
risk-number	25

knowledge-transfer-efficiency 0.7
team-risk-policy 0.5
team-collaborate 0.5
risk-interdependent 0.2
planned-risks [1 8 4 20 5 22 10 13 16 21 17 23 9 11 3 19 7 12 2 6 14 24 15 0 18]
team-knowledges [0 1 2 3 4 5 6 7 8 9 10 11 12 13 14 15 16 17 18 19 20 21 22 23 24 25 26 27 28 29 30 31 32 33 34 35 36 37 38 39 40 41 42 43 44 45 46 47 48 49]

该项目是一个时间周期为 1000 个工作日、29 个利益相关者、25 个已知风险以及 50 个风险知识的少风险低关联（risk-interdependent=0.2）的中型项目，团队风险氛围一般（team-risk-policy=0.5），协作程度一般（team-collaborate=0.5），知识交换效率较好（knowledge-transfer-efficiency=0.7），同时制订了 SK 计划与 SR 计划，即每个人都了解其他利益相关者的能力，且指定每个风险的负责人。

利益相关者拥有知识的分布信息与所负责的风险列表见表 5-3。

表 5-3　利益相关者拥有知识的分布信息与所负责的风险列表

who	knowledges	assigned-risks
0	["k2" "k9" "k11" "k27" "k46"]	[21]
1	["k16"]	[24]
2	["k8" "k39"]	[]
3	["k28" "k42"]	[14]
4	["k6" "k22" "k25" "k43"]	[0]
5	["k35" "k48"]	[]
6	["k5"]	[9]
7	["k13"]	[]
8	["k29" "k37"]	[8]
9	["k15" "k26"]	[]
10	["k47" "k49"]	[20 3]
11	[]	[]
12	["k31" "k41"]	[19 5]
13	["k3" "k17"]	[10 1]
14	["k14" "k18" "k38" "k45"]	[]
15	["k0" "k10" "k21" "k30" "k32" "k40"]	[18 22 11 6]

(续)

who	knowledges	assigned-risks
16	[" k7 " " k20 " " k33 "]	[]
17	[]	[]
18	[" k1 " " k23 "]	[]
19	[" k24 " " k44 "]	[]
20	[]	[15]
21	[]	[]
22	[" k19 "]	[]
23	[" k12 "]	[]
24	[]	[2]
25	[]	[16 23 13]
26	[" k34 " " k36 "]	[7 4 12]
27	[]	[17]
28	[" k4 "]	[]

需要说明的是，没有任何风险知识的利益相关者可能是那些刚刚进入项目团队的新人，虽然他们缺乏任何经验，但完全有可能被指派为负责某些中低级别的风险管理工作。并且每个管理者既可能不负责任何风险的管理，也有可能负责多个风险的管理。但是对于任何一个风险而言，有且仅有一个管理者。

所有已知风险所需的知识以及风险的可能性和后果、管理者见表5-4。

表5-4 风险信息

id	rknowledges	probability	consequence	manager
0	[]	9	2	4
1	[" k23 "]	9	3	13
2	[" k13 " " k45 " " k49 "]	5	1	24
3	[" k32 " " k40 " " k48 "]	3	1	10
4	[" k31 "]	9	1	26
5	[" k3 " " k45 "]	7	2	12
6	[" k14 " " k23 " " k28 " " k31 "]	9	1	15
7	[" k6 " " k18 " " k40 "]	5	1	26
8	[]	7	1	8

（续）

id	rknowledges	probability	consequence	manager
9	[]	9	1	6
10	["k15" "k19"]	7	1	13
11	["k3" "k23" "k39" "k48"]	9	3	15
12	["k10" "k44"]	5	2	26
13	["k11"]	1	1	25
14	["k3" "k7" "k40" "k41"]	5	1	3
15	["k13" "k26" "k39" "k44"]	3	3	20
16	["k9"]	1	3	25
17	["k5" "k34"]	7	3	27
18	[]	3	3	15
19	["k39" "k43"]	5	1	12
20	["k23" "k25"]	9	1	10
21	["k8" "k41" "k49"]	3	1	0
22	["k28" "k35"]	7	2	15
23	["k14" "k19" "k48"]	7	1	25
24	["k20" "k27"]	3	3	1

5.4 仿真一：项目风险管理循环次数

在项目风险管理的实践中，风险的管理需要一定的成本和资源，所以项目管理有时需要根据项目的具体情况采取不同的风险管理过程、方法及策略，以达到风险成本和收益的平衡。其中，风险控制力度（风险控制循环次数）一直是一个十分重要且难以解决的问题。在这方面，目前只有杨青等人（2017）探讨了项目重叠活动返工风险中存在最佳沟通次数和沟通间隔的相关数学模型的优化问题，然而还没有相应的建模仿真方面的研究支持。仿真一拟在一个可预见的项目周期内，考察项目团队如何确定一个合适的风险控制循环次数，从而降低风险在整个项目周期中的影响。

通过调整风险控制循环的间隔周期（risk-cycles）来观察不同控制力度下，不同时间的风险个数、团队风险知识交换次数及风险对项目的影响。

间隔周期为 1 个时间单位（risk-cycles=1）的仿真结果如图 5-5 所示，其中风险影响为 9453。

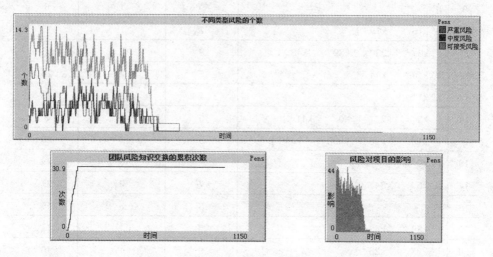

图 5-5　risk-cycles=1 的仿真结果

间隔周期为 3 个时间单位（risk-cycles=3）的仿真结果如图 5-6 所示，其中风险影响为 11325。

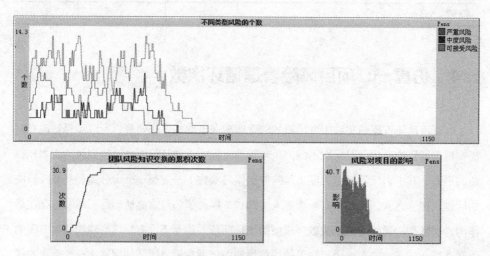

图 5-6　risk-cycles=3 的仿真结果

间隔周期为 7 个时间单位（risk-cycles=7）的仿真结果如图 5-7 所示，其中风险影响为 14784。

第 5 章 基于利益相关者知识的项目风险仿真

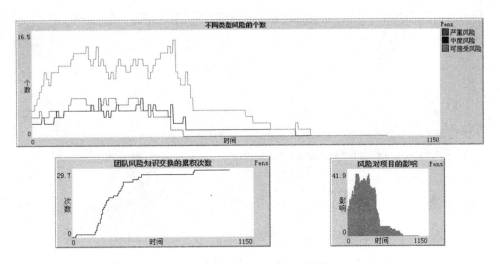

图 5-7 risk-cycles=7 的仿真结果

间隔周期为 15 个时间单位（risk-cycles=15）的仿真结果如图 5-8 所示，其中风险影响为 24950。

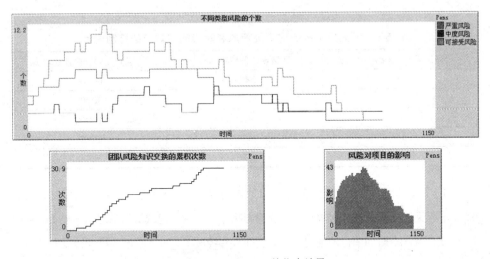

图 5-8 risk-cycles=15 的仿真结果

间隔周期为 29 个时间单位（risk-cycles=29）的仿真结果如图 5-9 所示，其中风险影响为 28762。

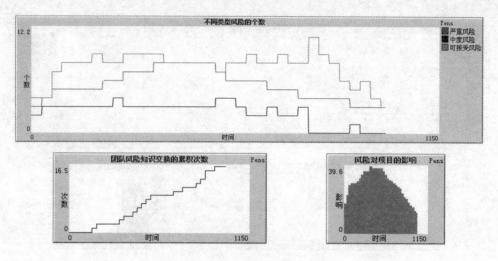

图 5-9 risk-cycles=29 的仿真结果

仿真结果的分析及结论：

如果考虑到不同间隔风险控制的大致估计成本，则风险影响与对应的控制成本见表 5-5。

表 5-5 不同风险控制间隔周期的风险影响与对应的控制成本

间隔周期（risk-cycles）	风险影响的仿真结果	风险控制的估计成本
1	9453	50000
3	11325	30000
7	14784	15000
15	24950	8000
29	28762	5000

（1）循环次数越少，风险对整个项目的影响越大（在图上表现为曲线与横轴之间的面积）；然而，当增大循环次数时，风险的影响尽管也减少但减少的幅度却不显著。例如 1 个、3 个及 7 个时间单位的情况。这表明在有些情况下，过于频繁的风险控制并不能显著降低风险对项目在整个周期内的总体影响。在 1 个、3 个、7 个、15 个及 29 个时间周期中，大约 7 个时间周期的风险管理循环可能是一个时间和成本约束下的一个最优控制策略，如图 5-10 所示。这个仿真结论在一定程度上也得到了杨青等人（2017）关于项目重叠活动返工风险中存在最佳沟通次数和沟通间隔的研究支持。

第 5 章 基于利益相关者知识的项目风险仿真

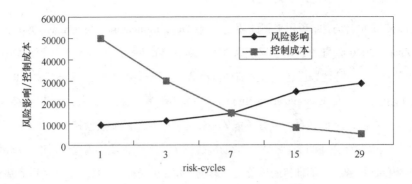

图 5-10 考虑控制成本约束下的风险控制力度示意图

（2）风险循环次数越多，风险发生个数和风险影响的曲线越尖锐。本案例中这种不平滑主要来自于风险管理中大量的可接受风险的存在，这其实反映了实际项目中经常存在的现象：当加大风险管理力度时，风险好像却越来越多了；当忽视风险时，风险也好像很少甚至不存在。这其实是人们经常会存在的疑问和误解，当风险活动增多时，风险管理者倾向于寻找更多的风险以支持自己的工作业绩，否则会被组织认为工作无用或低效率，然而简单风险数量的增多并不意味风险总体影响的增大，更多时候是风险影响的下降。

（3）如果增加风险管理循环的次数，一般情况下，在整个风险管理中，绿色的（可接受的）风险发生的次数与红色的（严重的）风险发生的次数的差别越明显。风险管理循环次数的增多，其实意味着在每个循环中，最高等级的红色风险将会有更多机会得到控制，这也说明了由于对严重风险的高度关注和及时控制，与大多可接受风险相比，严重风险往往持续时间较短。

（4）如果增加风险管理循环的次数，在一般情况下，团队之间所交换知识的最多次数也随之增加；并且风险管理循环次数越多，整个团队风险所需的知识交换次数就会越快地达到最大值。

（5）如果项目有足够的经验认为所有已知风险的概率和发生后果可以被事先了解，则风险管理循环次数越多，随着项目的进行整个风险的收敛也越提前。

5.5 仿真二：不同风险计划的组合

项目的成功离不开完善的项目计划。目前存在很多基于资源、时间和成本的项目规划方法（Ulusoy, Özdamar, 1996；何曙光，齐二石，李钢，2003），以及管理者层次化和自顶向下的估计方法，可用来制订项目计划（Dey, Tabucanon, Ogunlana, 1996；Zhang, LÜ, Zhao, 2006）。随着目前项目复杂性和不确定性的增加，一个好的项目计划还必须包括风险计划。风险计划已经成为当前项目持续风险管理中的重要一环。例如，Ren et al.（2006）就提出了一种 E-engineering Hub 的方法来实现多人协作的项目计划以支持风险分析。然而，目前现有的这些研究并不能体现作为复杂系统的非线性特征以及利益相关者在风险管理中的社会性的交互行为。借助传统的风险方法，项目管理者很难从项目全生命周期中整体把握和预测项目的风险及其影响。本章在现有项目风险管理过程的基础上，利用风险知识网络和智能体仿真技术建立了一个项目风险仿真模型，该模型主要从项目风险知识的分配、交换以及利益相关者沟通角度来研究项目不同的风险计划及其组合对项目全生命周期的风险绩效的影响。

在此案例数据的基础上，还观察了不同风险计划对风险绩效的影响。在上述相同情形下，分别观察下列四种不同的风险计划情形：

（1）SR 计划+SK 计划。

（2）SR 计划。

（3）SK 计划。

（4）两个计划都不制订。

在风险控制间隔周期为 7 个时间单位（risk-cycles=7）的情况下，不同风险计划的仿真结果如图 5-7、图 5-11、图 5-12、图 5-13 所示。

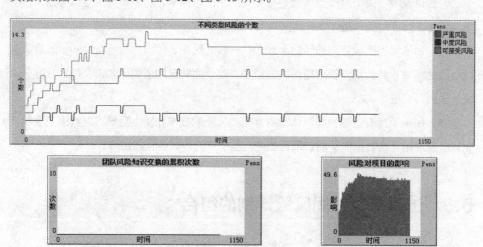

图 5-11　仅制订 SR 计划的仿真结果

第 5 章 基于利益相关者知识的项目风险仿真

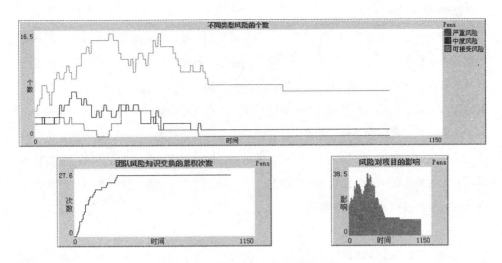

图 5-12 仅制订 SK 计划的仿真结果

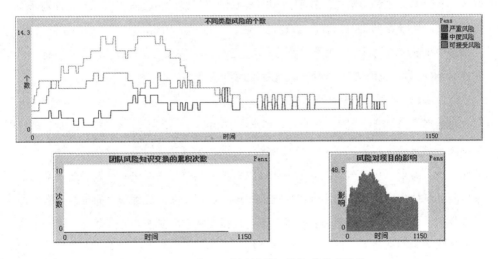

图 5-13 SR 和 SK 两个计划都不制订的仿真结果

仿真结果分析：

对项目风险绩效的优劣而言，其顺序依次是（1）、（3）、（4）、（2），其风险影响分别为：14784、16525、29485、40041。

情形（1）：SR 计划+SK 计划

制订 SK 计划意味着项目团队及利益相关者能够准确了解其他人拥有的知识，即每个人都了解其他人的能力；虽然实际项目通常符合假设 2 的情况，从仿真的结果来看，这仍然是一个最好的情形，符合人们的常识。

情形（2）：SR 计划

这种情形是一个最差的情形。看起来与常识有些相悖，但是如果深入分析，则不难理解。由于利益相关者之间缺乏了解，每个人都不了解其他人的能力，这样就无法进行有效的知识交互。同样在假设 2 之下，单独的不当的 SR 计划反而会导致风险绩效的下降，其原因在于缺乏利益相关者知识分布的信息来修正原有不合适的计划。例如，实际中，当某个利益相关者发现了一个他可以胜任处理的其他人负责的风险时，由于项目工作的压力、团队风险文化、协作氛围的因素，他可能会放弃对该风险的主动管理，而负责该风险的利益相关者却缺乏有效的风险知识。所以，缺乏全局的 SR 计划会更进一步降低了知识在相关利益相关者之间的传递。

情形（3）：SK 计划

这种情形是一个次优的情形。由于项目利益相关者之间相互了解，在没有制订明确的 SR 计划时，每个利益相关者都有可能根据自身的知识集合和全局的知识分布计划来决策是否自己承担某个风险的管理，或通过沟通、交流寻找一个适合该风险的最佳管理者。在很多中小规模的项目中，由于项目团队稳定且相互之间深入了解，即使有时没有一个明确的 SR 计划，也仍然可以保持一个较好的项目风险绩效。

情形（4）：两者都不制订

与情形（2）相比，没有 SR 计划显然会比有 SR 计划更好。这也反映了实际，项目风险管理常常被认为是"添乱"的原因之一。缺乏丰富经验的风险管理者，往往只关注风险计划等形式化的东西，而忽视如何改善项目利益相关者之间有效沟通、知识共享以及团队协作，制订出的不合适或错误的风险计划反而会扰乱项目的正常工作。尤其是在引入强制性的风险负责制的情况下，利益相关者即使能够处理某个风险，也会由于该风险不归他负责、自己主动处理了风险也不会得到回报，而会"事不关己，高高挂起"。

通过对上述不同风险计划仿真结果的分析，可以看出，一个好的风险计划不仅是简单地把每个项目风险落实到每个相关的利益相关者，还应该在项目风险计划中包含每个相关利益相关者的能力分析，即相关风险知识在利益相关者之间的分布。所以，对于已知风险而言，一个完备的项目风险计划至少应该包括三个部分：风险—知识矩阵、利益相关者—知识矩阵，以及在此基础上考虑其他项目因素综合制定出的风险—利益相关者矩阵。

5.6 仿真三：不同阶段的项目人员流失

人员的流失及其对组织绩效的影响一直是组织人力资源管理的重要问题（Hom，Griffeth，1994；Mobley et al.，1979）。在项目管理中，项目领导者和团队成员的变化同样会影响项目的绩效（Parker，Skitmore，2005），甚至导致项目的延期、失败和中止，人员流失已经成为一种不可忽视的项目风险（Balachandra，Brockhoff，Pearson，1996）。有效地预防和控制项目中关键成员的流失风险、保持团队成员的稳定对于项目成功的重要作用，已经被绝大多数项目管理者所认可（Dvir et al.，1998）。

对人员流失风险的研究始于 Joy（1989）通过对人员任期规模（Tenure Scale，TS）的测量来实现对人员流失风险不同程度的估计，该研究发现那些流失风险高的人员在任期规模上的分值显著低于流失风险低的人员；Blau 和 Boal（1989）提出利用工作涉入度和组织承诺来预测人员流失；Bridges、Johnston 和 Sager（2007）建立了基于工作绩效和期望差异的人员流失预测模型等。这些研究重点关注人员流失这种风险行为的决策模式，即存在哪些因素会影响人员的流失（Griffeth，Hom，2002）。随着人员流失理论的逐渐成熟，很多学者开始关注人员流失对组织的影响，包括组织人员流失成本的财务评估（Tziner，Birati，1996），以及人员流失对组织和项目绩效的影响（Parker，Skitmore，2005；Ton，Huckman，2008）等。在相关的绩效研究中发现，多数研究认为人员流失对所在组织和项目的绩效产生显著的负面影响（Williams，1999），但是也有研究认为某些类型或层次的人员流失实际上对组织发展和提供职业发展机会等方面是有益的（Scott，2002）。

在目前组织和项目风险管理的实践中，人员流失风险已经成为风险管理工作列表中的常见条目（Kendrick，2015）。学者也从风险管理的角度来评估人员流失，这方面的研究主要有两种研究路线：①通过风险分解方法（Holzmann，Spiegler，2011），将人员流失风险视为一种属于团队风险或组织风险类型中的某类人员风险，这样管理者可以使用通用的风险分析和控制方法来管理不同类型的风险（Kwak，Stoddard，2004）；②发展适用人员流失特点的特殊风险测量和评估方法（Schreiber，Carley，2004）。

然而由于项目风险管理是一个复杂的社会技术系统，尤其是众多利益相关者之间存在的大量社会性交互行为，目前基于线性数学解析模型的通用风险管理方法（包括概率损失模型、PERT、蒙特卡罗分析等技术）本质上无法满足人员流失对绩效的非线性影响的特点（Balachandra et al., 1996）。已有的人员流失对绩效影响的实证研究的价值，在于揭示了人员流失与绩效的相关性问题；而基于风险管理理论的人员流失测量和评估方法，则没有考虑风险在项目整个生命周期中的动态循环控制特点以及在风险管理中项目人员沟通、协作等交互行为的影响。尽管 Dal 和 Merlone（2004）使用 ABMS 研究了人员流动率对组织效率的影响，但是目前基于项目情境的人员流失仿真还相当匮乏。本章在目前人员流失以及项目风险管理理论的基础上，利用 ABMS 技术，研究在整个项目生命周期中人员流失如何通过风险管理过程对项目产生影响。

人员流失风险的仿真模型的结构如图 5-14 所示。

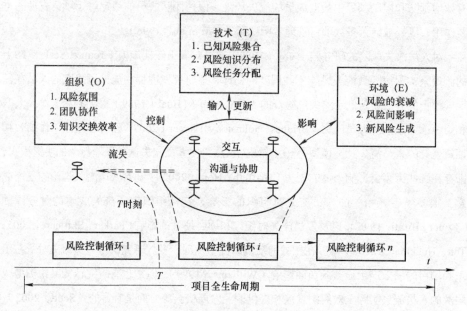

图 5-14　人员流失风险的仿真模型的结构

借鉴 Bosch-Rekveldt 等人（2011）的 TOM 分析框架中关于 R&D 项目复杂性维度的分类，人员流失风险仿真由技术（T）、组织（O）、环境（E）以及风险交互等几个组成部分构成，具体说明如下：

（1）技术（T）维度。该维度主要包括：所有已知风险的集合（包括风险的可能性和后果）；所有风险知识在人员（Agent）中的分布（即每个人的风险能力，通过所拥有的风险知识的多少来衡量）；项目风险的工作计划中风险任务的分配。技术维度主要作为模型的数据输入部分，在风险控制过程中，Agent 之间的交互可以动态更新该维度中的信息。

第5章 基于利益相关者知识的项目风险仿真

（2）组织（O）维度。该维度包括影响 Agent 风险行为的各种可调节的组织条件，具体包括风险氛围（Gray，2001）、协作精神、知识交换的效率。对于给定的项目案例，该维度的信息是固定不变的。

（3）环境（E）维度。为了简化起见，这里仅考虑随着项目展开，风险随时间的衰减，以及风险之间的相互影响的效应和风险发生等方面。

风险控制循环中的风险交互是本模型的核心，某个中间的第 i 个风险控制循环总是以前一个第 $i-1$ 个循环的风险输出作为输入，同时第 i 个循环的风险输出又作为后一个第 $i+1$ 个循环的风险输入。其中，每个 Agent 在某个循环中完成自己风险队列中风险的跟踪、测量、识别、评估（排序）、控制的循环过程，并且根据不同的情况与其他 Agent 产生信息和知识的交互。

通过对项目人员及风险的分析，得到项目人员拥有知识的风险能力矩阵以及风险工作职责分配矩阵见表 5-6。所有已知风险所需的知识以及风险的可能性和后果、负责人员信息见表 5-7。限于篇幅，对于人员、风险和知识这里仅以表格形式列出相应的编号信息。

表 5-6 案例人员信息

风险能力矩阵 PK		风险任务矩阵 PR	
人员 P	拥有风险知识 K	人员 P	负责风险任务 R
⋮		⋮	
p11	[]	p11	[]
p12	[k31, k41]	p12	[r19, r5]
⋮		⋮	

表 5-7 案例风险列表

风险知识矩阵 RK		风险初始估计		风险任务转置矩阵 PR^T
风险 R	所需风险知识 K	可能性	状态	负责人员 P
⋮				
r5	[k3,k45]	0.7	2	p12
⋮				
r19	[k39,k43]	0.5	1	p12
⋮				

注：可能性取值范围设为 0.1～0.9。后果取值：可接受为 1，中度为 2，严重为 3。

需要说明的是，没有任何风险知识的人员可能是那些刚刚进入项目团队的新人，虽然他们缺乏任何经验，但完全有可能被指派为负责某些中低级别的风险管理工作。并且每个管理者既可能不负责任何风险的管理，也有可能负责多个风险的管理。但是对于任何一个风险而言，有且仅有一个管理者。

仿真考察了某个利益相关者在不同时间点上发生流失对项目整个风险的影响，并给出了风险影响变化的量化结果以及直观的风险及知识交换的曲线。

以表 5-6 中的编号为 12 的利益相关者（Stakeholder 12）的流失为例，该利益相关者拥有的知识集合：[k31，k41]；负责的风险集合：[r5，r19]。其中，该利益相关者拥有的独特知识 k31 是控制风险 4 的唯一知识且是风险 6 所需四个知识中的一个；拥有的知识 k41 还是风险 14、风险 21 所需的部分知识。当利益相关者发生流失时，项目团队需要重新进行风险工作的分配。这里为了方便起见，原来由利益相关者 12 负责的风险 5、风险 19 由利益相关者 11 进行负责管理。

这里主要观察间隔周期为 7 个时间单位（risk-cycles=7）的情况，与图 5-7 未发生流失的结果相对比，在不同项目过程中时间点 0、70、190、270、430 上发生流失的仿真结果分别如图 5-15、图 5-16、图 5-17、图 5-18、图 5-19 所示。

在时间点 0 发生利益相关者 12 流失时，项目风险的总影响为 16942。

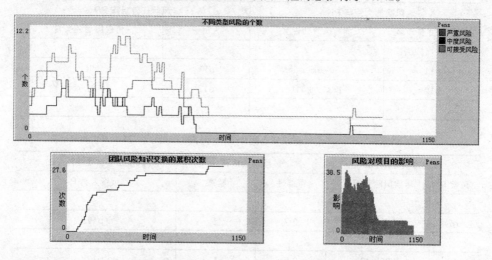

图 5-15　在时间点 0 时利益相关者 12 流失的风险仿真结果

在时间点 70 发生利益相关者 12 流失时，项目风险的总影响为 18748。

第 5 章　基于利益相关者知识的项目风险仿真

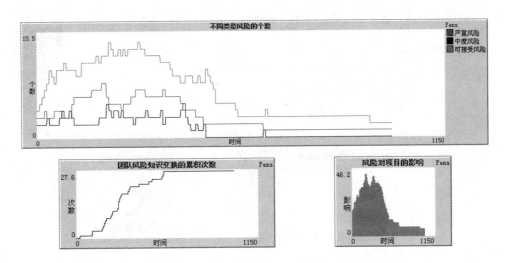

图 5-16　在时间点 70 时利益相关者 12 流失的风险仿真结果

在时间点 190 发生利益相关者 12 流失时，项目风险的总影响为 17556。

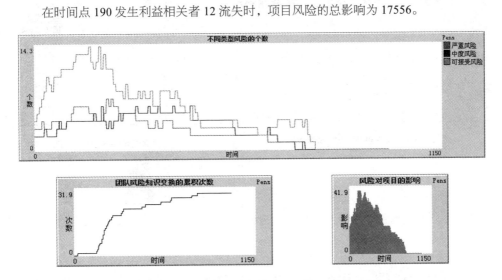

图 5-17　在时间点 190 时利益相关者 12 流失的风险仿真结果

在时间点 270 发生利益相关者 12 流失时，项目风险的总影响为 16900。

在时间点 430 发生利益相关者 12 流失时，项目风险的总影响为 13594。

根据上述结果，可以得到一个大致的关于不同时刻利益相关者 12 流失的风险影响的对比示意图，如图 5-20 所示。

知识视角下的项目风险集成管理：框架、模式与仿真

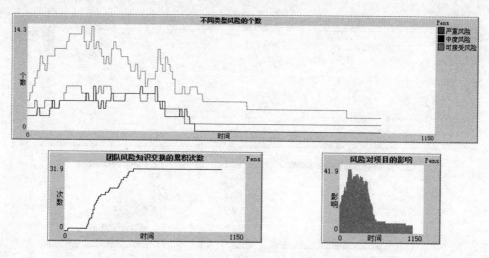

图 5-18　在时间点 270 时利益相关者 12 流失的风险仿真结果

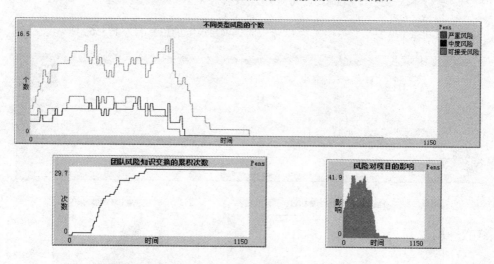

图 5-19　在时间点 430 时利益相关者 12 流失的风险仿真结果

可以看出，在项目大多数时间内，人员 p12 的流失加大了风险对项目的影响，尤其在项目前期阶段 $t=70$ 的附近时刻发生流失时，对项目造成的全生命周期的总风险 e 达到最大。此结论与实际项目风险的管理经验相符，且支持目前关于多发生于项目早期阶段的需求方面的风险且会对项目的过程绩效和产品绩效产生影响的研究结果（Na et al., 2007）。对于本案例来说，人员 p12 负责两个发生概率较大的风险 r5 和风险 r19，其发生概率分别为 0.7 和 0.5；并且与其拥有的知识 k31 关联的风险 r4 和风险 r6 的发生概率都为 0.9。在项目早期，该人员将会积极参与关于风险的控制和知识交互等过程，这时如果

发生流失，显然将增大风险的影响。

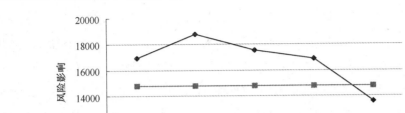

图 5-20　利益相关者 12 在不同时刻流失的风险影响

另外，从图 5-17、图 5-18、图 5-19 中的团队风险知识交换累积次数的不同可以看出：人员流失越早，团队风险知识交换持续的时间越长，交换的次数也越多；如果在项目中后期发生人员流失，这时该流失人员负责的主要风险或者所拥有独特知识相关的风险已经被控制完毕，该人员在项目中的作用由强变弱，项目的风险也多是可接受风险，并且由于人员流失带来团队沟通规模的下降，反而会提高在风险知识交换和修改风险计划方面的效率，从而使风险的影响降低。这也在一定程度上支持了 Brooks 法则（Brooks，2007），即在项目后期追加人员通常并不能缩短项目的进度；相反，根据经验在项目后期阶段适当减少重要性或涉入程度低的项目人员反而会提高项目绩效。从仿真结果可以看出，这一点也同样适用于项目的风险管理。

项目人员的流失通常发生在项目生命周期中的执行阶段（Parker，Skitmore，2005），特别是那些关键人员的流失会增加项目整个生命周期的风险，并对项目的顺利实施和成功产生较大的不利影响。利用本章所构建的风险模型，项目管理者可以预先对关键人员进行假想的流失分析，根据在不同阶段的流失制订相应的应急计划，特别是后备可替代人员的补充和风险工作的调整，通过预先分析，做到防患于未然，把人员流失所带来的风险影响尽可能地控制在项目可接受的水平。

对于任何一个组织或项目而言，人员流失已经成为一个常态而非例外的问题。有效进行人员流失的归因分析得益于目前深入的人员流失理论方面的实证研究。实际人力资源政策和项目主动风险管理策略的制定源于这些实证研究所提供的有关人员流失的组织、心理和社会等因素的流失动机及与绩效关系方面的成果。然而，实证研究无法提供基于特定情境的事前模拟和前瞻性的分析，特别是对具有高度不确定性和复杂性的研发项目风险管理。

仿真三的理论价值体现于在基于实证的人员流失理论和基于复杂自适应系统的ABMS建模仿真之间建立一个研究的桥梁，来支持那些实际工作中无法避免的人员流失的事前分析和整体的损失评估。这对目前项目的风险管理理论和方法提供了一个基于社会性风险交互行为来考察风险绩效的研究思路和有益尝试。当然，这方面还存在很多需要更进一步深入研究的工作，包括如何在模型中引入人员类型、信任程度和知识链结构等因素，以及基于风险的人员流失的决策支持仿真系统的开发等。

5.7 仿真四：多风险高关联项目

在某些特殊领域中，项目具有风险数量众多且风险之间存在高度关联的特点。当前国内外对项目风险间依赖关系方面的研究还不是很深入，目前有代表性的研究成果包括：①基于概率的计算方法（Ren，1994；赵恒峰，邱菀华，1996），风险依赖关系分为独立、依赖、并联、串联四种基本模式，这种方法的缺点在于风险之间的关系局限为时间区间上的一种单向的影响关系。②基于影响图的风险分析（Pennock，Haimes，2002；Pich et al.，2002），这种定性的风险分析工具可以用于风险驱动因素和因果关系、恶性循环的分析，不足在于缺乏风险间关系的强度、发生时间、风险影响时效等方面的定量分析。③网络图和系统动力学的方法，例如Boateng et al.（2015）采用了ANP方法识别了风险间的影响关系并将其与风险优先级指数结合起来；还有学者引入系统动力学中的正向和逆向的反馈回路的概念（Chapman，Ward，2003；任志涛等，2016），以此说明风险之间存在自我调节的回路或恶性循环的情况。④基于特殊技术的风险评估，例如基于列昂惕夫（Leontief）投入-产出模型的风险评估技术（Haimes，Jiang，2001；张亚莉，杨乃定，杨朝君，2005a），这种方法对风险的评价不仅包括其对项目的直接影响，而且还包括通过其他风险因素而产生的间接影响，不足在于忽视了风险在人为控制下的动态演化。

由于项目风险管理的复杂性和不确定性，上述现有研究成果本质上并不能体现作为复杂系统的非线性特征以及利益相关者在风险管理中的社会性的交互行为。借助传统的风险方法，项目管理者很难从项目全生命周期中整体把握和预测项目的风险及其影响。

本章利用该风险的ABMS模型对一个假想的多风险高关联的复杂项目的随机样本进行了模拟，仿真示意图如图5-21所示，且该样本数据为：

第 5 章 基于利益相关者知识的项目风险仿真

deadline	5000	stakeholder-number	100
risk-number	100	knowledge-number	200
knowledge-all-connected？	On	stakeholder-risk-plan？	On
stakeholder-knowledge-plan？	On		
team-risk-policy	0.8	team-collaborate	0.8
risk-interdependent	0.6	knowledge-transfer-efficiency	0.8

图 5-21 多风险高关联项目的风险仿真示意图

该项目是一个时间周期为 5000 个工作日、100 个利益相关者、100 个已知风险以及 200 个风险知识的多风险高关联（risk-interdependent=0.6）的大型项目，团队的风险氛围好（team-risk-policy=0.8），协作程度好（team-collaborate=0.8），知识交换效率较高（knowledge-transfer-efficiency=0.8），同时还制订了 SK 计划与 SR 计划。

该仿真的目的是考察大规模、高复杂性和不确定条件下，调整风险控制循环的间隔周期（risk-cycles）所带来的风险绩效改进及团队风险知识交互的情况。

间隔周期为 1 个时间单位（risk-cycles=1）的仿真结果如图 5-22 所示，风险影响为 120890。

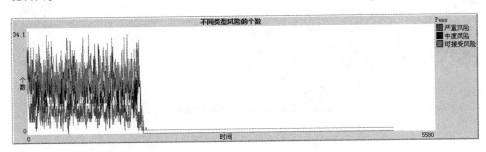

图 5-22 多风险高关联的 risk-cycles=1 的仿真结果

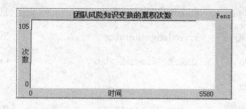
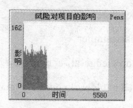

图 5-22 多风险高关联的 risk-cycles=1 的仿真结果（续）

间隔周期为 7 个时间单位（risk-cycles=7）的仿真结果如图 5-23 所示，风险影响为 127939。

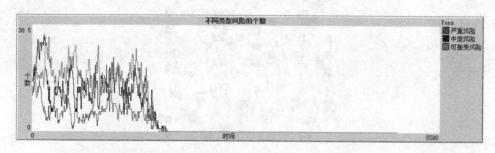

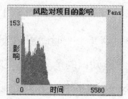

图 5-23 多风险高关联的 risk-cycles=7 的仿真结果

间隔周期为 15 个时间单位（risk-cycles=15）的仿真结果如图 5-24 所示，风险影响为 140985。

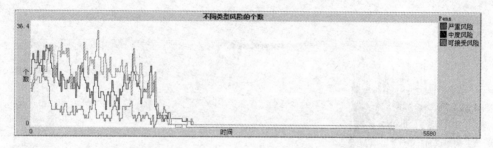

图 5-24 多风险高关联的 risk-cycles=15 的仿真结果

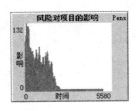

图 5-24　多风险高关联的 risk-cycles=15 的仿真结果（续）

间隔周期为 29 个时间单位（risk-cycles=29）的仿真结果如图 5-25 所示，风险影响为 168432。

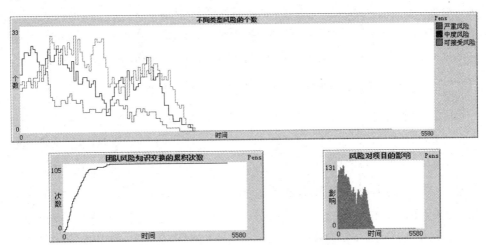

图 5-25　多风险高关联的 risk-cycles=29 的仿真结果

结果分析：

1. 调高风险管理循环次数对高关联的多风险项目的改善程度低

在不考虑成本因素的情况下，针对高关联的多风险项目，加大风险管理的力度，即在整个项目周期中调高风险管理循环次数（或控制频率），仍然可以适度改善项目风险管理绩效。但是与少风险低关联的情形相比，改善的程度远低于后者。下面是与前面在其他同等条件下的少风险低关联的仿真结果的对比分析：

高关联、多风险

7 个时间单位的风险影响　　　127939

29 个时间单位的风险影响　　　168432

改善程度：（168432−127939）/168432 = 24%

低关联、少风险

7 个时间单位的风险影响　　14784

29 个时间单位的风险影响　　28762

改善程度：(28762-14784)/28762 = 49%

从这个结果可以看出，对于这种具有高度复杂性和相互关联影响的风险不确定性的大型项目而言，适度的风险管理策略仍然是一个必要的工作，但是这时应对风险的首要工作不再是制定详尽的风险标准流程、完善的风险管理制度等管理方面，而应是从项目所涉及的系统或技术本身角度来更多地了解风险和造成它们之间相互影响的内因，这或许是对一个社会技术系统的大型复杂项目风险管理的一个更为全面的理解。

2. 项目风险虽随着时间收敛，但下降过程不是一帆风顺的

从风险发生个数的曲线来看，由于不同的控制优先级的影响，重要程度的风险总是较先地得到控制，并且不同类型的风险在整个项目过程中呈现出了一个近似的幅度递减的山峰形状，出现这种情况是由于风险之间存在相互的影响，而且这种影响在实际中往往延后一段时间才表现出来。这种情况也说明了项目风险虽然在不断监控下随着时间收敛，但是这种下降的过程并不是一帆风顺的，虽然整个趋势是不断改善的，但是风险管理者仍然不可以放松警惕。尽管加大风险监控力度，例如采取 1 个时间周期的管理循环，可以保持整个过程风险影响处于稳定的状态，但是在实际中由于成本和资源所限，不具备实际操作的可行性。所以，适度时间周期的项目风险的持续管理对提高项目风险绩效是必不可少的。

5.8　小结

为了保证项目风险 ABMS 模型的行为以所期望的方式进行，以及达成预测风险影响的目的，这里从一般仿真模型的要求条件、结构、功能和目的等方面进行具体的评价分析。

首先，本章的项目风险 ABMS 模型满足作为一个合适的仿真模型所要求的四个条件（Sage，Armstrong，2000）：

（1）在现实世界中，要观察实际项目的风险影响往往是不可能的，即使可以也由于代价高昂变得不可行。

（2）项目风险管理系统难以用一个简单解析模型来描述。

（3）对于风险管理中的控制力度、风险计划、人员流失等问题缺乏有效合理或直接的解析技术。

（4）如前所述，项目风险管理过程涉及太多的变量以及个体之间交互行为方式呈现高度非线性。

其次，从项目风险仿真模型所涉及的四个风险问题的仿真结果来看，初步达到了利用 ABMS 方法来研究风险复杂性的研究目的，并且从利益相关者、风险知识沟通和交换的角度研究了风险在项目全生命周期内的影响，以及在团队风险计划控制下的个体和团队的风险控制活动。弥补了传统单纯依赖概率理论的风险评估方法直观性差、缺乏量化支持等方面的不足。项目管理者可以根据将要开展的实际项目信息和以往的经验，通过调节模型的各种输入参数，来提前进行项目风险的预测，了解项目所有已知风险在整个项目周期中的影响趋势，从而改善项目风险的绩效。

再次，该风险仿真模型的结构是基于实际中广泛被接受的一般化的风险管理过程，其中包括第 3 章的风险管理模式中提出的主动计划模式、持续过程模式、利益相关者沟通模式。并且基于风险知识的交换也符合当前项目风险过程与知识管理集成的实践需求（张亚莉，杨乃定，2006）。总之，该模型所依赖的 6 个前提假设是建立在现有项目风险管理理论和方法，以及实际项目风险管理经验的总结和分析基础上。从该仿真的研究过程来看，该模型具有较好的风险控制结构。

最后，从所采用的实际项目案例的数据来看，通过模型控制参数的调谐，在可接受程度内，该仿真的部分结果基本上重现了历史数据大致走势，其中包括前面分析的项目风险控制循环次数、风险趋于收敛的时间等。另外，还考察了该模型对大量随机生成样本数据的支持，通过有限次模拟未发现输出违反风险管理常识的异常结果。

虽然该项目风险的 ABMS 仿真对当前项目风险中几个关键问题进行了模拟分析，得出了令人比较满意的结论，但该风险模型仅关注了与风险相关的知识、计划和控制过程，未考虑成本投入等资源的约束，并且关于风险状态的描述和影响函数也采取了相对简化的描述，这些都有待于进一步的研究。随着项目风险 ABMS 研究的深入，以及更多实际项目数据的获得，该模型将能够为项目管理者提供一个新的方式来改进项目团队风险控制绩效和事前预测的水平。

第 6 章
基于利益相关者信任的项目风险仿真

项目往往具有复杂性，风险控制工作需要项目成员建立各种合作关系才能完成。项目涉及多个组织的不同领域专家、客户等利益相关者，这些利益相关者之间的协同合作及知识共享对项目风险的控制起着关键作用。他们在风险管理过程中表现出了不同的参与行为，其中对风险信息与相关知识的沟通行为直接影响风险管理过程乃至最后的项目成功（Aaltonen，Jaakko，Tuomas，2008）。

考虑到项目利益相关者的社会性因素，项目风险管理已经成为一种非线性系统（Small，Walker，2010）。仅仅依赖抽象的数学模型和各种数量化的风险评估方法不能有效处理由于信任、沟通等社会性因素产生的项目不确定性和复杂性问题，而借鉴面向复杂系统的 ABMS 等理论方法则是解决这类社会技术系统的一个有效手段（Macal，North，2010）。本章在现有项目风险管理过程的基础上，利用智能体仿真技术构建了基于信任和风险知识共享的项目风险管理仿真模型，在一定程度上弥补了传统风险分析工具在解释项目管理实践中的个体理性及群体合作行为方面的不足。

6.1 基于信任的项目风险管理

项目可视为由特定需求驱动，围绕项目产品交付、项目各参与方在市场中通过一系列合约而成的临时性组织。在一定的约束条件下，为了完成一次性的独特任务，项目需要通过一定的资源配置、任务分工和项目管理过程来实现项目目标和交付成果。项目各个利益相关者之间是一种彼此依赖、竞争与互补的关系，隐含着专业分工，彼此的协调通过网络互动来实现。因此，可以把项目看作项目利益相关者之间相互联结而构成的具有动态边界的网络组织。

第6章 基于利益相关者信任的项目风险仿真

从物理结构看,项目各利益相关者构成项目网络的节点,利益相关者之间的非线性关系构成项目网络联结。节点具有处理信息的能动性和积极性,联结则体现了网络成员间的关系和联系载体。本章将信任这一社会性变量嵌入项目网络关系中,考察项目利益相关者之间的信任对项目管理活动的影响。

通常项目风险管理包括分为风险识别、风险评估、风险计划、风险跟踪和风险应对等过程。Boehm(1991)提出软件风险管理过程中,最重要的是"识别、描述和消除风险因素,以免它们威胁软件成功运作",这些具有复杂性的专业工作的主体是有软件知识的利益相关者。在项目风险管理的具体实践中,需要团队成员或项目利益相关者贡献自己的智力资源,或者通过相互合作的方式享用他人的知识和经验,从而更有效地化解风险并实现项目的目标。项目团队对知识的重视在实践中表现为构建团队的知识地图以及形成一个关于风险的知识库。

任何项目团队在最初组建时,尽管成员间互不相识或缺乏共同工作的经验,却不妨碍其形成一个初始的网络形态,反之在虚拟团队的研究中常常发现临时组建的团队有着高水平的合作。当个人因缺乏与同伴共同工作的经验无法对同伴准确认知时,可以利用边缘信息来进行分析和评价,通过这种启发性方式构建的信任称为预设信任,项目团队的工作正是在预设信任形成的初始网络的基础上才得以开展的。

项目成员为了控制自己负责的项目风险,需要从同伴处寻找处理该风险所需的知识。由于大多时候项目成员为了隐藏自己的知识缺陷总是选择以"先亲后疏"的路径寻找知识:先与自己直接相连的节点成员进行交互,如果能顺利寻找到知识则进行知识转移,与此同时成员间的交互频率增多;如果没有找到自己所需要的知识,则可考虑借助组织提供的知识地图寻找新的节点。

随着项目的推进,网络成员在互动过程中建立了基于认知或者情感的信任。认知信任是一种理性的认知评价,建立在丰富的互动经历基础上,主要是对成员能力的信任,这种认知评价可以在网络成员间传播扩散,因此增加了该节点成员被其他节点成员"重连"的机会。而情感信任则是基于成员间身份认同或人际情结,往往需要通过成员间长期的成功互动才能形成,一旦形成情感信任,维护这种关系的成本会降低,并且情感信任也更不容易被破坏,因此减少了该节点成员被其他节点成员"断键"的概率。所以,项目成员和利益相关者之间的信任对项目风险沟通和协作起着不可忽视的作用。

6.2 基于信任的项目风险仿真模型

6.2.1 仿真的总体结构

基于信任的项目风险 ABMS 总体结构如图 6-1 所示。

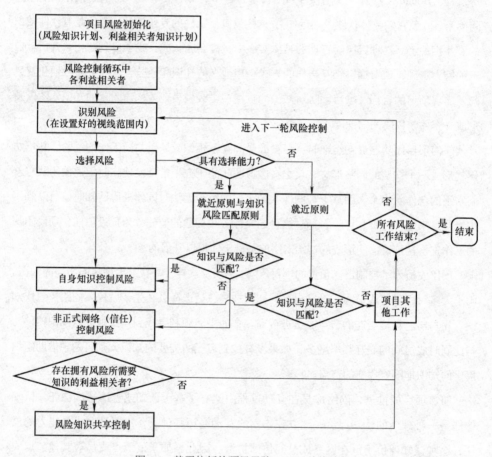

图 6-1 基于信任的项目风险 ABMS 总体结构

1. 项目风险初始化

在仿真区域内，随机产生 R 个风险和 S 个风险利益相关者，每个风险 R_i 需要利益相关者赋予其所需的全部风险知识才能被完全化解。在整个项目风险仿真时间内，风险按照风险发生的周期随机依次发生。为简便起见，假定本仿真模型中每个风险利益相关者只有一个知识，利益相关者的风险知识、风险所需知识的具体情况，在模型初始化时随机给定。

2. 风险控制的循环

在项目生命周期内，所有利益相关者（Agent）在某个时刻同时对自己所负责的风险进行识别、测量、跟踪、控制等循环过程。除此之外，利益相关者在风险控制过程中进行知识交互的活动。

3. 风险识别及选择

利益相关者在设定的视线范围内识别出风险。考虑到在视线范围可能会存在多于两个风险以及利益相关者选择风险的能力不同，本仿真模型中给出两种策略：①利益相关者根据就近原则选择视线范围内最近的风险进行控制；②利益相关者根据就近原则、知识和风险匹配原则选择风险进行控制。

4. 通过自身知识控制风险

根据利益相关者自身知识占风险所需知识的比例对风险进行控制，从而降低风险的影响程度。

5. 基于信任的非正式网络风险控制

利益相关者将自己的知识贡献给某风险后，若风险控制循环没有结束，则利用信任网络以最大限度地控制该风险并减小其影响，根据信任网络中其他利益相关者的具体情况做出下列行动：在从事项目工作中的利益相关者中找到拥有风险所缺少那部分知识的利益相关者，根据信任权重及该知识占风险所需知识的比例控制风险并降低风险影响的程度。

仿真模拟系统主要由两部分构成：前台主界面和后台的程序代码。其中该项目风险的 ABMS 系统的界面如图 6-2 所示。

设计的仿真系统的主界面包括 2 个按钮、1 个下拉选项菜单、2 个开关、3 个监控栏、6 个滑动条、4 个视图区域。

（1）2 个按钮：设置（setup）、运行（go）。"设置"（是一次性按钮，执行动作一次然后停止）的主要作用是根据初始设定的值来初始化项目风险环境：包括利益相关者数目（stakeholder-number）、风险数目（risk-number）、风险控制循环周期（test-cycles）、风险发生周期或频率（risk-happen-cycle）、利益相关者视线范围（range-of-visibility）、风险所需知识的最多个数（max-risk-knowledge-number）、利益相关者是否可以自主选择负责

知识视角下的项目风险集成管理：框架、模式与仿真

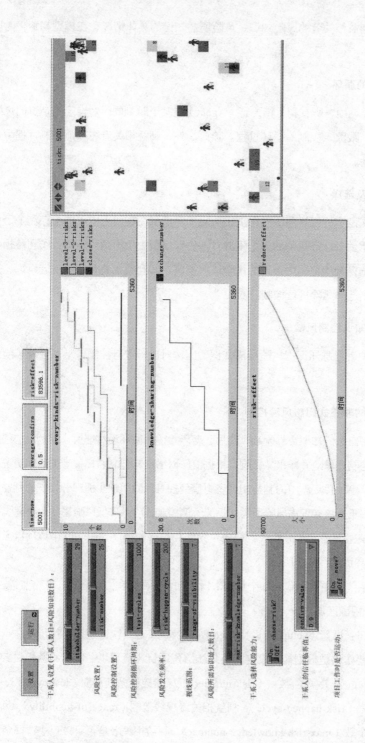

图 6-2 基于信任的项目风险的 ABMS 系统的界面

风险（choose-risk）、利益相关者在知识共享时最低的信任值或信任临界值（confirm-value）、利益相关者能否在项目环境中自由活动（move）等。利益相关者和风险在区域内出现的地点都是随机的，风险在整个仿真过程中根据设定的风险发生频率依次发生，利益相关者之间的信任网络也是在风险环境初始化时随机确定的。

"运行"的作用是开始模型的运行，直到遇到停止命令时才停止运行，"运行"按钮的下方有一个不断循环的标志，这是一个永久性按钮。

（2）3个监控栏：分别用来监控模型运行的时间（time-now）、群体网络的平均信任值（average-confirm）、随时间变化的风险对项目的影响值（risk-effect）。

（3）4个视图区域：1个World视图和3个Plot视图。World视图区域是边长为20个单位的正方形，也是一个二维坐标系，坐标原点在整个正方形的中心；其中项目利益相关者用黑色的小人表示，风险用灰色的小方块表示；在World视图区域可以清楚地看到风险依次发生的情况，风险的颜色代表风险的影响程度，在模型中简化为三种类别的风险：严重风险（consequence=3）为红色、中度风险（consequence=2）为黄色、可接受风险（consequence=1）为绿色；当风险被关闭时，风险的颜色变为紫色。3个Plot视图都是二维坐标系，横坐标表示时间，纵坐标依次表示风险个数（every-kinds-risk-number）、知识交换次数（knowledge-sharing-number）、总的风险影响值（risk-effect）。

6.2.2　模型主要元素设计

1. 元素的主要属性

模型中的主要元素由作为Agent的项目利益相关者（stakeholder）、风险（risk）、信任链（friendship）以及各种外部控制参数构成。其中表6-1、表6-2、表6-3和表6-4分别给出了仿真中涉及的元素的主要属性。

表6-1　利益相关者（stakeholder）的主要属性

序号	属性	名称	解释
1	Int	who	利益相关者代号
2	Int	color	利益相关者的颜色，默认值为black
3	Double	heading	方向
4	Double	xcor	位置x
5	Double	ycor	位置y
6	String	shape	显示图形
7	Int	label	视图上的标志（为利益相关者的代号）

(续)

序号	属性	名称	解释
8	Int	label-color	视图上标志的颜色
9	Int	knowledge	利益相关者拥有的风险知识（简化起见，只有一个，而且风险知识代号与利益相关者代号的值相同）
10	Int	state	利益相关者的状态（0：从事项目工作；1：从事风险工作）
11	Int[[]]	own-confirm-list	利益相关者的信任列表，[x y]表示对代号为y的利益相关者的信任值为x
12	Int	own-risk-number	利益相关者从事的风险个数
13	Int	current-risk	利益相关者在某个风险控制循环周期内从事的风险的代号
14	Int[]	vision-risks	利益相关者视线范围内可见的风险列表
15	Int[]	already-choose-risk-list	在利益相关者视线范围内，根据其知识与风险所需知识进行匹配计算后形成的风险列表

表 6-2 风险（risk）的主要属性

序号	属性	名称	解释
1	Int	id	风险代号
2	Int	pxcor	风险位置x
3	Int	pycor	风险位置y
4	Double	pcolor	风险颜色（初始时潜在风险都为灰色）
5	Int	plabel	视图上显示风险代号
6	Double	plabel-color	视图上显示的风险代号的颜色
7	Int[]	rknowledges	风险所要求的知识集合
8	Int	rknowledges-number	风险所要求的知识集合的个数
9	Int[]	rknowledges-now	模型运行的某时风险所需要的知识集合
10	Int	rstate	风险状态如"nohappen""happened""closed"
11	Int	probability	发生概率1~9，数值越大代表越有可能
12	Int	consequence	发生后的影响1最低，2适中，3最高
13	Int[[]]	have-knowledges	[x y]表示风险拥有y知识的比例为x

表 6-3 信任链（friendship）的主要属性

序号	属性	名称	解释
1	Agent	end1	无向链的一端主体
2	Agent	end2	无向链的另一端主体
3	String	shape	链的形状（为使world区域清晰明了，设置其形状为空）

第6章 基于利益相关者信任的项目风险仿真

（续）

序号	属性	名称	解释
4	Int	id1	无向链的代号
5	Int	no1	无向链的 end1 主体的代号
6	Int	no2	无向链的 end2 体的代号
7	Double	confirm	无向链的信任值（表示 end1 与 end2 主体间的信任值）

表 6-4 全局变量

序号	属性	名称	解释
1	Double	average-confirm	信任网络的平均信任值
2	String	choose-risk?	利益相关者能否自主选择负责风险？
3	Double	confirm-value	仿真设置的知识交换最低信任值
4	Int	deadline	设定好的仿真时间
5	Double[]	friendships-list	信任网络[x y z]表示利益相关者代号为 x 的主体与代号为 y 的主体的信任值为 z
6	Int	knowledge-exchanged-count	风险知识交换次数
7	Int	link-number	信任链的个数
8	Int	max-risk-knowledge-number	风险所需知识的最多个数
9	String	move?	利益相关者从事项目工作时是否能自由活动
10	Int	range-of-visibility	利益相关者在项目区域中的视线范围
11	Double	risk-effect	风险的影响值
12	Int	risk-happen-cycle	风险发生周期
13	Int[]	risk-list	风险依次发生的列表，在模型运行过程中同时删除已经关闭的风险
14	Int	risk-number	项目环境中的风险个数
15	Int[]	risks-xy	风险所处位置[x y]，指项目风险所在的 x 坐标与 y 坐标
16	Int	stakeholder-number	项目环境中的利益相关者个数
17	Int	test-cycles	风险控制循环周期
18	Double	total-confirm	信任网络中总的信任值

2. 模型基于的前提假设

作为对客观世界中管理活动的一种抽象，建模仿真不可能完全反映实际中的每个方面。模型涉及的变量越丰富，无疑预测效度就会越好，然而同时考虑到模型简约性的建模原则，除了第 5 章提到的常见已知风险假设外，本模型基于如下的假设：

假设1：专有知识假设

本模型不涉及没有知识的风险利益相关者，并且每个利益相关者拥有不同专业领域的知识。

假设2：必备知识假设

模型只考虑那些控制风险的必需知识，利益相关者只有拥有了某个风险所有必需的风险知识后，才能够关闭该风险。

假设3：合作选择的随机性假设

在满足利益相关者间合作的信任条件时，风险负责人将在备选合作利益相关者队列中随机选择其中一个进行知识交换。

假设4：风险管理过程中不涉及主体的退出和新主体的加入

这是因为利益相关者变动多见于知识交换活动趋于收敛的项目中后期阶段，因此主体数量是否变动不会对整个项目风险仿真产生显著的影响。

假设5：知识共享程度与主体间信任程度有关

这说明合作主体间的信任值会影响合作双方的知识整合与共享意愿，影响知识共享的程度。在本模型中，假设以信任值的比例共享某个专有知识。

3. 模型中风险影响函数

模型中 Agent 定义为项目利益相关者，即包含项目成员、客户、供应商或项目代理商等能够对项目施加影响的相关人员。利益相关者的主要 Agent 属性包括拥有风险知识、利益相关者之间的信任列表、利益相关者视线范围内可见的风险列表等。此外，模型还包括风险和信任链。风险的主要属性包括风险所需要的知识集合、风险状态、风险发生的概率、后果等。信任链主要属性包括无向链两端的主体代号及无向链的信任值。

如果该项目的风险总数为 n，项目的截止日期为 T，对于风险 r_i 来说，其所需要的知识集 $K(r_i)=[k_1, k_2, \cdots, k_m]$。在风险发生后的某时间点 t 上，经利益相关者风险控制后，风险所拥有知识程度可用集合 $[(p_1 k_1), (p_2 k_2), \cdots, (p_m k_m)]$ 表示，其中 $p_i \in [0, 1]$，$i=1, \cdots, m$，$(p_m k_m)$ 表示风险 r_i 拥有知识 k_m 的程度为 p_m。在 t 时刻，风险对项目的影响值为

$$S_i(t) = \left[1 - \frac{1}{m}\sum_{i=1}^{m} p_i\right] C_i \quad i \in \{0, \cdots, n-1\} \quad t \in \{0, \cdots, T\} \quad (6-1)$$

式中 C_i——该风险的影响程度，即风险初始化时的 consequence 值。

项目生命周期的项目总风险影响 e 采用第 5 章的式（5-3）：

$$e = \int_0^T \sum_{i=0}^{n-1} S_i(t) \mathrm{d}t \qquad (6-2)$$

6.3 仿真案例的基本信息描述

本仿真模型针对项目整个生命周期中处于不同阶段发生的风险而采取 PMI 的 PMBOK 推荐的持续风险管理方法，它是一个包括风险识别、分析、计划、跟踪、控制以及沟通在内的反复迭代的循环过程。该项目中设定的风险是团队协作指数较高的风险，即风险不能够因一个人控制后解除。仿真时间周期设置为 5000 个时间段，有 25 个利益相关者、25 个风险知识、15 个已知的风险，风险的发生可以由仿真界面上的风险发生周期（risk-happen-cycle）控制。为了使模型简化，假定每个利益相关者都只有一个风险知识，风险知识的代号与利益相关者的代号相同。

项目开始运行后，风险随着时间的演化按照设定的风险发生周期（risk-happen-cycle）依次发生；利益相关者则以设定的风险控制循环周期（test-cycles）依次控制风险；在每一个风险控制循环周期内，利益相关者在设定的视线范围内（range-of-visibility）先识别出已经发生的风险，然后利益相关者按照 ID 序号依次负责视线范围内的某个风险，每个风险在一个风险控制循环周期内只能被一个利益相关者负责，风险有了风险负责人后，风险负责人就可以针对该风险实际状况对风险控制：先将自己的知识赋予该风险，接着根据设定的合作的信任临界值（confirm-value）选择合作伙伴进行知识共享，假定利益相关者之间不存在欺骗现象。

每隔 100 个时间段进行一次风险控制（test-cycles=100）。组织中的信任临界值较低（confirm-value=0.1），即表明团队共享知识氛围良好。利益相关者的视线范围良好（range-of-visibility=4），即在给定边长的世界中，利益相关者可以看到以自己为中心、半径为 4 的圆形区域。

风险信息见表 6-5，包括风险代号、风险所需知识集合、风险所需知识数目、风险的概率和后果。

表 6-5 风险信息

ID	rknowledges	风险所需知识的数目	概率	结果
1	[11 3 2 4 9 1 7 10 17 13 18]	11	9	2
2	[16 21 12 2 18 14 6 24 22 19 17 15]	12	7	1

（续）

ID	rknowledges	风险所需知识的数目	概率	结果
3	[6 11 0 15 18 2 21]	7	7	1
4	[23 12 2 18 4 24 17 10 20 6]	10	1	2
5	[13 0 12 11 21 23 4 9 20 7 2 24 14 15]	14	9	1
6	[12 4 5 2 18 3 8]	7	9	1
7	[11 10]	2	9	1
8	[19 0]	2	9	1
9	[15 22 8 12 3 2 24 9 0 14 16]	11	3	2
10	[23 13 19 17 21 2]	6	7	2
11	[19 0]	2	5	3
12	[16 8 10 17 1 24 5 12 15 22]	10	9	1
13	[18 13 1 15 2 6 7 5 19 20 11 9 16 24 4 22]	16	1	1
14	[20 21 17 19 10 13 14 2]	8	9	3
15	[10 17 23 20 13 24 11 12 4 14 3 1 15 9 22 21 5 7 16]	19	3	3

根据风险信息表，统计得各知识在风险所需知识中出现的次数分布如图 6-3 所示。

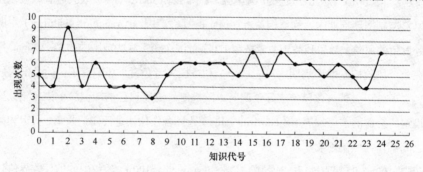

图 6-3　知识在风险所需知识中出现的次数分布

各风险所需的知识数目的分布如图 6-4 所示。

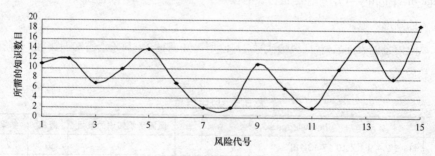

图 6-4　风险所需的知识数目的分布

25个风险知识在风险所需知识列表中出现的累计次数为136次,平均每个知识会出现5.44次,如图6-3所示,每个知识出现的次数以5.44为平均值上下浮动,其中ID为2的利益相关者的知识在项目所有风险中被需求得最多。15个风险所需的知识数目也有不同,如图6-4所示,每个风险平均需要9个风险知识,风险所需的实际知识数目在平均值9个上下浮动。

该项目案例中有25个利益相关者,表现在信任网络中是25个节点,若节点间的信任值大于或等于0.1就认为节点间有边的话,则该项目案例中共有271条边,显示的平均信任值为0.5(average-confirm=0.5)。但是在仿真过程中,因设置的合作的信任临界值(confirm-value)的不同而使表现出的信任网络的结构发生变化。

6.4 仿真一:风险知识交换的信任度

已有研究发现,实际项目的成功会受到关键利益相关者之间信任的影响(蒋卫平,张谦,乐云,2011)。然而,由于风险往往涉及敏感信息,不同组织的利益相关者出于对自身利益的考虑,在进行风险交流时不免有所顾忌,导致一些风险知识的共享需要至少达到一定的信任度为前提,这里将风险知识交换所需最低信任度定义为信任条件。

项目中的风险由多种因素导致,控制风险需要的知识不止一个领域,需要利益相关者之间进行知识共享才能更好地控制风险。风险知识共享是通过项目利益相关者之间的交互来完成的,而利益相关者构成的信任网络是拥有不同水平的知识和技能的异质性主体相互合作、彼此交流的通道,知识和信任共同将主体从空间和时间上联系起来。因此,分析不同的风险知识交换的信任条件将有助于提高实际项目的风险绩效。限于篇幅,图6-5、图6-6仅显示了知识共享时信任条件(F)依次为0.3、0.5时项目中风险知识交换次数(KS)以及风险对项目的影响(RE)情况。

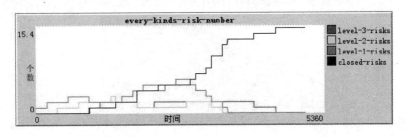

图6-5 F=0.3、RE=9050、KS=208 的仿真结果

知识视角下的项目风险集成管理：框架、模式与仿真

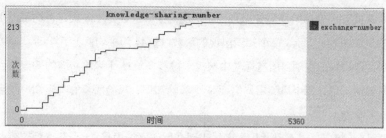

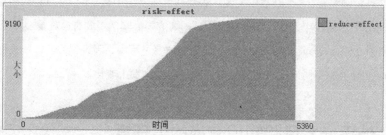

图 6-5　$F=0.3$、RE=9050、KS=208 的仿真结果（续）

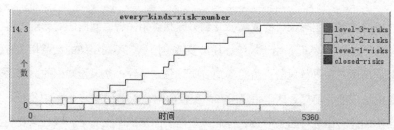

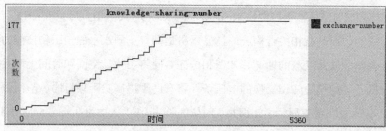

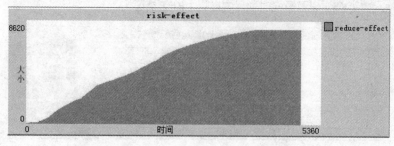

图 6-6　$F=0.5$、RE=7919.6、KS=173 的仿真结果

从图 6-7 中可以看出，当信任条件依次取 0.3、0.5、0.7、0.9 时，知识共享的次数逐渐下降。一般情况下，降低项目利益相关者合作的信任条件，各个 Agent 所连接的其他 Agent 数目增多，信任网络密度随之变高，整个团队能更广泛地进行知识交换以完成风险控制的合作。从仿真结果大致可以看出，项目中知识交换次数越多，项目通常具有越好的风险绩效，即越小的风险影响，这与项目风险管理的实际情况相符。然而需要引起项目管理者注意的是，项目中的信任条件和风险影响是一个复杂的非线性关系，即存在一个信任条件的"拐点"，具体见图 6-8。这说明过低或过高的信任条件都会增加项目的风险。

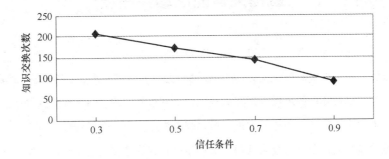

图 6-7　不同信任条件下的知识交换次数

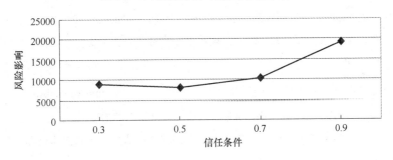

图 6-8　不同信任条件下的风险影响

上述仿真结果表明：作为知识交换行为发生的最低阈值，信任条件的降低会增加合作的范围。这也意味着，项目风险知识共享渠道通畅的情况下，即使风险负责人和合作利益相关者间的信任值很低，也能保证风险知识在项目网络中的传递。所以，建立通畅的项目沟通渠道，可以避免合作利益相关者被孤立的危险，使每个项目利益相关者在风险管理中都有用武之地，防止由于团队人际关系水平不高而造成风险知识共享方面的低效。

然而，知识交换次数的增加并不等同于知识交换效率的提高。从社会网络的观点来看，较低的信任条件尽管扩大了网络节点与其他节点的联结边数，为选择知识交换对象提供了更多的可能，然而在低信任条件下知识交换次数的增加同时也伴随着交换过程中的信息失真、冗余以及重复沟通等现象，从而降低了知识交换的效果。而拥有较强信任关系的成员间往往具有更为准确的信息沟通和高效的知识共享行为，尤其是在那些复杂知识和敏感风险信息的沟通情境中。因此，在实际项目风险管理中，管理者不仅需要关注风险知识的传递频率，更重要的是改善风险知识传递和共享的效果。

6.5 仿真二：利益相关者的活动自由度

在项目风险管理实践中，不同的管理者对团队成员赋予的活动自由度不同。有时，为了充分发挥每个员工的自有专长，项目负责人会将项目分为若干个具体细化的子项目，并将具有专有领域知识的成员聚集在该子项目中从事特定的项目工作，这种情况下团队成员的自由度不大。有时，为了促进成员之间的相互协作，在保证成员与工作、成员与组织匹配的基础上，管理者会为项目成员构建便利的信息实时共享环境，尽可能增大项目成员的工作自由度。这两种策略会影响知识共享的效果以及风险工作绩效。

本模型以 move? 条件限定员工的工作自行力度，当 move? 开关开启时，利益相关者随时可以在项目环境中自由行动，这样可以与其他成员进行大量的知识共享进而提升自身的风险管理能力，当 move? 开关关闭时，利益相关者只能处于原地从事项目工作，当风险分配给利益相关者时，才能到达风险所在位置。RV（range of visibility）表示利益相关者在项目中的视线范围，用来描述对风险信息收集识别的变量。

本次仿真分别考察利益相关者的活动自由程度三种情况下对知识共享和项目风险的影响，如图 6-9、图 6-10、图 6-11 所示。三种不同利益相关者自由程度情形下的仿真结果分别为：①RE=7919.6，KS=173；②RE=49774.2，KS=85；③RE=6041.1，KS=170。

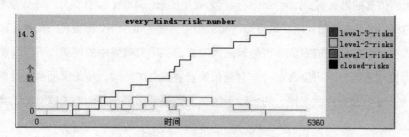

图 6-9　不同自由程度对项目风险的影响（RV=4；move?=on）

第6章 基于利益相关者信任的项目风险仿真

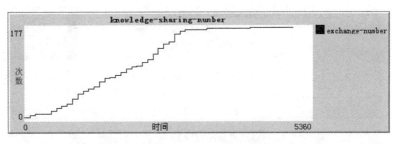

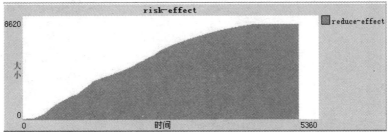

图 6-9　不同自由程度对项目风险的影响（RV=4；move?=on）（续）

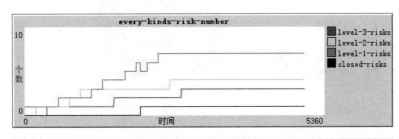

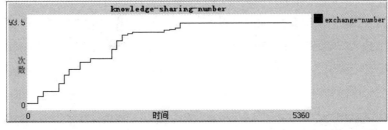

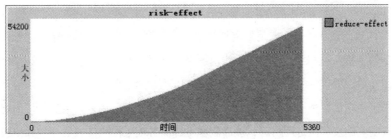

图 6-10　不同自由程度对项目风险的影响（RV=4；move?=off）

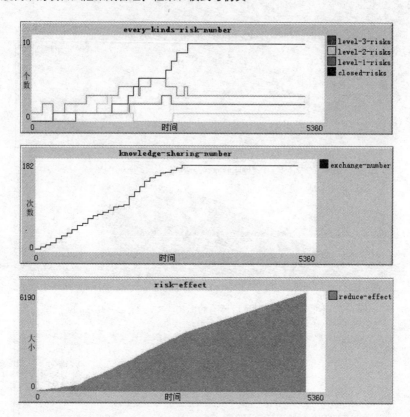

图 6-11　不同自由程度对项目风险的影响（RV=9；move?=off）

从图 6-10 可见，一味限定利益相关者的活动范围时风险对项目的影响极度恶化。这可能是因为，当限定利益相关者只能从事职责范围内的项目工作时，利益相关者日复一日地做着重复性的劳动，知识得不到更新和增长，对周围环境变化的敏感度降低，无法察觉对项目有危害的风险因素，因而无法有效识别风险并加以控制。同样，图 6-9 显示，利益相关者在项目中活动时拥有自由也不能最大限度地降低风险对项目的影响，这是因为在完全拥有自由的情况下，利益相关者对知识可以进行畅通无阻的交流，自身会拥有海量的风险知识，但是当遇到风险时却不能很好地筛选其所需要的知识，反而对风险绩效的提升不明显。

图 6-11 显示最优化的方式是限定利益相关者活动的自由，同时开阔利益相关者的视线范围。如果将开阔利益相关者的视线范围看作项目中的人性管理，限定利益相关者的活动自由性看作项目中的制度管理，出现第三次仿真的结果就容易理解：项目管理制度是项目员工在项目实施活动中共同遵守的规定和准则，它是用来约束员工行为规范的工具，规章制度健全且执行严格时，能从制度上确保各项工作的高效展开，并促成一级对一级负责的良好可控局面；而人性管理是指高度重视员工的自身和社会价值，充分发挥

其积极性、创造性和主观潜在能动性。制度管理的刚性利于建立秩序,而人性管理的柔性利于推动协同,二者缺一不可。因此在项目管理过程中,应该平衡好项目的制度管理与人性管理的关系,使团队成员之间可以充分交流增长知识提升技能,继而在风险管理工作中发挥作用。

6.6 仿真三:利益相关者的视线范围

从风险管理的实践来看,风险管理出现了不同的过程方法论。本仿真模型是针对项目整个生命周期中处于不同时间阶段发生的风险,采取的持续的风险管理方法,包括风险识别、分析、计划、跟踪、控制以及沟通在内的一种反复迭代的循环过程。其中风险识别需要以系统的观点对项目每个过程涉及的信息进行分析,找出影响项目目标的众多因素。在实践中,项目中不同领域的专家、不同部门的项目成员对收集风险信息的侧重点不同,因而会影响风险识别的结果。在本节的仿真模型中表现为利益相关者识别风险时的视线范围,因此在案例数据的基础上,作者观察了不同视线范围对风险绩效的影响。基于篇幅的考虑,只截取了视线范围为 1~4 以及 9、13、15 的仿真界面。

(1) range-of-visibility=1 时,风险影响值为 51069.3,知识交换 172 次,关闭了 1 个风险,如图 6-12 所示。

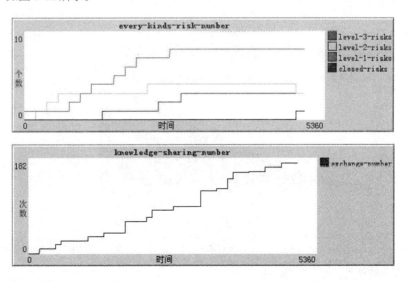

图 6-12 range-of-visibility=1 的仿真结果

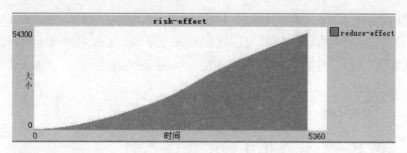

图 6-12 range-of-visibility=1 的仿真结果(续)

(2) range-of-visibility=2 时,风险影响值为 22329,知识交换 249 次,最终还有 7 个风险未被关闭,如图 6-13 所示。

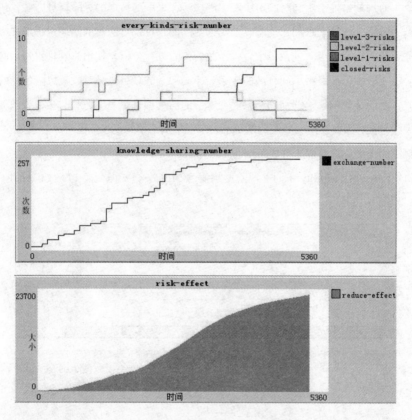

图 6-13 range-of-visibility=2 的仿真结果

(3) range-of-visibility=3 时,风险影响值为 10488.9,知识交换 249 次,最终还有 3 个风险未被处理完毕,如图 6-14 所示。

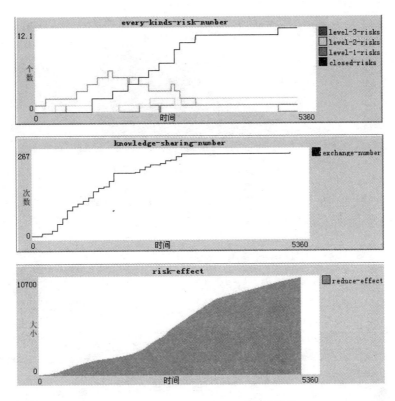

图 6-14　range-of-visibility=3 的仿真结果

（4）range-of-visibility=4 时，风险影响值为 3540，知识交换 249 次，所有风险都被处理完毕，如图 6-15 所示。

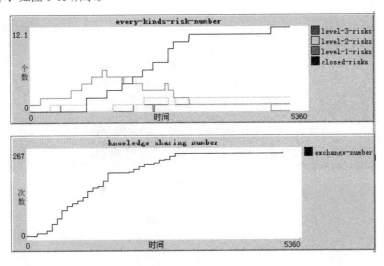

图 6-15　range-of-visibility=4 的仿真结果

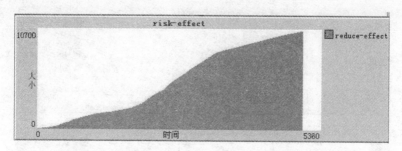

图 6-15　range-of-visibility=4 的仿真结果（续）

（5）range-of-visibility=9 时，风险影响值为 1927.1，知识交换 260 次，所有风险都被处理完毕，如图 6-16 所示。

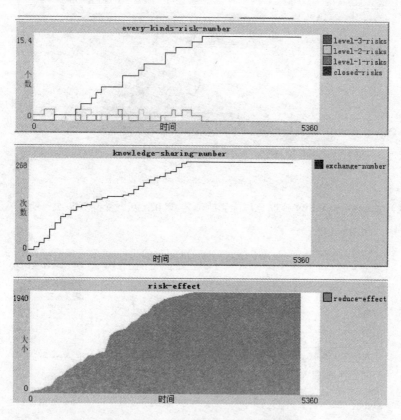

图 6-16　range-of-visibility=9 的仿真结果

（6）range-of-visibility=13 时，风险影响值为 1617.8，知识交换 257 次，所有风险都被处理完毕，如图 6-17 所示。

第 6 章 基于利益相关者信任的项目风险仿真

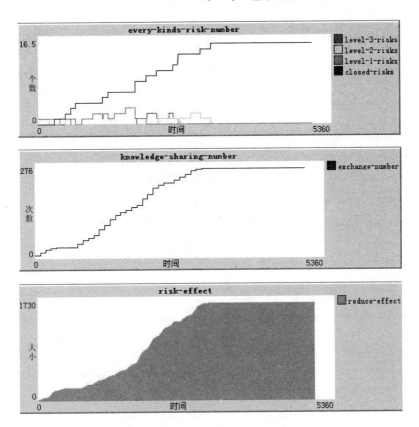

图 6-17 range-of-visibility=13 的仿真结果

（7）从 range-of-visibility=15 开始一直增加到 20 时，风险影响值均为 1470，知识交换 257 次，所有风险都被处理完毕。

根据上述仿真结果，可以得到当利益相关者的视线范围逐一增加时，整个风险对项目的影响对比示意图，如图 6-18 所示。

仿真结果分析：

从图 6-18 可以看出，一般情况下利益相关者视线范围的扩大与风险影响成反比。这是因为，视线范围决定了风险发生后被利益相关者识别的概率。当视线范围很小时，利益相关者只能注意到自己周遭环境的改变，仅能识别出有限的风险，对在视线范围之外出现的风险置之不理。而当视线范围大于 4 时，视线范围增加对降低风险影响的优势越来越不明显了，这是因为此时多数风险已经都能被顾及，都能够被各利益相关者识别并由不同的利益相关者分担，改善风险的侧重点已经由之前的风险识别转变为风险控制。

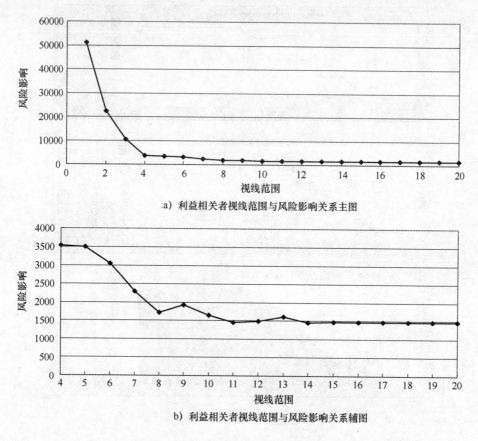

a) 利益相关者视线范围与风险影响关系主图

b) 利益相关者视线范围与风险影响关系辅图

图 6-18 利益相关者视线范围与风险影响关系

在本次仿真中，风险控制是一个依靠自有知识和信任网络中其他成员的知识解除风险的过程。应用自己的知识降低风险的影响较为简单，利用信任网络降低的风险影响则相对较复杂，原因是：除了信任条件的改变会影响项目整体信任网络的结构，从而影响利益相关者寻找合作对象的通道外，合作主体间的信任值也会影响知识共享的效果。为了方便讨论，在本次仿真中设定的信任条件临界值为 0.1，保证了风险控制过程中信任网络的结构不变。出现视线范围为 9、13 时的异常现象的可能原因是：风险被不适合的利益相关者分担，或者风险负责人接纳了低信任对象的少量知识或不充分的建议，导致没有最大限度地利用信任网络来降低风险的损失。例如，在实际中，当某个利益相关者发现了一个在自己视线范围内发生的风险时，由于解除风险所需合作的对象主体较多，而该利益相关者在项目团队中属于一个"被孤立者"，这就延误了该风险被合适的利益相关者分担的时机。这些现象都属于可能发生的现象，总体上说，扩大利益相关者的视线范围，可以降低风险对项目的影响。

6.7 仿真四：利益相关者自主负责风险的能力

风险在项目中发生的阶段不同是项目成员制订风险应对计划时不可忽略的内容。按照项目的总共时间 5000，将项目平均划分为四个阶段：第一阶段 0～1250 时间段；第二阶段 1250～2500 时间段；第三阶段 2500～3750 时间段；第四阶段 3750～5000 时间段。本次仿真假定项目存在的风险数目不变，风险分布在项目全生命周期中的阶段不同（所有风险平均分布在项目发展过程的前 N 个阶段），即模拟风险发生的频率不同时，所有风险对整个项目的影响情况，同时也模拟了利益相关者对风险分担的态度对项目的影响。

1. 当风险集中在项目初期发生时（risk-happen-cycle=50），15 个风险全部发生的时刻为 50×15=750 时

利益相关者自主负责风险能力强（choose-risk？=True）仿真结果如图 6-19 所示，其中风险影响为 7157.8，知识交换 268 次。

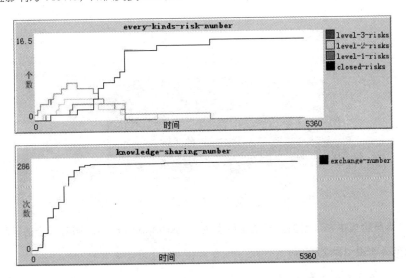

图 6-19　risk-happen-cycle=50、choose-risk？=True 时的仿真结果

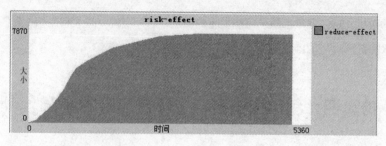

图 6-19　risk-happen-cycle=50、choose-risk？=True 时的仿真结果（续）

若改变利益相关者负责风险能力（choose-risk？=False），仿真结果如图 6-20 所示，其中风险影响为 2794.5，知识交换 320 次。

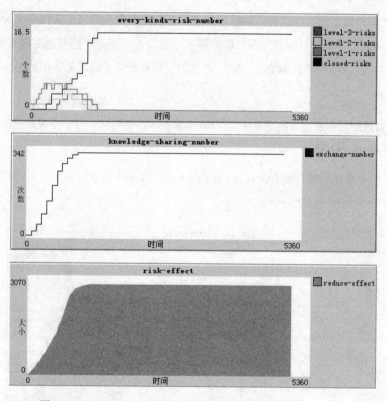

图 6-20　risk-happen-cycle=50、choose-risk？=False 时的仿真结果

2. 当风险集中在项目的前两个阶段发生（risk-happen-cycle=150），全部风险都发生的时刻为 150×15=2250 时

利益相关者自主负责风险能力强（choose-risk？=True）时的仿真结果如图 6-21 所示，其中风险影响为 6780，知识交换 252 次。

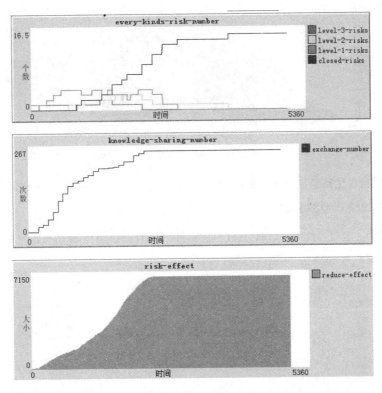

图 6-21　risk-happen-cycle=150、choose-risk？=True 时的仿真结果

利益相关者自主负责风险能力弱（choose-risk？=False）时的仿真结果如图 6-22 所示，其中风险影响为 3208，知识交换 329 次。

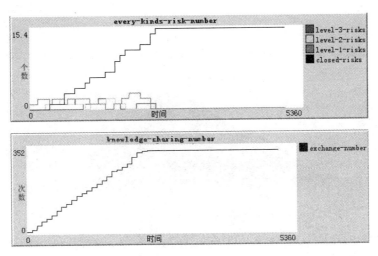

图 6-22　risk-happen-cycle=150、choose-risk？=False 时的仿真结果

知识视角下的项目风险集成管理：框架、模式与仿真

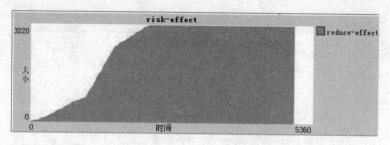

图 6-22　risk-happen-cycle=150、choose-risk？=False 时的仿真结果（续）

3. 风险发生持续在项目的前三个阶段（risk-happen-cycle=225），全部风险都发生的时刻为 225×15=3375 时

利益相关者自主负责风险能力强（choose-risk？=True）时的仿真结果如图 6-23 所示，其中风险影响为 8027.3，知识交换 261 次。

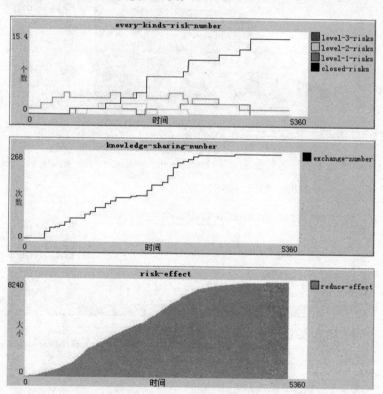

图 6-23　risk-happen-cycle=225、choose-risk？=True 时的仿真结果

利益相关者自主负责风险能力弱（choose-risk？=False）时的仿真结果如图 6-24 所示，其中风险影响为 2768.8，知识交换 326 次。

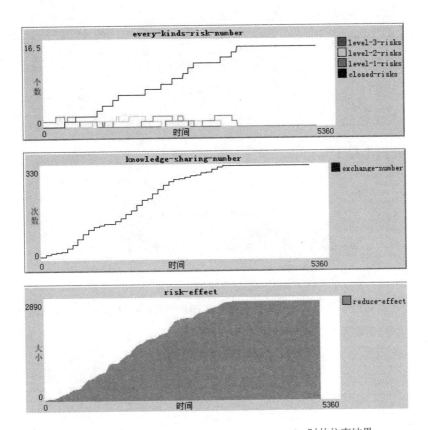

图 6-24　risk-happen-cycle=225、choose-risk？=False 时的仿真结果

4. 风险发生持续在项目的整个过程中发生（risk happen-cycle=300），全部风险都发生的时刻为 300×15=4500 时

利益相关者自主负责风险能力强（choose-risk？=True）时的仿真结果如图 6-25 所示，其中风险影响为 4107.8，知识交换 253 次。

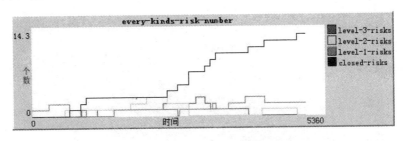

图 6-25　risk-happen-cycle=300、choose-risk？=True 时的仿真结果

知识视角下的项目风险集成管理：框架、模式与仿真

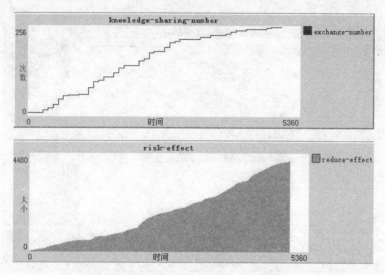

图 6-25 risk-happen-cycle=300、choose-risk？=True 时的仿真结果（续）

利益相关者自主负责风险能力弱（choose-risk？=False）时的仿真结果如图 6-26 所示，其中风险影响为 1977.1，知识交换 305 次。

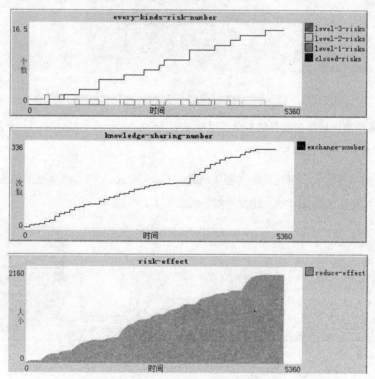

图 6-26 risk-happen-cycle=300、choose-risk？=False 时的仿真结果

综上,风险发生周期与风险影响的关系对比如图 6-27 所示,利益相关者有无自主性与知识交换次数关系对比如图 6-28 所示。

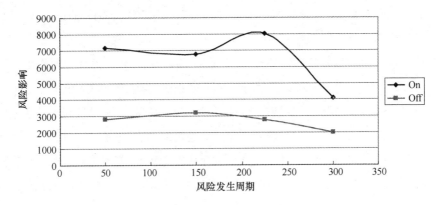

图 6-27 风险发生周期与风险影响的关系对比

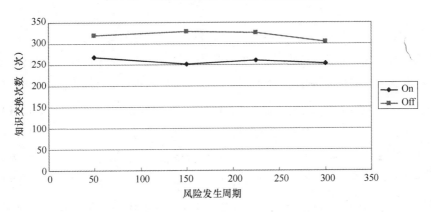

图 6-28 利益相关者有无自主性与知识交换次数关系对比

仿真结果分析:

从图中可以看出,利益相关者在 choose-risk? =True 时与 choose-risk? =False 时知识交换的次数差距与两者的风险影响差距不成比例,并且利益相关者有风险选择能力时对风险的管理程度不及没有风险选择能力时。可能的原因是:项目一般会涉及众多利益相关者,如政府和社会资本合作(Public Private Partnership,PPP)项目涉及公共政府部门、私人投资者、贷款方、项目承建商、供应商、运营商以及产品使用者等,项目各参与方总是试图将更多的风险转移给合作方,风险分担难以达成一致(何涛,赵国杰,2011;李林,刘志华,章昆昌,2013;严景宁,刘庆文,项昀,2017)。

本模型仿真的案例中，风险所需的知识对于只具备单一专有知识的团队成员来说，解除风险最重要的是需要团队成员的齐心协作，因此利益相关者应该在处理风险的活动中更加注重团队的目标，而并非局限于自己的利益。在项目实施过程中应以"相互协调、共同决策、风险共担、利益共享"作为核心理念，以此实现"双赢"或者"多赢"的相互合作形式。当利益相关者识别风险后却发现自己并没有解除风险所需要的某种知识或能力，如果对风险置之不理或不把风险的相关信息报告给项目组织或其他相关成员，会造成风险在整个项目中没有得到足够的重视，该风险不能得到及时的控制。利益相关者识别风险后，即使自己没有处理该风险的能力，也可以依靠自己的信任网络获取信任对象的知识，使风险得到适度的控制。因此，对于协作需求高的项目风险来说，风险分担的原则并不是风险由具有控制力的利益相关者承担，而是利益相关者应该在项目活动中注意与其他利益相关者的关系培养，在识别风险后要有承担风险的意愿，继而依靠团队协作共同承担风险并控制风险。

总体而言，针对风险发生的频率，风险平均分布在项目的整个生命周期时，风险能够被及时地控制，使风险对整个项目的影响最低。当风险集中在项目第一阶段发生时，在实践中表现为风险在项目初期就集中爆发，不仅会打击项目成员的工作积极性，使利益相关者对众多的风险产生畏惧心理，同时大量风险也会因为缺乏足够的人力物力资源而被延误处理，对整个项目造成极大的破坏；风险一直持续到项目中期或后期时，利益相关者已经进入正常的项目工作状态中，对潜在的风险可能会放松警惕，或者最适合的利益相关者因为从事项目工作而无法分心从事风险管理工作，这些都可能造成风险无法被及时处理或者风险被安排给不适合的利益相关者，加剧风险对项目的影响；风险平均分布在项目整个生命周期内发生，项目不会因为风险在某个阶段内集中爆发而造成资源不足导致的管理混乱，风险工作也不会给利益相关者带来正常工作之外的更多压力，从而使每个风险都能得到妥善的处理。

6.8 小结

单纯的数理模型在处理具有社会性特征的个体成员的行为方面并不适合，而实证研究虽然能给出变量之间的相关关系，却难以对这种关系给出进一步的量化描述，加之采集的数据多是静态的，不能解决一个周期内的变量之间关系的动态变化。本章从动态和知识网络的视角研究风险管理过程中利益相关者不同行为因素对知识共享的影响，进而分析出对项目风险绩效的影响。本章的主要研究结论表明，利益相关者之间的信任并非越高越有利于风险知识的共享，在同时考虑知识传递的频率和效率情况下，项目管理者应该根据实际情况，建立与项目匹配的信任条件和参与自由程度。具体的研究结论对多组织项目管理以及大型工程项目中供应链合作等实践有指导意义（张亚莉，姜香美，鲁梦华，2014）。

根据实际项目信息和经验，项目管理者可以调节该仿真模型的各种输入参数，预测项目风险，找出知识共享的最优的条件组合来提高风险绩效。本模型的改进将考虑信任网络的动态变化，以减少模型和实际项目的误差。

第 7 章
项目中供应链合作伙伴关系风险仿真

本章以我国大飞机项目中的供应链管理为研究案例,探索供应链合作伙伴关系风险的影响。大飞机项目的启动是提高我国自主创新能力和增强国家核心竞争力的重大战略决策,其研制过程是一个周期长、涉及面非常广的宏大系统工程,需要成千上万的供应商参与,并呈现出日益复杂化与跨组织、跨领域的特征。而"主制造商—供应商模式"(汤小平,2009)是当前民机制造商普遍采用的供应链管理模式。由于技术存在缺陷、研发周期短等原因,我国民机制造企业的"主"地位并不显著,很多供应商提供的产品是国内制造企业在当前情况下无法自主完成的部件,造成民机制造企业的供应链管理面临更大的风险。Fynes、Voss 和 Búrca(2005)指出供应链合作伙伴关系质量的好坏对供应链绩效及质量绩效有着直接的影响,供应链合作伙伴关系的构建和维护变得相当重要。当前多数研究关注供应链合作伙伴关系的影响因素或供应链风险的分类和控制方法,忽视了供应链合作伙伴关系与供应链风险之间的内在联系。本章以降低民机供应链合作伙伴关系之间的风险影响为目的,通过 ABMS 来探索供应链合作伙伴关系风险与风险绩效的关系,并提出相应的管理建议。

7.1 项目中供应链风险管理过程

7.1.1 供应链风险沟通

风险评估、心理学、传播学是风险沟通(Risk Communication)研究的三大科学支柱。Sandman(1988)提出的风险沟通公式风险=危害+情感反应指出,风险所造成的影响并不完全取决于风险的实际危害,还包括公众对危害的情感反应,包括愤怒、焦虑、敌意、恐惧、悲观等负面情绪会明显地改变人们的态度和行为,这些行为直接影响风险的结果。

风险沟通的范围涵盖了危机发生前、危机发生时以及危机发生后三个阶段，但重点应放在危机发生前的预防工作上。

供应链的合作伙伴关系的风险管理是通过供应链中主体之间的沟通来完成的。对供应链而言，风险沟通既包括风险信息在供应链上下游企业间的传递与交流，又包括风险识别、评估、控制这一循环过程中的相关信息、知识、思想、情感等方面的沟通。基于计划行为理论，影响供应链合作伙伴间风险沟通的因素有（徐祎飞，张亚莉，姜香美，2013）：①供应链合作伙伴关系类型，包括采购、外包、风险合作；②力量格局，包括制造商主导、供应商主导、相互依赖、相互独立；③风险类型，有供应商内部能力风险、外部环境风险、道德风险等；④期望结果；⑤信任与承诺；⑥资源配合度。

7.1.2 供应链合作伙伴关系及其风险管理

供应链的建立离不开供应链合作伙伴之间的合作协调。在良好的合作伙伴关系中，供应商可以获得规模效益、降低交易成本以及管理和转换成本，需求方也可获得高质量、及时的供货，并且如果双方供需稳定，这种关系将得到巩固（Macbeth，Ferguson，1994）。因此，信任与承诺是供应链伙伴关系建立的基础（Morgan，Hunt，1994）。Mohr 和 Spekman（1994）发现，伙伴关系中的协调、依赖等沟通协作行为也助于合作伙伴关系的成功。合作伙伴的研究主要涉及合作伙伴选择研究和合作伙伴评价研究，多使用数学化的量化方法，例如层次分析法（Analytic Hierarchy Process，AHP）、统计/概率方法、数据包络分析（Data Envelopment Analysis，DEA）、网络分析法（ANP）、模糊评价（Fuzzy Evaluation，FE）及遗传算法（Genetic Algorithm，GA）等（Dickson，1966）。此外，合作伙伴的合作还与他们在整个供应链中所处的地位，即企业在力量格局中所处的状态有关。例如，购买者主导、供应商主导、相互独立和相互依赖等不同的力量格局，都会影响到合作伙伴的合作行为（Cox，Sanderson，Watson，2000）。

供应链合作伙伴关系实现利益共享的同时，也存在潜在的风险。来自不同组织的合作伙伴进行项目合作时，成员之间的沟通、信任以及知识的共享是其成功的关键，良好的沟通可以促进合作伙伴之间的目标认同、双方信任和协作意识；反之则可能会导致合作的失败。所以，供应链合作伙伴关系风险管理既属于供应链合作伙伴关系管理的范畴，也属于风险管理的范畴。供应链合作伙伴关系风险可以理解为由于供应链上下游企业协调不到位而导致供应链断裂的风险。由于供应链中各个主体是相互独立的,风险沟通是供应链合作伙伴关系风险管理的重要手段。

7.1.3 民机项目供应链风险沟通与管理

民机项目供应链中风险管理的重点在于风险的预防和控制。风险沟通存在于民机项目整个生命周期内,本书着重关注事前风险沟通过程,即面临风险的企业单纯靠自己能力无法解决风险的情况下,为了获取合作伙伴的帮助,与上下游企业进行的沟通。风险沟通的过程(刘勇,2011)可以划分为两个阶段:沟通对象的选择过程与风险沟通执行过程。前者是指当企业识别到需要与合作伙伴协作的风险之后,会根据合作伙伴关系、力量格局、信任程度等影响因素对合作伙伴进行综合评价,并选择合适的伙伴作为风险沟通对象。企业选择沟通对象后,向该企业发出沟通请求,接收方也会根据风险沟通影响因素判断沟通的成本与风险对自身的影响,判断是否接受沟通请求,这就是风险沟通的执行过程。通过反复的风险沟通过程,企业将风险的影响控制在可接受范围内。具体过程如图 7-1 所示。

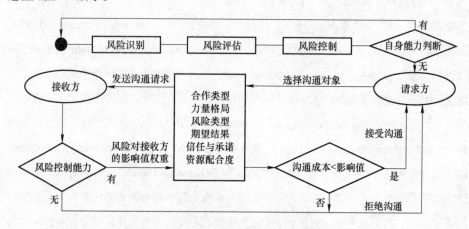

图 7-1 民机项目供应链风险沟通与管理过程

7.2 项目中供应链合作伙伴关系风险仿真模型

7.2.1 仿真的总体结构

该仿真模型的总体结构如图 7-2 所示。

第 7 章 项目中供应链合作伙伴关系风险仿真

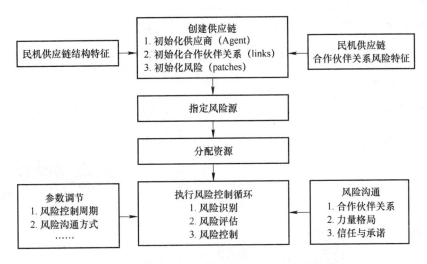

图 7-2 供应链合作伙伴关系风险 ABMS 总体结构

1. 创建供应链

根据供应商的特征完成供应商（Agent）的初始化，分配其标识，初始化其内部变量；再根据民机供应链的结构特征初始化供应商之间的合作关系（links），将供应商（Agent）连接成完整的供应链，并赋予合作伙伴关系、力量格局、信任值等属性；结合合作伙伴关系风险特征初始化风险（patches），赋予风险发生的概率及产生的后果等属性。

2. 指定风险源

供应链中的风险是由于某一供应商的扰动引起的，但是可能由供应链中的其他企业识别到，因此给每一个风险指定风险源企业，当风险被识别时，由该风险源企业来启动风险管理。

3. 分配资源

为每个供应商分配资源（resources），为每个风险分配控制风险所需的资源（required-resources），供应商间通过风险沟通交换资源，提高风险源企业负责风险的能力。

4. 执行风险控制循环

在整个供应链生命周期内，供应商不断对周围的风险进行识别、评价和控制。

5. 风险沟通

风险源企业不具备控制风险所需要的全部资源时，与上下游企业进行风险沟通。

6. 参数调节

通过部分参数的调节可以观察不同参数对项目风险管理的影响。

该供应链合作伙伴关系风险管理 ABMS 系统界面如图 7-3 所示。

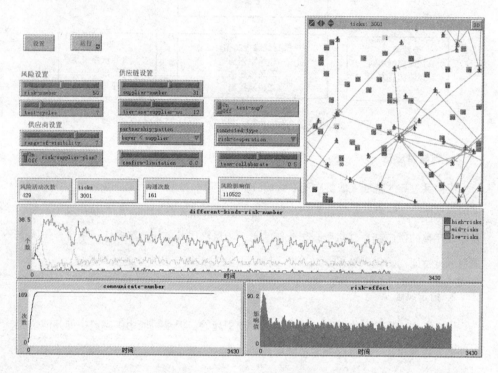

图 7-3　供应链合作伙伴关系风险管理 ABMS 系统界面

本仿真研究模拟的是民机项目供应链网络，当民机供应商遇到风险时根据沟通网络，与其上下游供应商进行沟通，提高风险控制能力来控制风险。除了第 5 章常见的已知风险等假设外，本仿真基于供应链风险管理的一般假设，即针对某个风险，风险负责企业最初不知道上下游合作伙伴对此风险的控制能力，根据风险沟通影响因素来判断发送沟通请求的首选对象。影响因素着重考虑以下四个：合作伙伴关系类型、力量格局、信任与承诺、资源配合度。

仿真的执行是通过不断执行仿真执行例程实现的。执行例程意味着在一个仿真步长内的所有操作，逻辑结构如图 7-4 所示。

第7章 项目中供应链合作伙伴关系风险仿真

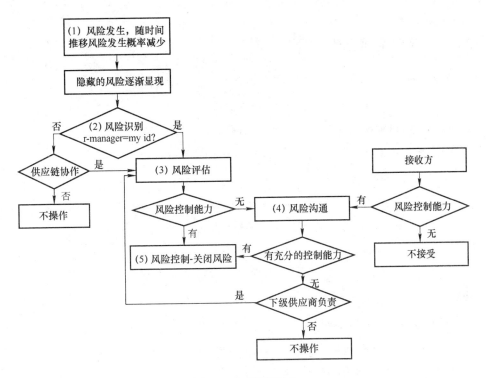

图 7-4 仿真逻辑结构

第一步：风险发生，在生命周期内，已知风险依据其概率随机发生。然而随着时间的推移，风险的发生概率会按照特定的衰减函数逐渐降低。

第二步：风险识别。识别周围的风险，判断风险来源。若风险源是自己的，将风险列入自己的风险控制列表；若风险源不是自己的，则根据供应链协作能力决定是否通知对方。

第三步：风险评估，完成供应商对自己负责的风险集合，按照风险影响值的高低进行排序，并删除那些影响值已经变为 0 的风险。

风险影响函数参考第 5 章式（5-3），即若供应链中风险总数为 n，项目生命周期为 T，则对风险 R_i，在时间点 t 上其风险影响值是 $C_i(t)$，则在整个民机项目生命周期内，总的风险影响值 E 为

$$E = \int_0^T \sum_{i=0}^{n-1} C_i(t) S_i(t) dt \quad i \in \{0,\cdots,n-1\} \quad t \in \{0,\cdots,T\} \quad (7-1)$$

式中 当风险 R_i 尚未识别或已关闭时，$S_i(t)$ 为 0，否则为 1。

第四步：风险沟通，针对无法完全控制的风险，通过风险沟通提高自身风险控制能力，沟通请求方根据风险沟通影响因素的权重评价，选择最优沟通对象。

第五步：风险控制，降低风险发生的概率或关闭风险。

7.2.2 模型主要元素设计

对照 NetLogo 中主体的类型,模型涉及的主体主要有以下三大类:

(1) turtles:代表民机项目供应链中的供应商。

```
turtles-own [who              ;; 供应商代号
             color            ;; 颜色(Black)
             heading          ;; 方向
             xcor             ;; 位置的 x 坐标
             ycor             ;; 位置的 y 坐标
             Shape            ;; 显示图形
             ability          ;; 供应商对当前风险的控制能力
             up-supplier      ;; 上游供应商
             down-supplier    ;; 下游供应商
             partner-list     ;; 合作伙伴列表
             assigned-risks   ;; 风险列表
             risk-list        ;; 当前已经识别的风险列表
             current-risk     ;; 当前正在控制的风险
             resources        ;; 供应商所拥有的资源
            ]
```

(2) links:Turtles 之间的连线,代表供应链中的合作伙伴关系。

```
links-own [no                 ;; 合作伙伴关系代号
           confirm            ;; 合作伙伴关系信任值
           partnership-from   ;; 购买者
           partnership-to     ;; 供应商
           c-type             ;; 合作关系:0——采购;1——外包;2——风险合作
           p-patten           ;; 力量格局:0——购买者>供应商;1——购买者<供应商
          ]
```

(3) patches:代表供应链环境中存在的各种风险。

```
patches-own [id               ;; 风险代号
             pxcor            ;; 风险位置 x 坐标
```

```
          pycor                      ;; 风险位置 y 坐标
          pcolor                     ;; 风险颜色（初始状态下为灰色）
          rstate                     ;; 风险状态
          probability                ;; 风险可能发生的概率
          consequence                ;; 风险发生后的影响值
          current-consequence        ;; 风险的当前后果
          manager                    ;; 当前风险管理企业
          need-resources             ;; 控制此风险需要的资源
        ]
```

（4）全局变量：

```
globals [deadline                    ;; 仿真时间
         risk-number                 ;; 风险数量
         test-cycles                 ;; 风险控制循环周期
         risk-of-visibility          ;; 风险识别能力大小
         supplier-number             ;; 供应商数量
         tier-one-supplier-number    ;; 第一层供应商数量
         team-collaborate            ;; 供应商之间的协作能力
         confirm-limitation          ;; 供应链信任值
         resource-list               ;; 控制风险所需资源
         risks-xy                    ;; 风险位置
         risk-effect                 ;; 风险影响值
         risk-manage-count           ;; 风险管理次数
         communicate-count           ;; 风险沟通成功次数
        ]
```

7.3 仿真案例的基本信息描述

由于大型民机研制项目是高投入、高风险、高技术含量的"三高"项目，民机供应链具有供应商数量多、风险多、生命周期长的特点，设本实验的供应链生命周期为3000

个时间段,有 1 个民机制造商和 31 个供应商,具有 49 个潜在风险,同时也指定了每个供应商具有的资源及控制风险需要的资源。

模型的基本信息如下:

deadline   3000

risk-number   49

supplier-number   31

team-collaborate   0.5

供应商的主要属性见表 7-1。

表 7-1 供应商的主要属性

who	resources
0	[25 15 11 6 19 28 26 1 24 7 9 14 29 10 30 12 3 27 21 5]
1	[28 26 17 5 0 18 14 23 21 19 4 13 16 24 10 9]
2	[7 9 21 26 0 23 6 8 16 14 28 24 12 22 20 10 25 27]
3	[30 21 11 29 24 23 26 12 0 18 27 9 5 6 22 15 7 17 8 10]
4	[0 20 12 5 8 14 29 18 28 17 26 30 3 15 27 11 6 9 13 1 16]
5	[6 29 3 24 10 9 12 17 26 0 1 18 13 2 30 23 25]
6	[16 22 17 19 3 26 6 20 1 15 14 5 0 28 8 23 27 30 10 9 13]
7	[0 5 4 1 22 9 7 28 12 17 24 19 18 20 16 13 15]
8	[17 14 28 22 2 4 5 10 24 23 0 11 19 20 29 12 27 21 8 1 7 9 3 16 18]
9	[6 17 25 11 4 12 9 15 21 30 5 20 19 7 22 23 0 14 24 13]
10	[20 18 19 0 29 11 13 7 17 12 3 23 21 14 27 10 1 8 5 28 30 16]
11	[12 19 23 5 11 30 27 26 10 22 0 2 8 3 14 18 29 13]
12	[3 17 7 14 16 18 28 26 25 19 11 20 24 30 0 5 8 15 10 21]
13	[18 20 1 9 22 25 26 7 15 14 10 29 3 2 4 21 16 19 11 27]
14	[9 11 8 27 6 28 26 25 12 23 0 17 7 29 3 13 18 5]
15	[15 1 0 11 24 30 7 21 8 16 4 23 19 3 26 13 27 17 22 18]
16	[3 2 29 10 9 27 7 28 26 19 22 12 1 4 8 21 13 20 18 23 16]
17	[19 13 26 9 14 2 6 10 15 7 1 0 16 23 25 5 18 3 27 4 28 12]
18	[29 14 8 5 25 1 21 9 26 20 6 30 10 7 28 27 23 3 24]
19	[11 13 29 18 6 23 16 22 17 3 9 5 4 0 25 1 7 30 27 12]
20	[13 19 29 10 0 16 14 27 8 7 11 6 12 2 17 26 23 15 9 24 18 5 28]
21	[9 3 11 30 8 6 10 13 15 2 24 28 18 4 19 12 17 20 0]
22	[16 14 9 6 18 1 27 21 28 13 2 17 11 8 5 3 4]

（续）

who	resources
23	[21 18 30 26 8 11 19 10 5 2 23 20 1 29 22 13 7 6]
24	[10 30 0 17 12 6 15 21 13 19 14 27 4 1 29 24 2 16]
25	[27 5 30 21 25 3 15 12 14 26 23 2 0 7 17 20 28 29 22 18 9]
26	[13 16 9 20 10 27 23 26 5 6 4 7 14 11 24 12 8 25]
27	[21 6 23 27 24 11 13 30 4 17 5 9 12 7 20 28 1 16 19]
28	[29 17 20 15 21 27 14 0 2 28 1 16 26 22 23 25 12 7]
29	[30 22 24 1 26 14 3 17 29 18 4 12 27 9 5 11 2 7 0 16 6]
30	[8 16 5 15 4 21 2 29 18 23 11 17 9 12 14 22 10 3 20 25 27 6 1]

供应链中除民机制造商之外，其他供应商都只有一个下级供应商、有多个上级供应商，这符合供应链的一般组成情况。

风险信息见表 7-2。

表 7-2 风险信息

id	Probability	Consequense	resources
1	7	2	[29 9 7 1 10 4 22 25 3 6 16 17 26 12 19 11]
2	1	2	[15 13 12 27 14 18 26 30 10 11 1 28 8 25 20 19 6 9 4 29]
3	5	1	[0 30 25 15 6 17 14 2 3 10 18 13 19 1 11 23]
4	7	3	[22 8 13 27 25 10 5 3 19 0 30 16 20 1 4 26 21 17]
5	5	1	[15 24 21 17 23 29 25 3 13 18 20 22 2 26 11 9 10 12 6 16]
6	1	3	[24 2 26 30 4 7 20 16 17 13 22 14 10 0 15 3 19 21 25]
7	3	3	[5 10 19 23 3 17 20 14 11 9 13 28 2 7 30 4 29 21 22 26 24 1]
8	9	2	[25 8 21 0 28 13 22 1 12 9 19 24 18 2 27 16 3 26 23]
9	1	1	[21 5 4 24 3 22 1 26 12 29 13 11 15 30 9 23 17 27 28 10]
10	1	2	[11 23 30 26 13 24 27 4 7 3 5 2 25 10 6 0 8]
11	3	2	[9 13 1 30 4 15 27 17 28 25 0 23 12 6 16 14 11 10 18 2 21]
12	1	3	[19 21 3 2 0 4 1 9 25 11 18 8 24 15 7 20]
13	5	2	[28 10 4 30 24 3 22 12 5 1 7 19 23 17 16 15 9 2 27 20 11]
14	9	3	[28 26 21 2 5 10 17 14 6 8 27 4 25 23 15 0 24 9 13]
15	5	2	[0 2 24 18 10 29 7 28 21 9 11 5 25 3 8 26 20 12]
16	3	1	[17 1 30 20 5 16 28 19 24 29 0 18 15 7 23 6 8 14 27]
17	7	3	[6 25 13 9 28 15 2 3 26 0 7 20 17 5 4 10 11 14 19]
18	7	2	[16 5 6 7 10 27 29 22 23 25 13 21 1 18 14 12 17 11 3 0 19 2]

（续）

id	Probability	Consequense	resources
19	3	2	[24 28 12 10 26 29 4 14 1 3 27 22 20 25 15 17 13 16 9]
20	3	1	[28 22 30 5 10 2 24 3 13 26 18 8 6 25 16 9 7 12]
21	1	3	[30 18 2 1 20 19 22 6 24 26 7 25 8 29 0 27 13 16]
22	9	3	[12 7 20 2 19 27 18 13 8 0 3 17 28 21 30 11]
23	3	3	[15 21 20 12 16 26 1 14 18 22 8 11 10 28 6 9 4 24 0]
24	7	3	[29 8 19 5 21 15 11 24 17 9 10 27 4 7 13 25 2 22 16 28 23 30]
25	5	1	[29 2 15 3 17 9 26 23 27 20 22 0 12 21 25 19 24 1 28]
26	7	3	[12 29 8 4 11 0 14 9 6 18 27 22 2]
27	7	1	[10 30 12 24 5 16 22 2 23 3 6 4 13 8 27 15 25 19 28 20]
28	3	3	[2 27 30 11 21 24 5 17 8 7 29 3 6 18 0 1 9 23 15 14]
29	7	2	[27 7 8 3 14 16 26 25 24 12 20 29 17 9 23 28 19 5 0 13 30]
30	1	2	[20 26 22 28 10 19 17 23 8 14 11 30 29 15 25 9 18 27 5]
31	5	2	[14 23 7 15 0 22 27 4 3 16 12 13 11 5 2 29 25 21 20]
32	1	2	[14 0 2 24 29 9 20 10 5 7 22 16 30 28 18 26 11 8 17 25]
33	7	2	[16 9 11 14 10 5 12 4 25 8 27 7 29 3 24 28 15 30 6 20 0]
34	5	2	[8 3 26 17 15 19 6 28 25 27 20 13 12 21 23 1 14 2 4]
35	9	1	[23 30 20 27 29 2 17 22 11 21 7 0 12 28 5 6 15 3 9 14 1]
36	7	1	[3 25 23 18 16 1 26 2 22 27 14 21 30 11 19 10 15 13]
37	1	3	[15 12 19 26 7 0 29 3 28 23 27 6 18 9 10 21 4 20 30]
38	1	1	[29 27 11 9 4 2 10 30 21 28 8 26 6 20 15 14 3 13 17 5 0]
39	1	1	[9 10 0 14 3 15 8 26 1 25 22 23 13 7 19 29 30 5 6]
40	5	3	[30 5 4 17 10 26 18 12 29 15 22 20 7 21 24 25 8 16 9 3 27 1 13]
41	5	3	[5 15 25 17 6 19 20 2 11 21 18 26 8 27 10 14 28 4 0]
42	7	2	[19 3 25 17 16 0 1 2 5 12 28 18 10 13 30 21 7]
43	1	3	[2 24 28 9 12 11 29 16 19 17 1 25 15 6 3 30 22 27 21]
44	5	1	[22 3 1 8 0 29 18 27 13 6 4 21 28 24 16 12 15 26 23]
45	5	3	[15 20 4 10 17 11 0 23 16 5 13 6 19 22 2 14 30 12]
46	3	3	[4 3 28 8 15 18 14 20 22 24 26 11 29 6 30 9 0 27 23]
47	1	3	[3 26 30 18 13 27 9 4 25 17 29 20 2 15 23 24 12 16 19 6]
48	5	1	[18 24 30 15 28 14 29 19 10 9 4 0 6 27 13 2 22 11 25 20]
49	3	2	[10 0 1 5 23 12 9 29 16 15 30 24 27 18 6 13 17 26 21]

初始化时风险状态均为"nohappen",风险可能性取值可能有[1,3,5,7,9],其可能影响值有[1,2,3]。

7.4 仿真一：不同的供应链结构

全球著名的民机制造商波音公司与机体供应商的合作方式——从原材料采购发展到以风险合作为主的战略合作伙伴关系,如今已经形成全球化分工协作的基本格局。目前,我国大飞机项目也采用风险合作、外包、采购的"主制造商—供应商"模式,但与波音公司和供应商的合作有区别。波音公司为了分担风险,在供应链中做了"减法",将很多部件转包给供应商。我国大飞机项目而由于研发周期较短且民机制造业方面的经验不足,大飞机供应链中不得不做"加法",通过采购、风险合作等方式购买供应商提供的完成品或者借助于供应商的研发能力为大飞机提供部件。这就造成民机制造商在力量格局中处于相对劣势地位。本次仿真实验中,通过调整主制造商与供应商的合作伙伴关系类型、力量格局及第一层供应商数量来模拟不同的供应链结构,观察上述因素对风险绩效的影响。

为了得到更加贴近实际的仿真结论,在不同的供应商和风险资源分布条件下,针对"纵向一体化"的采购供应链(Ⅰ)、"纵向一体化"的外包供应链(Ⅱ)、民机制造商主导的风险合作供应链(Ⅲ)、供应商主导的采购供应链(Ⅳ)、供应商主导的外包供应链(Ⅴ)、供应商主导的风险合作供应链(Ⅵ)分别进行了风险沟通次数及风险影响值仿真实验。限于篇幅,这里仅给出"纵向一体化"的采购供应链(Ⅰ)、供应商主导的采购供应链(Ⅳ)两种供应链结构的输出界面,分别如图7-5和图7-6所示。

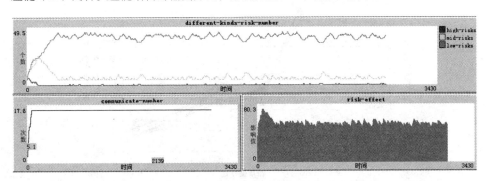

图7-5 "纵向一体化"的采购供应链

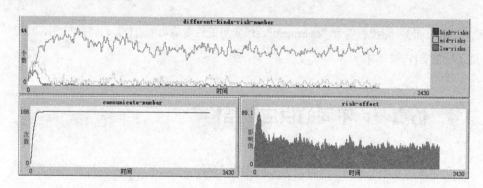

图 7-6　供应商主导的采购供应链

风险沟通次数和风险影响值如图 7-7 和图 7-8 所示。

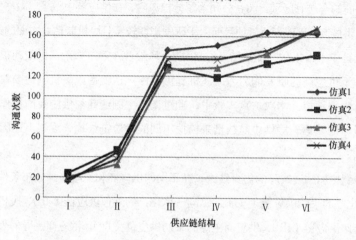

图 7-7　风险沟通次数

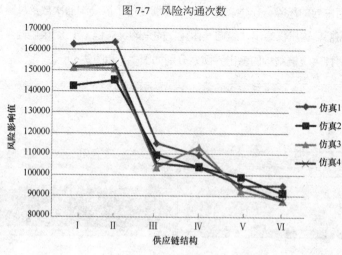

图 7-8　风险影响值

仿真结果表明：在整个供应链的项目生命周期中风险一直存在，不能完全化为零，这符合风险管理中允许可接受风险存在的一般原则。《供应链的脆弱性》（*Supply Chain Vulnerability*）研究报告指出，供应链中有成百上千的企业参与，并扩展为许多层次，含有大量风险（Wagner，Bode，2006）。上述结果在一定程度上支持这个观点。通过四次仿真结果发现，在民机制造商在力量格局中处于劣势状态（Ⅳ、Ⅴ、Ⅵ的供应链结构）的情况下，沟通次数略高于处于优势状态（Ⅲ、Ⅱ、Ⅰ的供应链结构）的情况，且其风险影响值由于沟通次数的增多而降低。这个结论在某种程度上也验证了民机制造商的"主制造商—供应商"模式的选择是合理的。在供应商主导状态下，民机制造商会积极地与供应商进行沟通，解决风险，而当制造商主导状态下，供应商出于对自身保护意识和沟通成本的考虑，更加慎重地对待风险沟通。因此在密切的合作伙伴关系下，供应商主导的"主制造商—供应商"模式也可为企业带来益处。

7.5 仿真二：风险合作对制造商的影响

风险合作的合作伙伴关系由于能够节省成本、缩短生命周期，受到了多个产业的青睐。本次仿真以风险合作关系为例，当民机制造商处于劣势的力量格局时，通过改变第一层供应商的数量，观察供应链中风险合作的合作关系数量与风险沟通次数，重点测量风险影响值的变化及第一层供应商数量对民机制造商所承担的风险的影响。取第一层供应商数量为奇数时，进行了30次仿真实验，其制造商承担的风险数量随第一层供应商数量的变化和风险影响值随第一层供应商数量的变化如图7-9与图7-10所示。

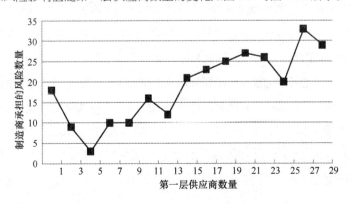

图7-9 制造商承担的风险数量变化图

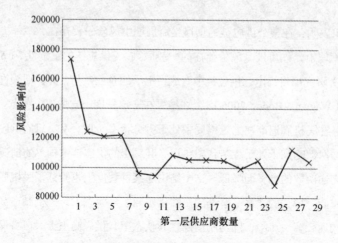

图 7-10　风险影响值变化图

通过实验，当第一层供应商数量为 x 时，整条供应链中风险合作伙伴关系数量至少有 x 个。当 $x=1$ 时，制造商承担的风险有 18 个，风险影响值为 173367。这个实验可以用来说明风险合作关系下的民机制造商与供应商的风险合作链。以大飞机项目中的制造商与发动机供应商的风险合作为例，由于供应商处于主导地位，制造商所承担的风险较多，其风险影响值也颇高。实验结果表明随着风险合作关系数量的增加，尽管制造商所承担的风险数量逐渐增多，风险影响值却出现稳步降低，在达到一定程度后趋于稳定。风险合作数量从 1 至 9 变化时，承担的风险只增加了 8 单位，风险影响值降低了 77213 单位，而风险合作数量在 9~29 个的增长过程中，民机制造商所承担的风险，最大增到 33 单位，但是其风险影响并没有显著变化，且这是在制造商和供应商对所有的风险请求都采取积极应对措施的情况下所得到的结果。在现实的民机项目供应链中，由于民机制造商的精力有限，很难对所有的风险沟通请求做出有效的回应，以达到风险沟通最优。尽管民机制造商的供应链中风险合作关系较多时，承担的风险数量越多，然而通过在供应链中的有效风险沟通，可以在一定程度上降低风险影响。

此外，通过风险管理力度对风险绩效影响的实验发现，随着供应链中企业风险控制能力的提高，供应链环境中存在的风险很快得到控制，使得风险控制能力的提高对风险影响的优势越来越不明显，且过于频繁的风险控制对风险影响值减少的幅度并不显著，这与已有的研究结果相吻合（Dickson，1966）。因此实际中供应链的风险管理是考虑风险控制循环间隔和风险控制投入成本等多个条件的平衡，以达到整个供应链最优的项目风险控制策略。

7.6 仿真三：风险管理力度

由于风险管理实践过程中需要一定的成本和资源，风险管理有时需要根据具体情况采取不同的风险管理过程、方法及策略，以达到风险成本和收益的平衡。其中，风险控制力度（循环次数）和识别能力（视线范围）一直是一个十分重要且难以解决的问题（张亚莉，郭琳，杨朝君，2014；张亚莉，杨朝君，2009）。本次仿真在节省成本的同时达到风险控制效果的目标，关注在一个供应链生命周期内，最佳的风险控制循环次数及最佳的风险识别能力。本仿真试验中 test-cycles 说明风险控制活动的循环周期，即 test-cycles=7 的时候供应商每隔 7 个时间单位，执行一次风险管理程序，range-of-visibility 说明供应商的风险识别能力，即 range-of-visibility=7 的时候供应商可以识别到以自己为中心、半径为 7 的圆形区域内的风险。test-cycles 越小，说明风险管理执行次数越多，range-of-visibility 越大，说明风险识别能力越强。

本次仿真实验中通过调整风险控制循环周期（test-cycles，t-c）和风险识别能力（range-of-visibility，r-v）来观察不同风险管理力度下的风险影响值。30 次仿真结果见表 7-3。

表 7-3 风险管理力度 30 次仿真结果汇总

[循环周期,识别能力]	风险影响值	[循环周期,识别能力]	风险影响值
[1,1]	195873	[10,1]	180816
[1,3]	109642	[10,3]	116969
[1,5]	80746	[10,5]	104479
[1,7]	76926	[10,7]	98180
[1,9]	73694	[10,9]	98419
[3,1]	166029	[15,1]	194425
[3,3]	101470	[15,3]	125838
[3,5]	88905	[15,5]	114531
[3,7]	81931	[15,7]	107643
[3,9]	83105	[15,9]	111519
[5,1]	168294	[20,1]	205229
[5,3]	101616	[20,3]	130857
[5,5]	88732	[20,5]	121534
[5,7]	84403	[20,7]	113040
[5,9]	88621	[20,9]	117127

根据表 7-3 得到的风险影响值分布图如图 7-11 所示。

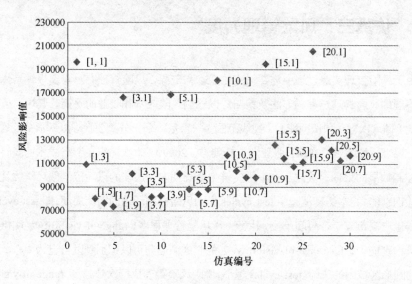

图 7-11　30 次仿真风险影响值分布图

为了便于观察和分析，根据表 7-3 得到的风险影响值得到折线图如图 7-12 所示。

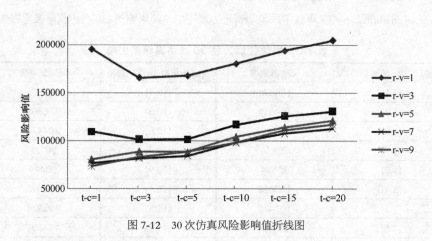

图 7-12　30 次仿真风险影响值折线图

仿真结果分析及讨论：

（1）从图 7-11 观察到 30 次仿真实验中 test-cycle=1、range-of-visibility=9 的时候风险影响值达到最小值 73694，test-cycle=20、range-of-visibility=1 的时候风险影响值达到最大值 205229。从图 7-12 中可以看到，随着风险控制周期的增加，由于受到风险识别能力的影响，出现了部分波动情况，但是风险影响值还是呈现逐渐增加的趋势。而风险识别能力的增加与风险影响值成反比。当风险识别能力只有 1 的时候，供应商只能识别与自己密切相关的、自身周围环境的变化，而当供应商的风险识别能力提高时供应商不仅具备对自身内部环境变化的判断意识，还会对外部环境变化及整条供应链的环境变化做出反应，并根据自身的经验及知识识别出供应链中潜在的风险。

（2）从图 7-12 中可以看到，同样的风险控制循环周期下，风险识别能力的提高降低的风险影响值有很大的区别。以 test-cycles=5 为例，当 range-of-visibility=1 的时候风险影响值是 168294；当 range-of-visibility=3 时，风险影响值是 101616；降低了 66678 个单位，但是当 range-of-visibility=9 时，风险影响值是 88621。与风险控制能力 3 相比，虽然风险控制能力提高了 6 单位，但是风险影响值才降低了 12995 单位，这是由于随着风险控制能力的提高，供应链环境中存在的风险很快得到控制，因此风险控制能力的提高对风险影响的优势越来越不明显。

（3）图 7-12 中，在同样的风险识别能力下，随着 test-cycles 的提高，即风险控制次数的减少，风险影响值逐渐增加，但是其增加幅度并不大，这说明过于频繁的风险控制对风险影响值减少的幅度并不显著，个别情况下受风险识别能力的影响反而低于控制循环周期较长时的影响值，这也说明提高风险识别能力比增加风险管理次数对降低风险影响值的效果要显著。因此在上述 30 次仿真实验中，test-cycles=5、range-of-visibility=3 可能是一个时间和成本节约下的最优控制策略。

7.7 小结

民机供应链是一个多风险高关联的复杂自适应系统（张亚莉，2010）。从原材料的生产到产品的制造销售等一系列过程，都有多个企业参与，它们之间是共生关系，彼此利益相关、荣辱共存。基于民机制造的特点，在民机供应链运行过程中运用跨组织的项目管理方法是非常有效的，它既可以解决单个企业由于资源限制无法进行技术研发的问题，还能够促进跨组织的知识共享，进而降低企业间的技术研发成本和管理成本（汤建影，黄瑞华，2004）。基于本仿真研究结果，提出以下管理建议：

1. 提高供应链中项目合作伙伴关系的关系强度

仿真一的结果表明，供应商主导的供应链中，风险管理绩效并没有低于民机制造商主导的供应链。这是因为仿真实验假设所有的供应商以整条供应链的利益最大化为目标，积极地参与风险沟通，应对风险。但在实际供应链中很难满足上述条件，若有供应商采取消极的态度，反而对民机制造商造成更大的风险。因此，供应商主导的供应链中民机制造商应通过建立信任及交流机制加强与供应商的关系强度。

2. 控制风险合作供应商的数量

仿真二的结果表明风险合作关系的增多会给民机制造商带来更多的风险，若民机制造商没有足够的精力去控制风险，会使整条供应链面临更大的风险，所以民机制造商需根据部件的属性、供应依赖程度以及合作所带来的风险及利润潜力等因素，建立适当规模的项目合作伙伴关系。

3. 制定处理突发风险的应急方案

本章构建的仿真不涉及不能预见的风险。但是由于供应链合作伙伴关系的影响因素众多，风险的形成原因复杂，供应链内易发生一些突发事件，因此必须对突发风险有充分的准备。供应链中的所有企业可以建立应急事件小组或指定突发事件的负责人，平时加强各个突发事件小组之间的沟通，一旦风险发生，便及时采取应急措施，将损失控制在最小范围之内。

第 8 章 结 论

项目风险管理一直都是项目管理中十分重要的研究领域。项目管理过程中的不确定性、模糊性以及复杂性等因素也促使管理者重新反思自身的项目风险管理。虽然项目风险管理的重要性不言而喻，但是，与国外对项目风险的研究和实际应用情况相比，国内学术界和实际项目的风险管理现状却难以令人满意。很多人认为没有实施风险管理的项目也照样能按照预期完成。实际上，在这些忽视风险的项目中经常出现的成本超支、计划变更、质量缩水等现象被项目成功的表面现象掩盖起来。另外，在那些采用风险管理的项目中，不同的项目管理理论和方法、众多的控制技术也让管理者无所适从，再加上目前相关研究太关注局部而缺乏整体的系统化，管理者难以选择到适合自身的风险管理过程及方法，从而造成了实际项目风险管理中的困境。

由于目前普遍基于单纯数学解析的风险模型并不能很好地解决项目风险管理中的风险知识复用与共享等非线性问题，因此本书从知识的角度，利用建模理论中的模式、本体及智能体仿真等方法和技术来研究项目风险知识的复用、共享和沟通，主要包括基于知识的风险管理模式、过程、风险模型，以及不同条件对项目风险的知识交换、风险管理绩效的影响。

本书在对不同领域风险管理思想深入分析的基础上，求同存异，力图把现有的项目风险管理理论方法及管理过程纳入一个整体的集成框架中，从而对上述问题在系统的层次上给出一个新的观察角度和解决途径。主要创新点有：

1. 提出了一种项目风险研究的集成化框架

针对目前涉及不同领域的项目在风险沟通、协调中出现的混乱问题，本书从不同领域分析了风险概念的共性和差异化特征，给出了一个由模型域、数据域、技术域与过程域构成的集成化研究框架。主要的研究结论有：

（1）风险的认知和评估与特定领域的知识背景及个体经验相关，对于涉及多个专业

知识视角下的项目风险集成管理：框架、模式与仿真

领域的项目风险管理来讲，风险的测量和认知不仅仅是一个损失大小和发生可能性的简单评估，而是一个多维度的测量。

（2）通过分析风险概念的哲学含义，得出对风险的管理不仅需要关注评估问题，更应关注沟通问题。了解关于风险的本质及其不同的哲学观点所导致的认识差异，有助于人们建立对风险的全面认识。

（3）提出了项目风险管理的研究应该从数据域、模型域、技术域和过程域四个相互联系的方面来进行，其中，数据域侧重"软风险"的研究；模型域采用可扩展的分层模型来解决由于风险概念的领域化差异而导致的沟通问题；技术域关注项目内和项目之间的风险关系的研究；过程域对现有众多的风险管理理论方法进行综合比较，找出它们的异同、优缺点及适用范围等。

2. 提炼出一些基于知识复用的风险管理模式

针对当前大多数项目团队忽视对风险相关知识的提炼、积累和复用而造成的管理成本增加等问题，本书利用模式分析的方法抽取有效的风险管理的一般化过程、方法或管理程序，并通过对其进行重组设计出适宜项目自身特点的管理模式。主要的研究结论如下：

（1）项目风险及其管理可看作一种特殊的知识，利用模式方法能够提炼某些基本的风险管理模式，这些模式描述了可重复使用的风险知识，并且通过规范统一的风险用语来解决风险沟通障碍。

（2）提炼出了适用于项目风险管理的几种基本模式，其中包括风险的被动解决模式、主动计划模式、持续过程模式、项目组合模式、团队协作模式及利益相关者沟通模式，并利用模式语言分析了每一种风险模式的目标、适用性、结构与过程等。

（3）以一个装备项目为例，说明了风险主动计划模式、持续过程模式以及利益相关者沟通模式的组合和复用的具体过程。

3. 提出了基于知识的项目风险模型和管理过程

为了解决由于不同项目、行业的风险知识存在的语义差异而造成的风险沟通障碍，从知识的角度研究了风险知识的沟通和共享问题。主要研究结论如下：

（1）项目的风险管理在一定程度上可以看作对风险相关知识的管理，并且造成项目风险的因素包括知识缺乏、知识误用、知识管理及知识不确定性等几个方面。

（2）在现有的风险管理过程的基础上，提出了基于知识的项目风险管理过程，通过

与组织学习和知识管理系统的有效集成，可以实现项目风险管理过程的持续改进。

（3）建立了一个分层的风险本体模型，可以在一定程度上实现风险知识在不同组织、团队及利益相关者之间的语义共享，改善风险沟通的效果。

（4）在风险本体模型的基础上，构建了项目风险知识管理的辅助系统，以实现风险知识的复用、沟通和共享。

4. 构建了基于利益相关者知识的 ABMS 的项目风险仿真模型

针对项目风险中的不确性和复杂性问题，在风险的主动计划、持续过程及利益相关者沟通模式的基础上，借助知识网络和智能体技术建立了一个项目风险的仿真模型。该模型将已知风险集合、利益相关者的风险知识分布以及不同的风险计划作为输入，可以输出最优的控制次数、风险计划组合以及不同条件下风险影响的具体量化结果。具体包括：

（1）从项目知识的分配、交换以及利益相关者沟通角度研究一个适当的项目风险管理力度（即采取项目风险管理循环的次数），得出风险效果的好坏与控制循环次数之间并不存在简单的线性关系。

（2）分析了不同类型的项目风险计划对项目风险绩效的影响，对 SR 计划和 SK 计划的不同组合而言，改善项目风险绩效的优劣次序是：两者都制订、仅制订 SK 计划、两者都不制订、仅制订 SR 计划。

（3）考察了人员流失对项目风险的影响。通过人员在不同时期流失对项目风险影响的数据对比，得出风险影响的增加量与流失时刻之间并不存在简单的线性关系。

（4）对比了在少风险、低关联项目与多风险、高关联的复杂项目之间风险管理的不同作用；针对多风险、高关联的情况，指出应对风险的首要工作应从项目所涉及的系统或技术本身角度来更多地了解风险。

此外，本研究在项目利益相关者信任和项目供应链合作伙伴关系两个典型情境下进一步扩展了 ABMS 项目风险仿真模型，同时探索了不同项目中信任和合作关系对项目风险的影响。

除了本书研究的问题外，还有很多问题需要进一步的研究和探索，例如：

（1）基于可复用风险管理模式的辅助支持系统的研究。

（2）项目风险知识管理与组织知识管理的集成研究。

（3）考虑不同利益相关者角色、个体偏好及不同资源约束等条件的仿真模型的研究。

附　　录

附录 A　基于利益相关者知识的项目风险仿真代码

;; 全局变量说明

;; ticks 时刻

;; knowledge-number 项目团队拥有的知识数量；

;; team-collaborate 团队协作指数，影响利益相关者主动发起沟通的可能性（提高交互的积极性）

;; team-risk-policy 团队风险政策，影响利益相关者风险工作的主动性；没有 SR 计划时，主动承担风险的概率

;; knowledge-all-connected? 是否全连接，即每个知识至少属于一个利益相关者，或任一个知识至少被一个利益相关者拥有

```
globals
[
    ticks
    deadline
    team-knowledges
    risks-xy
    planned-risks
    leave-ticks
    knowledge-exchanged-count
    risk-effect
    risk-manage-count
    project-lost
```

]

;;利益相关者拥有的知识;利益相关者的状态：项目工作（project work:0），风险工作（risk work:1）

  turtles-own [knowledges state]

  breed [stakeholders stakeholder]

  ;;风险计划中利益相关者要负责的风险

  stakeholders-own [assigned-risks risk-list]

  ;; rknowledge 风险需要的知识

  ;; rstate 风险的状态：发生否？ 已发生？ 识别否？ 控制否？ 结束否？

  ;; id 风险编号

  ;; xy 风险所在坐标

  ;; risk-manager 风险管理者

  ;; probability 可能性

  ;; consequence 后果

  patches-own

  [

    id

    rknowledges

    rstate

    probability

    consequence

    manager

    current-consequence

  ]

  to setup

```
ca
set ticks 0
set team-knowledges []
set risks-xy []
set planned-risks []
ask patches
[
  set pcolor white
]

;; 创建和初始化利益相关者
initiate-stakeholders
;; 对知识的分布进行初始化
initiate-knowledges-distribution
;; 创建和初始化风险
initiate-risks
;; 随机设置风险的可能性和后果
setup-risks
;; 决定是否随机生成风险计划
initiate-risks-plan
  set deadline 5000
  set risk-effect 0
end


;; 创建和初始化利益相关者
to initiate-stakeholders
  set-default-shape stakeholders "person"
  create-custom-stakeholders stakeholder-number
  [
    set color black
```

```
    ;;set size 1.5
    ;; set label-color blue-2
    set xy random-xcor random-ycor
    ;;利益相关者的初始状态是从事项目工作
    set state 0
    set assigned-risks []
    set risk-list []
  ]
end


to initiate-knowledges-distribution
  ;; 1. 每个利益相关者平均拥有的知识为：knowledge-number/stakeholder-number
  ;; 根据设置的知识数量生成全部知识
  set team-knowledges n-values knowledge-number [?]
  ask stakeholders
  [
    set knowledges []
  ]

  ;; 如果设置的知识为全连接，则为每个知识随机指派一个利益相关者
  ;; 这种情况下，每个知识最初仅由一个利益相关者拥有，即考虑知识的特殊性
  ifelse knowledge-all-connected?
  [
    for each team-knowledges
    [ ask one-of stakeholders
      [
        set knowledges lput ("k" + ?) knowledges
      ]
    ]
  ]
```

知识视角下的项目风险集成管理：框架、模式与仿真

```
    [ ;; 如果知识不为全连接，则把集合中与任何利益相关者都不相关的孤立知识随机
分配给某个利益相关者
      ;; 这种情况下，每个知识既可能不被任何利益相关者拥有，也可能同时被多个利
益相关者拥有
        ask stakeholders
        [ let current-knowledge 0
          repeat knowledge-number
          [ if (random stakeholder-number ) = 0
              [ set knowledges lput ("k" + current-knowledge) knowledges ]
             set current-knowledge current-knowledge + 1
          ]
        ]
    ]
end


to initiate-risks
    ;;根据风险个数，随机选择位置坐标并生成编号
    let i 0
    repeat risk-number
    [ let p []
       ask one-of patches with [pcolor != grey]
       [
          ;;生成风险
          set pcolor grey
          set p lput pxcor p
          set p lput pycor p
          set risks-xy   lput p risks-xy
          set id i
          set rknowledges []
          set rstate "nohappen"
```

```
      ]
      set i i + 1
   ]
end


to setup-risks
   ask patches with [pcolor = grey]
   [ ;; 为每个风险随机制定可能发生的概率和可能的后果
     ;;1,3,5,7,9  数值越大代表越可能
     ;;1,2,3      数值越大代表越严重
     set probability ((random 5) + 0.5 ) * 2
     set consequence (random 3) + 1
   ]
end


to initiate-risks-plan
   set planned-risks []
   ;; 把风险登记到风险计划中去
   register-risks
   ;; 生成 RK 计划
   risk-knowledge-plan
   ;; 风险计划是采取风险-利益相关者的矩阵形式（职责分配）
   if stakeholder-risk-plan?
      [ risk-stakeholder-plan ]
end


to register-risks
   ask patches with [pcolor = grey]
   [ set planned-risks lput id planned-risks ]
end
```

;; 风险计划的必要组成部分：职责分配矩阵 [一个风险仅由一个利益相关者负责；一个利益相关者负责 0、1 或多个风险]

```
to risk-stakeholder-plan
   ask patches with [pcolor != white]
   [ let current-risk id
      let current-who who-of one-of stakeholders
      set manager current-who
      ask stakeholder current-who [
         set assigned-risks lput current-risk assigned-risks
      ]
   ]
end
```

;; 风险计划的可选部分：风险知识分析矩阵

;; [有的风险可能不需要任何知识（任何利益相关者都可以直接控制它），也有可能有些风险需要某些相同的知识]

```
to risk-knowledge-plan
   ask patches with [pcolor != white]
   [   set rknowledges []
       let current-knowledge 0
       repeat knowledge-number
       [ if (random risk-number ) = 0
          [ set rknowledges lput ("k" + current-knowledge) rknowledges ]
         set current-knowledge current-knowledge + 1
       ]
   ]
end
```

to go

;; 项目风险状态的随机变化（根据冯氏距离计算风险间关系的相互影响），同时考虑随着项目的不断进行，风险发生概率的递减。

;; 随着时间的演进，风险的可能发生概率将衰减

```
risks-attenuation
ask stakeholders [move]
;;ifelse ticks = 430 [turnover][] ;;如果进行 430 号利益相关者流失仿真，取消本行注释
if (ticks mod risk-cycles ) = 0  ;;风险评估时间点
[
    ;; 新的风险出现
    new-risks-happen
    risks-evolution
    set risk-manage-count risk-manage-count + 1
    ask stakeholders [ do-risk-works ]


]


do-plot
set ticks ticks + 1
```

;; 利益相关者的随机移动代表其通常的项目工作

;; 随机决定利益相关者的风险工作（在每个循环中，利益相关者只能从事一个风险工作，要么是识别，要么是控制，要么是跟踪等）

;; 这由一个可调参数（risk-focus）控制，即项目风险管理的重点是风险的哪个过程：识别、控制、跟踪

```
set leave-ticks deadline - ticks
if ticks = deadline [ stop ]
end

to risks-attenuation
ask patches with [pcolor != white]
```

```
    [ ;; 为每个风险随机制定可能发生的概率和可能的后果
      ;; 1,3,5,7,9 数值越大代表越可能
      set probability precision (probability * ((deadline - ticks ) / deadline) * 0.8) 2
    ]
end


to new-risks-happen
  ask patches with [pcolor = grey ]
  [
     if   rstate = "nohappen" or rstate = "closed"
     [
        if ( random 10 ) < probability    ;; 风险发生了
          [ set current-consequence consequence
            set pcolor color-by-consequence current-consequence
            set rstate "happened"
            set probability probability * 0.9
          ]
     ]
  ]
end


to risks-evolution
  ask patches with [pcolor != white and pcolor != grey]
  [ ;;判断每个风险的临域中风险及其所在单元格其他风险的后果之和
    ;;除以其个数
    ;;求出平均后果值. 注意：需要把未发生的风险（颜色为灰的）排除在外
    ;;如果外部风险的平均后果值大于当前风险
    ;;则以一定的概率调高当前风险后果的严重程度。
    let neighbor-sum sum values-from neighbors4 with
        [pcolor != white and pcolor != grey ] [current-consequence ]
```

```
        let neighbor-count count neighbors4 with [pcolor != white and pcolor != grey ]
        if neighbor-count > 0
        [ if (neighbor-sum / neighbor-count) > current-consequence  ;;外部环境相对恶化
           [ if random 1.0 < risk-interdependent
              [ ifelse current-consequence = 3
                  [ ;;当风险为严重（红色）时，进一步恶化的话
                    ;;将在其他未发生风险中随机选择出一个风险，令其发生
                    ask one-of patches with [pcolor = grey]   [
                       set current-consequence consequence
                       set pcolor color-by-consequence current-consequence
                       set rstate "happened"
                       set probability probability * 0.9 ]
                  ]
                  [ set current-consequence current-consequence + 1
                    set pcolor color-by-consequence current-consequence
                  ]
              ]
           ]
        ]
end


to do-risk-works
    ;; 风险测量
    remeasure-risks
    ;; 风险识别
    identify-risks
    ;; 风险排序
    rank-risks
```

```
    ;; 风险控制
    control-risks
end

to remeasure-risks
    ;; risk-list 中的风险"121"最后一位代表其当前后果，前面为风险的编号
    ;; 更新风险列表中风险的后果
    let temp-list []
    foreach risk-list
    [
        ;;风险编号
        let rid but-last ?
        ;;风险位置
        let rpth item read-from-string rid risks-xy
        ;;风险当前后果
        let cc current-consequence-of patch item 0 rpth item 1 rpth
        set temp-list lput ("" + rid + cc) temp-list
    ]
    set risk-list temp-list
end


to move
    rt random-float 50 - random-float 50
    fd 1
end


to append-risklist [stake-who risk-patch]
    ifelse stakeholder stake-who = nobody []
    [ask stakeholder stake-who [
        set risk-list lput ("" + id-of risk-patch + current-consequence-of risk-patch) risk-list
```

```
      ask risk-patch [set rstate "inlist"]
  ]]
end


to identify-risks
   ;;所在位置是否有风险刚刚发生
   let p patch-here
   let cc current-consequence-of p
   let rk rknowledges-of p
   if (rstate-of p ="happened" and current-consequence-of p != 0)
     [ ifelse stakeholder-risk-plan?
       [ let pm manager-of p
           ifelse pm = who-of self   [ append-risklist pm p ]
            [ ;;风险沟通 是否考虑沟通成功的概率,成功则加入相关利益相关者的风险队列

              ifelse (random 1.0) < team-collaborate
              [ append-risklist pm p ]
              [ ] ;;发现了由于团队协作差,而不主动告诉计划中的利益相关者

            ]
       ]
       [ ;;没有 SR 计划
         ifelse stakeholder-knowledge-plan?
         [
            ifelse (random 1.0) < team-collaborate
             [ ;;根据 SK 和 RK 选择一个最胜任的利益相关者,通过沟通入其队列
              append-risklist who-of max-one-of stakeholders
                  [ ratio-have-knows knowledges rk] p
             ] [ ];;发现了却不主动告诉最合适的利益相关者

         ]
         [ ;;判断自己是否有相关知识
```

```
                ifelse (ratio-have-knows knowledges rk) > 0
                [  ifelse random 1.0 < team-risk-policy
                    [ append-risklist who-of self p ]    ;;入风险队列
                    [];; 有些知识但由于不积极导致放弃
                ]  [];;无任何相关风险知识且不知道该通知谁，故放弃
                ]
            ]
        ]
    end


to rank-risks    ;;对风险按照后果严重程度排序
    set risk-list sort-by [   last ?1 > last ?2 ] risk-list
    set risk-list remove-duplicates risk-list
    ;;从队列中删除后果已变为 0 的风险
    set risk-list filter [last ? != "0"] risk-list
end
to change-risk-manager [ oldstake newstake risk-patch ]
    if newstake != nobody
    [ ask newstake [ set assigned-risks lput id-of risk-patch assigned-risks ]
      ask oldstake [ set assigned-risks remove id-of risk-patch assigned-risks]
      ask risk-patch [ set manager who-of newstake    ]
    ]
end


to-report get-missing-knowledge   [sknows rknows]
    let mk []
    foreach rknows   [ ifelse member? ? sknows [][ set mk lput ? mk]]
    report mk
end
```

```
to control-risks
    ;; 取出第一风险进行控制
    ifelse empty? risk-list []
    [
        let fr first risk-list
        let rid but-last fr
        let cc last fr
        ;; 得到当前风险所需的知识
        let rpth item read-from-string rid risks-xy
        let p patch item 0 rpth item 1 rpth
        let rk rknowledges-of p
        let ratio ratio-have-knows knowledges rk
        if ratio = 1    ;;拥有的知识是否足够处理该风险
          [ reduce-risk p ]
        if ratio > 0 and ratio < 1
          [ ifelse stakeholder-knowledge-plan?
            [ ifelse random 1.0 < team-collaborate
              [ ;;与具有其他相关知识的利益相关者沟通，交换知识
                ;;交换的成功概率取决于 knowledge-transfer-efficiency
                ;;得到对于该风险所欠缺的知识
                ifelse random 1.0 < knowledge-transfer-efficiency
                [ let temphave knowledges-of self
                  let temp-missing get-missing-knowledge temphave rk
                  let tempp max-one-of stakeholders
                     [ratio-have-knows knowledges (temp-missing)]
                  let getk one-of modes sentence temp-missing knowledges- of tempp
                  set knowledges lput getk knowledges
                  set knowledge-exchanged-count knowledge-exchanged-count + 1
                ][];;获取知识失败
              ]
```

```
        [ ;;根据知识拥有率进行风险的概率性控制 [是否考虑随机的知识沟通]
            if (random 100) / 100 < (ratio-have-knows knowledges rk)
                [ reduce-risk p ]
        ]
    ]
        [ ;;根据知识拥有率进行风险的概率性控制[是否考虑随机的知识沟通]
            if (random 100) / 100 < (ratio-have-knows knowledges rk)
                [ reduce-risk p ]
        ]
    ]
    if ratio = 0
[;;放弃该风险，从当前队列删除之，风险状态由 inlist 变为 happened
    set risk-list but-first risk-list
    ask p [ set rstate "happened" ]
    ifelse stakeholder-risk-plan? [
        ;;修改计划
    ifelse stakeholder-knowledge-plan? [
        ifelse random 1.0 < team-collaborate [
            ;;选择一个最合适的利益相关者作为风险负责人
            change-risk-manager self max-one-of stakeholders
                [ratio-have-knows knowledges rk] p
        ]
        [ ;;选择一个具有知识的其他利益相关者作为风险负责人 [考虑是否存在记忆效应]
            change-risk-manager self one-of stakeholders with
                [ who != who-of self and (ratio-have-knows knowledges rk) != 0] p
        ]
    ]
        [ ;;选择一个具有知识的其他利益相关者作为风险负责人 [考虑是否存在记忆效应]
```

```
              change-risk-manager self one-of stakeholders with
                    [ who != who-of self and (ratio-have-knows knowledges rk) != 0] p
              ]
            ]
        [ ;;无 SR 计划
          ifelse stakeholder-knowledge-plan? [
            ifelse random 1.0 < team-collaborate [
                ;;选择一个最合适的利益相关者作为风险负责人
                change-risk-manager self max-one-of stakeholders
                    [ratio-have-knows knowledges rk] p
            ]
            [ ;;选择一个具有知识的其他利益相关者作为风险负责人 [考虑是否存在记忆效应]

              change-risk-manager self one-of stakeholders with
                  [ who != who-of self and (ratio-have-knows knowledges rk) != 0] p
              ]
            ]


          [ ;;选择一个其他利益相关者作为风险负责人 [考虑是否存在记忆效应]
            change-risk-manager self one-of stakeholders with
                [ who != who-of self ] p
          ]
        ]
      ]
    ]
end

to reduce-risk [risk-patch]
  ask risk-patch [
    if current-consequence != 0
```

```
        [ set current-consequence current-consequence - 1]
      set pcolor color-by-consequence current-consequence
      ifelse current-consequence = 0
         [ set rstate "closed"]
         [ set rstate "controlled"]
    ]
  end


  to-report ratio-have-knows [ sknows rknows ]
    let cnt 0
    ifelse length rknows = 0
    [ report 1]
    [
       foreach sknows
       [ if member? ? rknows [ set cnt cnt + 1]
       ]
       report precision (cnt / length rknows) 2
    ]
  end


  to-report color-by-consequence [ conseq ]
      if conseq = 3 [ report red ]
      if conseq = 2 [ report yellow ]
      if conseq = 1 [ report green ]
      if conseq = 0 [ report grey ]
  end


  to do-plot
    set-current-plot "不同类型风险的个数"
    set-current-plot-pen "严重风险"
```

plot count patches with [pcolor = red]

set-current-plot-pen "中度风险"

plot count patches with [pcolor = yellow]

set-current-plot-pen "可接受风险"

plot count patches with [pcolor = green]

set-current-plot "团队风险知识交换的累积次数"

set-current-plot-pen "total"

plot knowledge-exchanged-count

set-current-plot "风险对项目的影响"

set-current-plot-pen "risk-effect"

let v count patches with

    [pcolor = red] * 3 +

    count patches with [pcolor = yellow] * 2 +

    count patches with [pcolor = green]

plot v

set risk-effect risk-effect + v

end

to turnover

ask stakeholder 12 [die]

ask patches with [id = 5][set manager 11]

ask patches with [id = 19][set manager 11]

ask stakeholder 11 [set assigned-risks lput 5 assigned-risks]

ask stakeholder 11 [set assigned-risks lput 19 assigned-risks]

end

附录 B 基于利益相关者信任的项目风险仿真代码

```
;;全局变量：
globals
[
    deadline
    risks-xy
    knowledge-exchanged-count
    risk-effect
    friendships-list
    link-number
    risk-list
    total-confirm
    average-confirm
]

;;项目利益相关者变量
turtles-own
[
    knowledges
    state
    own-confirm-list
    own-risk-number
    current-risk
    vision-risks
    already-choose-risk-list
]
```

;;风险变量

patches-own

[

  id rknowledges

  rknowledges-number

  rknowledges-now

  rstate

  rstate-label

  probability

  consequence

  have-knowledge

  current-consequence

]

;;项目风险环境初始化模块:

to initiate-risks

  let i 1

  repeat risk-number

  [let p []

    ask one-of patches with [pcolor != grey]

     [set pcolor grey

      set p lput pxcor p

      set p lput pycor p

      …

      set rknowledges []

      set rstate "nohappen"

      repeat (random max-risk-knowledge-number) + 1

        [let ed random stakeholder-number

         set rknowledges lput ed rknowledges

         set rknowledges-now lput ed rknowledges-now

```
                    ]
                ]
            set i i + 1
            ]
    end




    to   go
        while [ticks <= deadline]
        [
            new-risks-happen          ;;风险发生生成模块
            if ( ticks mod    test-cycles ) = 0
                    [identify-risks     ;;利益相关者识别风险模块
                        select-risk       ;;利益相关者风险负责落实模块
                    ]
            control-risk       ;;利益相关者控制风险模块
            tick
        ]
    end


;;风险按照风险发生循环时间依次发生
to new-risks-happen
        if ( ticks mod risk-happen-cycle ) = 0
                [ if any? patches with [rstate = "nohappen"]
                    [ask one-of patches with [ rstate = "nohappen" ]
                        [ let cc id
                            set current-consequence consequence
                            set pcolor color-by-consequence current-consequence
                            set rstate "happen"
                            set rstate-label "happen"
```

```
                    set risk-list lput cc risk-list
                ]
            ]
            ]
end

;;利益相关者识别风险模块
to identify-risks
    foreach sort stakeholders
    [ask ?
        [let d3 who
            foreach sort ( patches   with [ rstate = "happen" ]) in-radius range-of-visibility
            [ask ?
                [ let rid id
                    ask stakeholder d3
                    [set vision-risks lput rid vision-risks
                        set already-choose-risk-list   lput rid already-choose-risk-list
                    ]
                ]
            ]
        ]
    ]
end

;利益相关者控制风险模块
to control-risk
  foreach sort stakeholders
    [ask ?
      [if move?
        [if state = 0
```

```
      [ ] ;;此处空语句的含义为利益相关者从事项目工作
   ]
   if state = 1
     [ if ticks  mod test-cycles = 0
         [let stake-control-id who
           let own-confirm own-confirm-list
           let knowledges-id knowledges
           let eeee current-risk
           let eeee2 have-knowledge
           ask  patches with [ id = eeee ]
             [ let eeee1[]
               foreach have-knowledge
                 [ let i item 1 ?
                   set eeee1 lput i eeee1
                 ]
               ;;利益相关者利用自己的知识控制风险模块
               if member? knowledges-id rknowledges-now
                 [ifelse member? knowledges-id eeee1
                   [ foreach eeee2
                     [ let m item 1 ?
                       if knowledges-id = m
                         [ set have-knowledge remove ? have-knowledge
                          set have-knowledge lput list 1 knowledges-id have-knowledge
                          set rknowledges-now remove knowledges-id rknowledges-now
                         ]
                     ]
                   ]
                   [ let ppp[]
                     set ppp lput 1 ppp
                     set ppp lput knowledges-id ppp
```

```
                    set have-knowledge lput ppp have-knowledge
                    set rknowledges-now remove knowledges-id rknowledges-now
                ]
            ]
        ]
;;利益相关者利用信任网络控制风险模块
ifelse empty? own-confirm-list
    []
    [ let eeee3 [have-knowledge] of one-of patches with [ id = eeee]
        let eeee5[]
        foreach eeee3
        [ let vv item 1 ?
            set eeee5 lput vv eeee5
        ]
        foreach own-confirm-list
            [ let judge ?
                let own-confirm-value item 0 judge
                let own-confirm-stake item 1 judge
                if   own-confirm-value >= confirm-value
                [ let knowledges-new-confirm [knowledges] of stakeholder own-confirm-stake if member? knowledges-new-confirm [rknowledges-now] of one-of patches with [id = eeee]
                    [ ifelse member? knowledges-new-confirm eeee5
                        [ foreach eeee3
                            [ let vv1 item 0 ?
                                let vv2 item 1 ?
                                if vv2 = knowledges-new-confirm
                                [ let vv3 vv1 + own-confirm-value
                                    ifelse vv3 >= 1
                                        [ask one-of patches with [ id =
```

eeee]

[set have-knowledge remove list vv1 vv2 have-knowledge

set have-knowledge lput list 1 vv2 have-knowledge
set rknowledges-now remove vv2 rknowledges-now
set knowledge-exchanged-count knowledge-exchanged-count + 1
]
]
[ask one-of patches with [id = eeee]

[set have-knowledge remove list vv1 vv2 have-knowledge
set have-knowledge lput list vv3 vv2 have-knowledge
set knowledge-exchanged-count knowledge-exchanged-count + 1
]
]
]
]
[let ppp2[]
set ppp2 lput own-confirm-value ppp2
set ppp2 lput knowledges-new-confirm ppp2
ask patches with [id = eeee]
[set have-knowledge lput ppp2 have-knowledge
set knowledge-exchanged-count knowledge-exchanged-count + 1
]
]
]
]
]
]

```
            ]
          ]
          ]
          ]

end


to select-risk
    ifelse choose-risk?
      [delete-non-do-risks
        foreach risk-list
          [ let i ?
              if [rstate] of (one-of patches with [ id = i ]) = "happen"
                [ ifelse any? stakeholders with [ member? i already-choose- risk-list ]
                  [ ask one-of stakeholders with [member? i already-choose-risk-list]
                    [   set current-risk i
                        let eee3 current-risk
                        set state 1
                        move-to one-of patches   with [id = eee3]
                    ]
                  ]
                ]
          ]
      ] ;;利益相关者选择的风险，风险所需知识与利益相关者的知识符合


      [ foreach risk-list
          [ let i ?
              if [rstate] of ( one-of patches with [id = i] )= "happen"
                [ ifelse any? stakeholders with [ member? i vision-risks ]
                  [ ask one-of stakeholders with [member? i vision-risks]
```

```
                    [set current-risk i
                      let eee3 current-risk
                      set state 1
                      move-to one-of patches   with [id = eee3]
                    ]
                  ]
                ]
              ]
            ]   ;;利益相关者选择的风险，风险所需知识与利益相关者的知识可能不符合
end


to do-plot
  plot count patches with [ pcolor = red ] ;;做严重风险个数图
  plot count patches with [ pcolor = yellow ] ;;做中级风险的个数图
  plot count patches with [ pcolor = green ] ;;做初级风险的个数图
  plot count patches with [ rstate = "closed" ] ;;做已经关闭的风险的个数图
  plot   knowledge-exchanged-count    ;;做知识交换次数图
  ask patches with [ rstate-label = "happen"]
    [  let m 0
         foreach have-knowledge
         [ let compute ?
             let compute1 item 0 compute
             set m compute1 + m
         ]  ;;计算风险现有的 have-knowledge 中各知识的比例之和
       set risk-effect precision   ((1 - (m / rknowledges-number ))* consequence + risk-effect) 1
    ]
  plot risk-effect ;;做风险影响量化图
  end
```

附录 C 项目中供应链合作伙伴关系风险仿真代码

;;初始化例程：

```
to setup
ca
set deadline 3000
set risks-xy[]
…
end
```

;;初始化供应商：

```
to intiate-suppliers
set-default-shape suppliers "person"
create-suppliers supplier-number
    [set color black
      setxy random-xcor random-ycor
      …
    ]
end
```

;;初始化供应商所拥有的资源：

```
to initiate-resource-distribution
    set resource-list n-values 5 [?]
    ask suppliers
     [repeat supplier-number
          [set resources lput random supplier-number resources]
      set resources remove-duplicates resources
     ]
```

end

;;初始化合作伙伴关系：

```
to intiate-partnerships
    let j 0
    set tier-two-number supplier-number - tier-one-supplier-number
    let limite-number    (int tier-two-number - 1) / tier-one-supplier-number
    repeat    tier-one-supplier-number
          [ask supplier 0
                [create-partnership-from one-of other suppliers with [not member? who [up-supplier] of supplier 0]
                        [set no j
                          set confirm precision ((random 10) / 10 + 0.1) 1
                          set partnership-from [who] of end1
                          set partnership-to [who] of end2
                          let p-part partnership partnership-from partnership-to

                          set choose-probability 0
                          set j j + 1
                          ask supplier partnership-from [set down-supplier 0
                          set partnership-list lput (j - 1) partnership-list    ]
                          ask supplier  0   [set up-supplier lput item 0 [partnership-from] of partnerships with [no = j - 1] up-supplier
                          set partnership-list lput (j - 1) partnership-list]
                        ]
                ]
                let end1no item 0 [partnership-from] of partnerships with [no = j - 1]
                set tier-one-supplier-list lput end1no tier-one-supplier-list
          ]
    foreach sort suppliers with [who != 0 and   not member? who tier-one- supplier-list    ]
```

......
　　layout-radial suppliers partnerships (supplier 0)
　　intiate-partner-list
　　risk-supplier-plan
end

;;初始化风险:
to initiate-risks
　　let i 0
　　repeat risk-number
　　[let p []
　　　　ask one-of patches with [pcolor != grey]
　　　　[set pcolor grey
　　　　　...
　　　　]
　　　　set　i i + 1
　　]
end

;;指定风险负责供应商:
to risk-supplier-plan
　　　let p []
　　　foreach sort tier-one-supplier-list
　　　　　[set p lput ? p]
　　　foreach sort tier-two-supplier-list
　　　　　[set p lput ? p]
　　　ask patches with [pcolor != white]
　　　　　[let c-risk id
　　　　　　　let c-who one-of p
　　　　　　　set manager c-who

```
            ask supplier c-who [set assigned-risks lput c-risk assigned-risks]
        ]
end


;;执行例程:
to go
  ifelse test-sup?
    [ intiate-partnerships
      initiate-main
    ]
    []
  risk-attenuation
  while [ticks <= deadline ]
      [ask suppliers [move]
        if ticks mod test-cycles = 0
          [new-risks-happen
            ask suppliers [do-risk-works]
            set risk-manage-count risk-manage-count + 1
          ]
        tick
        do-plot
      ]
  stop
end


;;风险可能性的减少:
to risk-attenuation
  ask patches with [pcolor != white]
      [set probability precision (probability * ((deadline - ticks) / deadline) * 0.8 ) 2 ]
end
```

;;新的风险显现：

to new-risks-happen

   ask patches with [pcolor = grey]

      [if rstate ="nohappen" or rstate = "closed"

         [if (random 10) < probability ;risk　happened

          [set current-consequence consequence

            set pcolor color-by-consequence current-consequence

            set rstate "happen"

            set probability probability * 0.9

          ]

         ]

      ]

end

;;风险控制活动：

to do-risk-works

   remeasure-risks

   identify risks

   select-risks

   control-risks

end

;;识别风险：

to identify-risks

   let supplier-id who

   foreach sort patches with [rstate = "happen" and current-consequence != 0] in-radius range-of-visibility

     [ask ?

        [let r-id id

```
            let cc current-consequence
            let r-manager manager
                ifelse (ratio-ability [resources] of supplier supplier-id need-resources ) > 0
                    [ask supplier supplier-id [set risk-list lput list r-id cc risk-list
                                                set rstate "inlist"
                                              ]
                    ]
                    []
                ]
            ]
end


;;风险评估：
to select-risks
    rank-risks who
    ifelse empty? risk-list
        [set current-risk nobody]
        [let manager-id who
          set fr first risk-list
          set current-risk item 0 fr
        ]
end


;;风险控制：
to control-risks
    let m-id who
    let down-sup [down-supplier] of supplier m-id
    if (current-risk != nobody)
    [let r-id current-risk
     let rpth item current-risk risks-xy
```

```
let p patch item 0 rpth item 1 rpth
let need-r [need-resources] of p
set ability ratio-ability    resources [need-resources] of p
if ability = 1
    [reduce-risk p ]
if ability > 0 and ability < 1
    [ ifelse random 1.0 < team-collaborate
            [let temp-have [resources] of self
            let temp-missing get-missing-resource    temp-have need-r
            let    p-l check-partnerships m-id
            let check "nofind"
            let i 0
             while [check = "nofind" and    not empty? p-l    ]
                        [
                        let a first p-l
                        set i hope-communicate-with m-id a temp-missing
                        ifelse i != 0
                            [set check "find"
                            ]
                            [set p-l remove a p-l]
                        ]
            ifelse check = "find"
                [set communicate-count communicate-count + 1
                set resources lput i resources
                ]
                [
                    if (random 100) / 100 < ratio-ability resources need-r
                        [reduce-risk p]
                    set risk-list but-first risk-list
                    ifelse m-id != 0 and [down-supplier] of supplier m-id !=
```

nobody

[change-manager self supplier down-sup　p　]

[]

]

]

[if (random 100) / 100 < ratio-ability resources need-r

[reduce-risk p]

]

]

　　if ability = 0

　　　　[set risk-list but-first risk-list

　　　　　　ifelse m-id != 0 and [down-supplier] of supplier m-id != nobody

[change-manager self supplier down-sup　p　]

[]

]

]

　end

;;风险控制能力：

to-report ratio-ability [supplier-r need-r]

　　let cnt 0

　　ifelse (length need-r = 0)

　　[report 1]

　　[

　　　　foreach supplier-r [

　　　　　　if member? ? need-r

　　　　　　　　[set cnt cnt + 1]

　　　　]

　　　　report precision (cnt / length need-r) 2

        ]
end

;;请求方评估合作伙伴关系：

to-report check-partnerships [m-id]

  let temp-list []

  ask supplier m-id

[foreach sort partnership-list

   [let i ?

    ask partnerships with [no = i]

     [ifelse confirm > confirm-limitation

      [set choose-probability　 0]

     [　set choose-probability confirm

       ...

      ]

     ]

    set partnership-list sort-by [item 0 [choose-probability] of partnerships with [no = ?1] > item 0 [choose-probability] of partnerships with [no = ?2]] partnership-list

    set temp-list partnership-list

  ]

  report temp-list

]
end

;;接收方评估自身能力及风险沟通成本：

to-report hope-communicate-with [m-id p temp-missing]

   let partner nobody

   let effect 0

   ask supplier m-id

    [ask partnerships with [no = p]

```
                        [set partner other-end]
                    ]
                ask partner
    [ let my-id who

                        set ability ratio-ability    resources temp-missing

                        ifelse (ability > 0)

                            [ask partnerships with [no = p]
                                [if (p-patten = 0 and partnership-to = m-id ) or (p-patten = 1
and partnership-from = m-id)
                    [ask partner [set effect-weight 0]
                    ]
                            set effect effect-weight
            ]
                ]
ifelse random 5 < effect; chengben < fengxiandailaide yingxiang
                        [ let getr one-of modes (sentence temp-missing [resources] of
partner)
                            report getr
                        ]
                ]
                        [report 0]
    end

    ;;风险线图的绘制：
    to do-plot
        set-current-plot "different-kinds-risk-number"
        set-current-plot-pen "high-risks"
```

plot count patches with [pcolor = red]

...

let v count patches with [pcolor = red] * 3 + count patches with [pcolor = yellow] * 2 + count patches with [pcolor = green]

plot v

set risk-effect risk-effect + v

end

参考文献

AALTONEN K, JAAKKO K, TUOMAS O, 2008. Stakeholder salience in global projects[J]. International Journal of Project Management, 26（5）: 509-516.

ALHAWARI S, KARADSHEH L, TALET A N, et al, 2012. Knowledge-based risk management framework for information technology project[J]. International Journal of Information Management, 32（1）: 50-65.

ALISTAIR C, 1997. Project risk reduction patterns[EB/OL]. [2018-11-20]. http://www.riehle.org/community-service/hillside-group/europlop-1997/p22final.pdf.

ARMSTRONG M, 2006. A Handbook of Human Resource Management Practice [M]. 7th ed. London: Kogan Page.

ARTHUR W B, 1997. The economy as an evolving complex system [M]. Boca Raton: CRC Press.

ARTZNER P, DELBAEN F, EBER J M, et al, 1999. Coherent Measures of Risk [J]. Mathematical Finance, 9（3）: 203-228.

BALACHANDRA R, BROCKHOFF K K, PEARSON A W, 1996. R&D project termination decisions: processes, communication, and personnel changes[J]. Journal of Product Innovation Management, 13（3）: 245-256.

BARRON F H, WINTERFELDT D V, FISCHER G W, 1984. Empirical and theoretical relationships between value and utility functions[J]. Acta Psychologica, 56（1-3）: 233-244.

BIRD J, HAAS L, MEHTA L, 2005. "Rights, Risks and Responsibilities" Approach to Implementing Stakeholder Participation[EB/OL]. [2018-11-20]. http://citeseerx.ist.psu.edu/viewdoc/download?doi=10.1.1.117.7272&rep=rep1&type=pdf.

BLAU G, BOAL K, 1989. Using job involvement and organizational commitment interactively to predict turnover[J]. Journal of management, 15（1）: 115-127.

BOATENG P, CHEN Z, OGUNLANA S O, 2015. An Analytical Network Process model for risks prioritisation in megaprojects[J]. International Journal of Project Management, 33（8）: 1795-1811.

BOEHM B W, 1991. Software Risk Management: Principles and Practices[J]. IEEE Software, 8（1）: 32-41.

BOOCH G, RUMBAUGH J, JACOBSON I, 2001. UML 用户指南[M]. 邵维忠, 张文娟, 孟祥文, 译. 北京: 机械工业出版社.

BOSCH-REKVELDT M, JONGKIND Y, MOOI H, et al, 2011. Grasping project complexity in large engineering projects: The TOE (Technical, Organizational and Environmental) framework[J]. International Journal of Project Management, 29 (6): 728-739.

BRIDGES E, JOHNSTON H H, SAGER J K, 2007. Using model-based expectations to predict voluntary turnover[J]. International Journal of Research in Marketing, 24 (1): 65-76.

BROOKS F P, 2007. 人月神话[M]. 李琦, 注释. 北京: 人民邮电出版社.

BROWN T, BEYELER W, BARTON D, 2004. Assessing infrastructure interdependencies: the challenge of risk analysis for complex adaptive systems[J]. International Journal of Critical Infrastructures, 1 (1): 108-117.

BROWNING T R, DEYST J J, EPPINGER S D, et al, 2002. Adding value in product development by creating information and reducing risk[J]. IEEE Transactions on engineering management, 49 (4): 443-458.

BRUN W, 1994. Risk perception: Main issues, approaches and findings[M]//WRIGHT G, AYTON P. Subjective probability. New York: John Wiley & Sons.

CHAPMAN C, WARD S, 2003. 项目风险管理: 过程、技术和洞察力[M]. 李兆玉, 等译. 北京: 电子工业出版社.

CHARETTE R N, 1996. Large-Scale Project Management Is Risk Management[J]. Software IEEE, 13 (4): 110-117.

CHEN C C, NAKAYAMA M, SHOU Y, et al, 2018. Increasing Project Success in China from the Perspectives of Project Risk, Methodology, Tool Use, and Organizational Support[J]. International Journal of Information Technology Project Management, 8 (1): 35-54.

CIANCARINI P, OMICINI A, ZAMBONELLI F, 1999. Multiagent system engineering: The coordination viewpoint[EB/OL]. [2018-12-05]. https://pdfs.semanticscholar.org/d30e/0602d8666d3d3183793393edd49d850bd5d1.pdf.

CICMIL S, WILLIAMS T, THOMAS J, et al, 2006. Rethinking project management: researching the actuality of projects[J]. International Journal of Project Management, 24 (8): 675-686.

CIOPPA T M, LUCAS T W, SANCHEZ S M, 2004. Military applications of agent-based simulations[EB/OL]. [2018-12-05]. https://core.ac.uk/download/pdf/36727922.pdf.

COLEMAN L, CASSELMAN R M, 2004. What You Don't Know Can Hurt You: Towards an integrated theory of knowledge and corporate risk[R]. Melbourne: The University of Melbourne.

COOKE-DAVIES T, 2002. The "real" success factors on projects[J]. International Journal of Project Management, 20 (3): 185-190.

COOPER L P, 2003. Assessing risk from a stakeholder perspective[C]//IEEE. the Aerospace Conference 2003 Proceedings, New York: IEEE.

CORREL T, 1993. Regulating Toxic Substances: A Philosophy of Science and the Law[M]. Oxford: Oxford

University Press.

COX A, SANDERSON J, WATSON G, 2000. Power Regimes: Mapping the DNA of Business and Supply Chain Relationships[M]. Warwickshire: Earlsgate Press.

CURIEL P, WILLIAMS E, 2005. Active Risk Manager Implementation[Z]. NASA, Stennis Space Center.

DAL F A, MERLONE U, 2004. Personnel turnover in organizations: an agent-based simulation model[J]. Nonlinear Dynamics Psychology & Life Sciences, 8 (2): 205-230.

DEMBO R S, 1998. Marking-to-Future: A Consistent Firm-Wide Paradigm for Measuring Risk and Return[J]. Risk Management and Analysis, (1): 225-236.

Department of Defense, 2006. Risk management guide for DOD acquisition[EB/OL]. [2018-12-05]. https://courses.apopennetwork.com/courses/474/files/9727/download?wrap=1.

DEY P K, TABUCANON M T, OGUNLANA S O, 1996. Hierarchical approach to project planning: The case of a petroleum pipeline construction[J]. Applied Mathematical Modelling, 20 (9): 683-698.

DICKSON G W, 1966. An Analysis Of Vendor Selection Systems And Decisions[J]. Journal of Purchasing, 2 (15): 1377-1382.

DIETRICH J, ELGAR C, 2005. A Formal Description of Design Patterns Using OWL[EB/OL]. [2018-12-05]. http://doi.ieeecomputersociety.org/10.1109/ASWEC.2005.6.

DIXON D S, REYNOLDS W N, 2003. The BASP Agent-Based Modeling Framework: Applications, Scenarios and Lessons Learned[EB/OL]. [2018-12-05]. https://ieeexplore.ieee.org/abstract/document/1174225.

DIXON N M, 2002. 共有知识：企业知识共享的方法与案例[M]. 王书贵, 沈群红, 译. 北京：人民邮电出版社.

DOROFEE A J, WALKER J A, ALBERTS C J, et al, 1996. Continuous Risk Management Guidebook[EB/OL]. [2018-12-12]. http://www.acqnotes.com/Attachments/Continuous%20Risk%20Management%20Guidebook.pdf.

DOUGLAS M, ARON W, 1982. Risk and Culture[M]. Oak/and: University of California Press.

DREW C H, GRACE D A, SILBERNAGEL S M, et al, 2003. Nuclear waste transportation: case studies of identifying stakeholder risk information needs[J]. Environmental Health Perspectives, 111 (3): 263-272.

DUNCAN W, 1996. A guide to the project management body of knowledge[M]. Upper Darby, PA: PMI Communications.

DVIR D, LIPOVETSKY S, SHENHAR A, et al, 1998. In search of project classification: a non-universal approach to project success factors[J]. Research policy, 27 (9): 915-935.

EISENHARDT K M, TABRIZI B N, 1995. Accelerating Adaptive Processes: Product Innovation in the Global Computer Industry[J]. Administrative Science Quarterly, 40 (1): 84-110.

ERIKSSON H E, PENKER M, 1998. Business Modeling With UML: Business Patterns at Work[M]. Hoboken: John Wiley & Sons, Inc.

参考文献

FALBO R D A, 2004. Experiences in Using a Method for Building Domain Ontologies[EB/OL]. [2018-12-05]. https://nemo.inf.ufes.br/wp-content/papercite-data/pdf/experiences_in_using_a_method_for_building_domain_ontologies_2004.pdf.

FOWLER M, 1997. Analysis Patterns: Reusable Object Models[M]. Rading MA: Addison-Wesley.

FOX J, BEVERIDGE M, GLASSPOOL D, 2003. Understanding intelligent agents: analysis and synthesis[J]. AI communications, 16 (3): 139-152.

FRANKEL D, 2002. Model Driven Architecture: Applying MDA to Enterprise Computing[M]. Hoboken: John Wiley & Sons, Inc.

FRIEDMAN M, SAVAGE L J, 1948. The Utility Analysis of Choices Involving Risk[J]. Journal of Political Economy, 56 (4): 279-304.

FYNES B, VOSS C, BÚRCA S D, 2005. The impact of supply chain relationship dynamics on manufacturing performance[J]. International Journal of Production Economics, 96 (3): 339-354.

GAMMA E, HELM R, JOHNSON R, et al, 1995. Design patterns: elements of reusable object-oriented software[M]. Boston: Addison-Wesley.

GARY H, 2000. A Practical Model for Risk Assessment and Prioritization[J]. ITAudit, 3: 1-1.

GLUCH D P, DOROFEE A J, HUBBARD E A, et al, 1996. A Collaboration in Implementing Team Risk Management[EB/OL]. [2018-11-20]. http://citeseerx.ist.psu.edu/viewdoc/download?doi=10.1.1.824.1258&rep=rep1&type=pdf.

GRAY R J, 2001. Organisational climate and project success[J]. International Journal of Project Management, 19 (2): 103-109.

GREGORIADES A, SUTCLIFFE A, SHIN J E, 2003. Assessing the reliability of socio-technical systems[J]. Systems engineering, 6 (3): 210-223.

Griffeth R, HOM P, 2002. Innovative theory and empirical research on employee turnover[M]. Greenwich CT: Information Age Publishing.

GRUBER T R, 1993. A translation approach to portable ontology specifications[J]. Knowledge Acquisition, 5 (2): 199-220.

HAIMES Y Y, 2001. Risk Analysis, Systems Analysis, and Covey's Seven Habits[J]. Risk Analysis, 21 (2): 217-224.

HAIMES Y Y, JIANG P, 2001. Leontief-Based Model of Risk in Complex Interconnected Infrastructures [J]. Journal of Infrastructure Systems, 7 (1): 1-12.

HARRISON E, 1987. the Uncertainty of Knowledge[EB/OL]. [2018-12-05]. http://www.classcoffee.com/tok/tok_docs/ways_of_knowing/the_uncertainty_of_knowledge.RTF.

Heller M 2002. Life-Cycle Infrastructure Risk Management: R&D Needs[EB/OL]. [2018-11-20]. https://pdfs.semanticscholar.org/8439/9153f7a4e39480eb5a767f33a148d851f11d.pdf.

HENNINGER S, ASHOKKUMAR P, 2005. Disseminating Usability Design Knowledge through Ontology-Based Pattern Languages[EB/OL]. [2018-12-05]. https://digitalcommons.unl.edu/cgi/viewcontent.cgi?article=1053&context=csetechreports.

HIGUERA R P, DOROFEE A J, WALKER J A, et al, 1994. Team Risk Management: A New Model for Customer-Supplier Relationships[EB/OL]. [2018-11-20]. https://resources.sei.cmu.edu/asset_files/SpecialReport/1994_003_001_16262.pdf.

HIGUERA R P, GLUCH D P, 1993. Risk Management and Quality in Software Development [EB/OL]. [2018-12-05]. http://sce.uhcl.edu/helm/BB-TestRiskMan/my_files/docs/RiskAndSoftwareQuality(1993)-higuera-gulch.pfg.

HIGUERA R P, GLUCH D P, DOROFEE A J, et al, 1994. An Introduction to Team Risk Management (Version 1.0) [EB/OL]. [2018-11-20]. http://citeseerx.ist.psu.edu/viedoc/download?doi=10.1.1.837.5190&rep=rep1&type=pdf.

HILLSON D A, 1997. Towards a risk maturity model[J]. The International Journal of Project & Business Risk Management, 1（1）: 35-45.

HOLLAND J H, 2000. 隐秩序：适应性造就复杂性[M]. 周晓牧，韩晖，译. 上海：上海科技教育出版社.

HOLZMANN V, SPIEGLER I, 2011. Developing risk breakdown structure for information technology organizations[J]. International Journal of Project Management, 29（5）: 537-546.

HOM P W, GRIFFETH R W, 1994. Employee Turnover[M]. Cincinnati, Ohio: South-Western College Pub.

HORNIG S, 1993. Reading risk: public response to print media accounts of technological risk[J]. Public Understanding of Science, 2（2）: 95-109.

IRIZAR J, WYNN M G, 2018. A new maturity model for project risk management in the automotive industry[J]. International Journal of Risk and Contingency Management, 7（3）: 53-72.

ISO 2010. ISO 12100: 2010 Safety of machinery-General principles for design-Risk assessment and risk reduction[EB/OL]. [2018-11-20]. https://www.iso.org/standard/51528.html.

JAMES P, 2001. 项目经理案头手册[M]. 王增东，等译. 北京：机械工业出版社.

JORION P, 2001. Value at Risk: The New Benchmark for Managing Financial Risk[M]. New York: McGraw-Hill Trade.

JOSLIN D, POOLE W, 2005. Agent-based simulation for software project planning[EB/OL]. [2018-12-05]. http://simulation.su/uploads/files/default/2005-joslin-poole.pdf.

JOY D S, 1989. Development and validation of a standardized measure of employee turnover risk[J]. Journal of Business and Psychology, 4（1）: 87-107.

JURIS U, 2018. Ontological Analysis of the Project Risk Management Concept "Risk"[J]. Economics and Business, 32（1）: 21-35.

KAPLAN S, GARRICK B J, 1981. On the Quantitative Definition of Risk[J]. Risk Analysis, 1(1): 11-27.

KARLSEN J T, 2002. Project Stakeholder Management[J]. Engineering Management Journal, 14(4): 19-24.

KEENEY R L, RAIFFA H, 1993. Decisions with multiple objectives: preferences and value trade-offs[M]. Cambridge: Cambridge university press.

KENDRICK T, 2015. Identifying and managing project risk: essential tools for failure-proofing your project[M]. 3rd ed. New York: Amacom.

KNIGHT F H, 1921. Risk, uncertainty, and profit[M]. New York: Hart, Schaffner and Marx.

KNOTTS G, DROR M, HARTMAN B C, 2000. Agent-based project scheduling[J]. IIE Transactions, 32(5), 387-401.

KWAK Y H, STODDARD J, 2004. Project risk management: lessons learned from software development environment[J]. Technovation, 24(11), 915-920.

LAAKSO M, TAKANEN A, Rning J, 1999. The Vulnerability Process: A Tiger Team Approach to Resolving Vulnerability Cases[C/OL]//[2018-11-20]. the Proceedings of the 11th FIRST Conference on Computer Security Incident Handling and Response. https://pdfs.semanticscholar.org/3fb4/8667e9259fd9c78454e95830690f01fd044e.pdf.

LIU S, 2016. How the user liaison's understanding of development processes moderates the effects of user-related and project management risks on IT project performance[J]. Information & Management, 53(1): 122-134.

LO A W, 1999. The Three P's of Total Risk Management (Digest Summary)[J]. Financial Analysts Journal, 55(1): 13-26.

LUCE R D, WEBER E U, 1986. An axiomatic theory of conjoint, expected risk[J]. Journal of Mathematical Psychology, 30(2): 188-205.

LUDWIG A, MÖHRING R H, STORK F, 2001. A Computational Study on Bounding the Makespan Distribution in Stochastic Project Networks[J]. Annals of Operations Research, 102(1-4): 49-64.

LUHMANN N, 2017. Risk: a sociological theory[M]. Oxford: Routledge.

MACAL C, 2004. Emergent structures from trust relationships in supply chains[EB/OL]. [2018-12-12]. https:digital.library.unt.edu/ark:/67531/metadc901709/m2/1/high_res_d/939907.pdf.

MACAL C, NORTH M, 2003. Effects of global information availability in networks of supply chain agents[EB/OL]. [2018-12-05]. https://publications.anl.gov/anlpubs/2004/11/51409.pdf.

MACAL C M, NORTH M J, 2010. Tutorial on agent-based modelling and simulation[J]. Journal of simulation, 4(3): 151-162.

MACBETH D K, FERGUSON N, 1994. Partnership sourcing: an integrated supply chain approach[M]. Londan: Financial-Times-management.

MCFARLAN F W, 1981. Portfolio approach to information-systems[J]. Harvard business review, 59（5）: 142-150.

MELLERS B A, CHANG S J, 1994. Representations of Risk Judgments[J]. Organizational Behavior & Human Decision Processes, 57（2）: 167-184.

MINATO T, ASHLEY D B, 1998. Data-Driven Analysis of "Corporate Risk" Using Historical Cost-Control Data[J]. Journal of Construction Engineering & Management, 124（1）: 42-47.

MOBLEY W H, GRIFFETH R W, HAND H H, et al, 1979. Review and conceptual analysis of the employee turnover process[J]. Psychological bulletin, 86（3）: 493.

MOHR J, SPEKMAN R, 1994. Characteristics of Partnership Success: Partnership Attributes, Communication Behavior, and Conflict Resolution Techniques[J]. Strategic Management Journal, 15（2）: 135-152.

MORGAN M G, HENRION M, 1990. Uncertainty: A Guide to Dealing with Uncertainty in Quantitative Risk and Policy Analysis[M]. New York: Cambridge University Press.

MORGAN R M, HUNT S D, 1994. The commitment-trust theory of relationship marketing[J]. Journal of Marketing, 58（3）: 20-38.

NA, K-S, SIMPSON J T, LI X, et al, 2007. Software development risk and project performance measurement: Evidence in Korea[J]. Journal of Systems and Software, 80（4）: 596-605.

NAING M M, LIM E P, HOE-LIAN D G, 2002. Ontology-based Web Annotation Framework for HyperLink Structures [EB/OL]. [2018-12-05]. https://dr.ntu.edu.sg/bitstream/handle/10220/6184/2002-ontology- daswis.pdf?sequence=1&isAllowed=y.

National Research Council, 2005. Owner's Role In Project Risk Management[M]. Washington, D. C.: National Academies Press.

NOGUEIRA J C, RAZ T, 2006. Structure and flexibility of project teams under turbulent environments: an application of agent-based simulation[J]. Project Management Journal, 37（2）: 5-10.

NONAKA I, TAKEUCHI H, 1995. The Knowledge-Creating Company: How Japanese Companies Create the Dynamics of Innovation. New York: Oxford University Press.

NOOR I B, MARTIN R, GUPTA R P, 2004. The Communications Pipeline-Instrumentation, Diagnosis, Measure and Maintenance[EB/OL]. [2018-12-05]. https://www.pmi.org/learning/library/communications-pipeline-instrumentation-diagnosis-measures-maintenance-8421.

NRCAN, 2001. Integrated Risk Management Framework[EB/OL]. [2018-11-20] http://www.tbs-sct.gc.ca/pol/doc-eng.aspx?id=12254&section=html.

OLECHOWSKI A, OEHMEN J, SEERING W, et al, 2016. The professionalization of risk management: What role can the ISO 31000 risk management principles play?[J]. International Journal of Project Management, 34（8）: 1568-1578.

PARKER S K, SKITMORE M, 2005. Project management turnover: causes and effects on project performance[J]. International Journal of Project Management, 23（3）: 205-214.

PAVLAK A, 2004. Modern Tiger Teams: Team Management Lessons From Space Shuttle Columbia. [EB/OL]. [2018-11-20]. http://www.pavlak.net/MTT.pdf.

PAVLAK A, 2005. Project troubleshooting: Tiger teams for reactive risk management[J]. IEEE Engineering Management Review, 33（1）: 36-36.

PENDER S, 2001. Managing incomplete knowledge: Why risk management is not sufficient[J]. International Journal of Project Management, 19（2）: 79-87.

PENNOCK M J, HAIMES Y Y, 2002. Principles and guidelines for project risk management[J]. Systems engineering, 5（2）: 89-108.

PICH M T, LOCH C H, MEYER A D, 2002. On Uncertainty, Ambiguity, and Complexity in Project Management[J]. Management Science, 48（8）: 1008-1023.

PLOUGH A, KRIMSKY S, 1987. The Emergence of Risk Communication Studies: Social and Political Context[J]. Science Technology & Human Values, 12（3/4）: 4-10.

PMI, 2004. A Guide to the Project Management Body of Knowledge[M]. Delaware County, Pennsylvania: Project Management Institute.

PRITSKER A A B, 1966. GERT: Graphical evaluation and review technique[M]. Santa Monica, CA: Rand Corporation.

QAZI A, QUIGLEY J, DICKSON A, et al, 2016. Project Complexity and Risk Management (ProCRiM): Towards modelling project complexity driven risk paths in construction projects[J]. International Journal of Project Management, 34（7）: 1183-1198.

RAYNER S, CANTOR R, 1987. How Fair Is Safe Enough? The Cultural Approach to Societal Technology Choice[J]. Risk Analysis, 7（1）: 3-9.

REED A H, ANGOLIA M, 2018. Risk Management Usage and Impact on Information Systems Project Success[J]. International Journal of Information Technology Project Management, 9（2）: 1-19.

REICH B H, GEMINO A, SAUER C, 2014. How knowledge management impacts performance in projects: An empirical study[J]. International Journal of Project Management, 32（4）: 590-602.

REN H, 1994. Risk lifecycle and risk relationships on construction projects[J]. International Journal of Project Management, 12（2）: 68-74.

REN Z, ANUMBA C J, HASSAN T M, et al, 2006. Collaborative project planning: A case study of seismic risk analysis using an e-engineering hub[J]. Computers in industry, 57（3）: 218-230.

ROBERT T, 1996. An Overview of Project Risk Management[EB/OL]. [2018-11-20]. http://www.cix.co.uk/~rtusler/project/riskprin.html.

ROBIN A, PREEDY D, CAMPBEL D, et al, 2002. Microsoft Solutions Framework-MSF Risk Management

Disciplinev1.1[EB/OL][2018-12-05]. https://www.researchgate.net/publication/236735948_Microsoft_Solutions_Framework_Risk_Management_Discipline.

RODRIGUEZ E, EDWARDS J S, 2014. Knowledge Management in Support of Enterprise Risk Management[J]. International Journal of Knowledge Management, 10（2）: 43-61.

RONALD N G, DEBORAH G M, RACHELLE D H, 1991. Knowledge, Values and Technological Decisions: A Decision Theoretic Approach[M]//Anon. Acceptable Evidence: Science and Values in Risk Management. New York: Oxford University Press.

ROSA E A, 2003. The logical structure of the social amplification of risk framework（SARF）: Metatheoretical foundations and policy implications[M]. Cambridge: Cambridge University Press.

ROSENBERG L, HAMMER T, GALLO A, 1999. Continuous risk management at NASA[EB/OL]. [2018-12-05]. https://ntrs.nasa.gov/search.jsp?R=19990064616.

SAGE A P, ARMSTRONG J E, 2000. Introduction to Systems Engineering[M]. New York: Wiley.

SANDMAN P M, 1988. Risk Communication: Facing Public Outrage[J]. Management Communication Quarterly: 2（2）, 235-238.

SCHRADER S, RIGGS W M, SMITH R P, 1993. Choice over uncertainty and ambiguity in technical problem solving[J]. Journal of Engineering & Technology Management, 10（1-2）: 73-99.

SCHREIBER C, CARLEY K, 2004. Key personnel: Identification and assessment of turnover risk[EB/OL]. [2018-12-05]. https://www.researchgate.net/profile/Kathleen_Carley/publication/228856499_Key_personnel_Identification_and_assessment_of_turnover_risk_links/00b7d517d66cda6964000000.pdf.

SCOTT B, 2003. The Role of Risk Analysis in Project Portfolio Management[EB/OL]. [2018-11-20]. https://www.cio.com/article/2441974/risk-management/the-role-of-risk-analysis-in-project-portfolio-management.html.

SCOTT J, 2002. Management retention in the NHS[J]. Journal of Management in Medicine, 16（4）: 292-302.

US Department of Health and Human Services, 2001. Food safety and security: Operational risk management systems approach[EB/OL]. [2018-11-20]. https://seafood.oregonstate.edu/sites/agscid7/files/snic/food-safety-and-security-orm-systems-approach2001-fda.pdf.

SHENHAR A J, DVIR D, 1996. Toward a typological theory of project management[J]. Research policy, 25（4）: 607-632.

SHORT J F, 1984. The Social Fabric at Risk: Toward the Social Transformation of Risk Analysis[J]. American Sociological Review, 49（6）: 711-725.

SHRADER-FRECHETTE K S, 1991. Risk and rationality: philosophical foundations for populist reforms[M]. Oakland: University of California Press.

SKELTON T M, THAMHAIN H J, 2006. A Stakeholder Approach to Minimizing Risks in Complex Projects[EB/OL]. [2018-12-05]. https://ieeexplore.ieee.org/abstract/document/4077630.

SMALL J, WALKER D, 2010. The emergent realities of project praxis in socially complex project environments[J]. International Journal of Managing Projects in Business, 3 (1): 147-156.

SMITH P G, GUY M M, 2002. Proactive Risk Management: Controlling Uncertainty in Product Development[M]. Oxford: Productivity Press.

SOMMER S C, LOCH C H, 2004. Selectionism and Learning in Projects with Complexity and Unforeseeable Uncertainty[J]. Management Science, 50 (10): 1334-1347.

SON J, ROJAS E M, 2010. Evolution of collaboration in temporary project teams: An agent-based modeling and simulation approach[J]. Journal of construction engineering and management, 137 (8): 619-628.

Stakeholder Management Corp, 2007. Steve Simpson Stakeholder Circle™ Methodology&Toolset. [EB/OL]. [2018-11-20]. https://mosaicprojects.com.au/Stakeholder_Circle.html.

STARR C, WHIPPLE C, 1980. Risks of risk decisions[J]. Science, 208 (4448): 1114-1119.

STARR C, WHIPPLE C, 1991. Acceptable Risk in Regulation: The Impact of Recent Court Decisions on Public Policy for Risk Management[M]//ZERVOS C et al. Risk Analysis. Boston: Springer.

TELLER J, KOCK A, GEMÜNDEN H G, 2014. Risk Management in Project Portfolios Is More Than Managing Project Risks: A Contingency Perspective on Risk Management[J]. Project Management Journal, 45 (4): 67-80.

THOMPSON P B, DEAN W, 1996. Competing Conceptions of Risk[J]. RISK: Health, Safety & Environment, 7 (4): 7.

THOMSETT R, 2003. 极限项目管理[M]. 方海萍, 魏青江, 译. 北京: 电子工业出版社.

TISUE S, WILENSKY U, 2004a. NetLogo: A simple environment for modeling complexity[EB/OL]. [2018-12-05]. http://profs.hut.ac.ir/~bashiri/files/netlogo.pdf.

TISUE S, WILENSKY U, 2004b. NetLogo: Design and implementation of a multi-agent modeling environment[EB/OL]. [2018-12-05]. http://www.ccl.sesp.northwestern.edu/papers/2013/netlogo-agent2004c.pdf.

TON Z, HUCKMAN R S, 2008. Managing the impact of employee turnover on performance: The role of process conformance[J]. Organization Science, 19 (1): 56-68.

TVERSKY A, KAHNEMAN D, 1989. Rational choice and the framing of decisions[J]. Journal of Business, 59 (4): S251-S278.

TZINER A, BIRATI A, 1996. Assessing employee turnover costs: A revised approach[J]. Human Resource Management Review, 6 (2): 113-122.

ULUSOY G, ÖZDAMAR L, 1996. A framework for an interactive project scheduling system under limited resources[J]. European Journal of Operational Research, 90 (2): 362-375.

USCHOLD M, GRÜNINGER M, 1996. Principles Ontologies: Methods and applications[J]. Knowledge Eng Rev, 1 (1): 93-155.

VERZUH E, 2005. Stakeholder management strategies: applying risk management to people[EB/OL].

[2018-12-05]. https://www.pmi.org/learning/library/stakeholder-management-strategies-applying-risk-management-7479.

Von NEUMANN J, MORGENSTERN O, 2007. Theory of games and economic behavior (commemorative edition)[M]. Princeton: Princeton university press.

WAGNER S M, BODE C, 2006. An empirical investigation into supply chain vulnerability[J]. Journal of purchasing and supply management, 12(6): 301-312.

WARD S, CHAPMAN C, 2003. Transforming project risk management into project uncertainty management[J]. International Journal of Project Management, 21(2): 97-105.

WEISSTEIN E W, 2003. von Neumann Neighborhood[EB/OL]. [2018-11-20]. http://mathworld.wolfram.com/vonNeumannNeighborhood.html.

WESTCOTT T, 2005. The risk of risk management[EB/OL]. [2018-12-04]. http://www.ccl.sesp.northwestern.edu/papers/2013/netlogo-agent2004c.pdf.

WILLIAMS C R, 1999. Reward contingency, unemployment, and functional turnover[J]. Human Resource Management Review, 9(4): 549-576.

WILLOWS R, REYNARD N, MEADOWCROFT I, et al, 2003. Climate adaptation: Risk, uncertainty and decision-making: UKCIP Technical Report (0954483006)[R/OL]. http://nora.nerc.ac.uk/id/eprint/2969/1/N002969CR.pdf.

WINDSCHITL P D, WELLS G L, 1996. Measuring psychological uncertainty: Verbal versus numeric methods[J]. Journal of Experimental Psychology Applied, 2(4): 343-364.

WOOLRIDGE R W, MCMANUS D J, Hale J E, 2007. Stakeholder Risk Assessment: An Outcome-Based Approach[J]. IEEE Software, 24(2): 36-45.

XIA N, ZOU P X W, GRIFFIN M A, et al, 2018. Towards integrating construction risk management and stakeholder management: A systematic literature review and future research agendas[J]. International Journal of Project Management, 36(5): 701-715.

YANG L-R, HUANG C-F, HSU T-J, 2014. Knowledge leadership to improve project and organizational performance[J]. International Journal of Project Management, 32(1): 40-53.

YET B, CONSTANTINOU A, FENTON N, et al, 2016. A Bayesian network framework for project cost, benefit and risk analysis with an agricultural development case study[J]. Expert Systems with Applications, 60: 141-155.

YUSUFF M N, 2006. Contemporary Approaches To Project Risk Management: Assessment & Recommendations[EB/OL][2018-11-20]. http://infosecwriters.com/text_resources/pdf/IS_Project_Risk_Mgmt.pdf.

ZHANG J-G, LÜ T-J, ZHAO Y-M, 2006. Study on Top-Down Estimation Method of Software Project Planning[J]. The journal of China Universities of posts and telecommunications, 13(2): 108-111.

ZHANG Y, 2016. Method of Selecting risk response strategies considering project risk interdependence

[J]. International Journal of Project Management, 34（5）: 819-830.

陈娟, 2008. 基于多层次模糊综合评判模型的跨国工程项目风险评估[J]. 统计与决策（5）: 168-170.

陈桂香, 黄宏伟, 尤建新, 2006. 对地铁项目全寿命周期风险管理的研究[J]. 地下空间与工程学报, 2（1）: 47-51.

陈艳彪, 李志刚, 黄建明, 等, 2004. 基于多智能体的坦克分队对抗仿真模型研究[J]. 系统仿真学报, 16（4）: 705-707.

程文渊, 许佳, 张慧, 等, 2017. 基于最佳实践的重大国防采办项目风险评估体系研究[J]. 科研管理, 38（3）: 153-160.

迟妍, 谭跃进, 2004. 基于多智能体的作战模拟仿真模型框架研究[J]. 计算机仿真, 21（4）: 13-15.

丁厚成, 万成略, 2004. 风险评价标准值初探[J]. 工业安全与环保, 30（10）: 45-47.

董正国, 王凭慧, 2012. 基于区间贝叶斯模型的科技项目风险决策[J]. 系统工程（8）: 123-126.

方德英, 2004. 信息系统工程风险及国家监理政策的适应性分析[J]. 科研管理, 25（4）: 83-87.

高妍方, 邓晓红, 崔晓青, 等, 2016. 建设项目风险决策与知识管理集成研究[J]. 工程管理学报, 30（4）: 121-125.

何清华, 杨德磊, 罗岚, 等, 2016. 基于贝叶斯网络的大型复杂工程项目群进度风险分析[J]. 软科学, 30（4）: 120-126.

何曙光, 齐二石, 李钢, 2003. A New Algorithm for Resource Constraint Project Scheduling Problem Based on Multi-Agent Systems[J]. 天津大学学报（英文版）, 9（4）: 348-352.

何涛, 赵国杰, 2011. 基于随机合作博弈模型的 PPP 项目风险分担[J]. 系统工程（4）: 88-92.

何旭东, 2018. 基于复杂性分析的大型工程项目主体行为风险管理研究[J]. 技术经济与管理研究（2）: 37-41.

胡书香, 莫俊文, 赵延龙, 2013. 基于贝叶斯网络的工程项目质量风险管理[J]. 兰州交通大学学报, 32（1）: 44-48.

胡勇, 贺晓娟, 黄嘉星, 等, 2010. 软件项目风险的神经网络预测模型[J]. 管理学报, 7（3）: 391.

花兴来, 刘庆华, 2002. 装备管理工程[M]. 北京: 国防工业出版社.

蒋国银, 胡斌, 王缓缓, 2009. 基于 Agent 和进化博弈的服务商动态联盟协同管理策略研究[J]. 中国管理科学, 17（2）: 86-92.

蒋天颖, 丰景春, 2009. 基于 BP 神经网络的工程项目知识管理风险预警研究[J]. 情报杂志, 28（12）: 48-51.

蒋卫平, 张谦, 乐云, 2011. 基于业主方视角的工程项目中信任的产生与影响[J]. 工程管理学报, 25（2）: 177-181.

李红权, 邹琳, 2009. 基于 Agent 的投资者情绪对于股市演化行为仿真研究[J]. 计算机工程与应用, 45（12）: 30-32.

李林, 刘志华, 章昆昌, 2013. 参与方地位非对称条件下 PPP 项目风险分配的博弈模型[J]. 系统工程理论与实践, 33（8）: 1940-1948.

李星梅, 王雅娴, 刘再领, 等, 2015. 考虑风险因素的可打断项目组合选择问题[J]. 中国管理科学（s1）: 297-300.

李忠民, 汤淑春, 李军, 等, 2005. 基于全寿命周期的武器装备采办风险识别研究[J]. 中国工程科学, 7（12）: 49-53.

刘伟, 杨绍斌, 游静, 2010. ERP项目的集成风险管理[J]. 华东经济管理, 24（7）: 96-98.

刘勇, 2011. 基于主制造商—供应商模式的大型客机供应商管理研究[D]. 南京: 南京航空航天大学.

吕建伟, 2002. 装备研制的风险管理方法探讨[J]. 系统工程与电子技术, 24（5）: 8-10.

彭本红, 谷晓芬, 周倩倩, 等, 2016. 基于SNA的服务型制造项目治理风险分析[J]. 管理评论, 28(2): 25-34.

任志涛, 武继科, 谷金雨, 2016. 基于系统动力学的PPP项目失败风险因素动态反馈分析[J]. 工程管理学报（4）: 51-56.

沈国柱, 2000. 武器装备全寿命周期的风险估计方法[J]. 科研管理, 21（1）: 26-46.

汤建影, 黄瑞华, 2004. 合作研发企业间知识共享的微观机制[J]. 科学管理研究, 22（6）: 71-75.

汤小平, 2009. 适应"主一供"新模式积极做好机体制造供应商[J]. 航空制造技术（2）: 64-65.

徐祎飞, 张亚莉, 姜香美, 2013. 基于TPB的民机供应链风险沟通影响因素分析[J]. 航空制造技术, 421（1/2）: 122-125.

严景宁, 刘庆文, 项昀, 2017. 基于利益相关者理论的水利PPP项目风险分担[J]. 技术经济与管理研究（11）: 3-7.

杨宝君, 2003. 国际工程项目风险管理应研究的几个问题[J]. 技术经济（12）: 47-48.

杨建平, 杜端甫, 1996. 重大工程项目风险管理中的综合集成方法[J]. 中国管理科学（4）: 24-28.

杨乃定, MIRUS R, 2002. 企业集成风险管理——企业风险管理发展新方向[J]. 工业工程与管理, 7(5): 1-5.

杨乃定, 姜继娇, 蔡建峰, 2003. 基于项目的企业集成风险管理框架研究[J]. 管理评论, 15(3): 40-43.

杨青, 刘志林, 单晨, 2017. 研发项目中重叠活动间沟通对返工风险的影响分析与优化[J]. 系统工程理论与实践, 37（9）: 2384-2393.

杨雪峰, 2005. 解读ISO16000系列标准[J]. 中国标准化（2）: 32-32.

苑诗松, 王静龙, 濮晓龙, 1998. 高等数理统计[M]. 北京: 高等教育出版社.

张传栋, 卢丙力, 2006. 基于全寿命周期的大型建设项目集成风险管理研究[J]. 港工技术（2）: 38-40.

张春勋, 黄琼思, 2009. 基于知识与过程集成的产品开发项目风险管理研究[J]. 科技管理研究, 29（3）: 290-293.

张俊光, 宋喜伟, 贾赛可, 等, 2015. 基于梯形模糊数的项目缓冲确定方法研究[J]. 管理工程学报, 29（2）: 223-228.

张亚莉, 2009. 项目组合条件下的风险管理模式研究[J]. 科技管理研究（5）: 508-510.

张亚莉，2010. 基于智能体的多风险高关联项目的仿真[J]. 计算机仿真，27（3）：166-169.

张亚莉，郭琳，杨朝君，2014. 基于干系人知识共享的多组织项目风险的仿真[J]. 工程管理学报（4）：98-102.

张亚莉，姜香美，鲁梦华，2014. 跨组织项目的合作伙伴关系风险仿真研究——以民机供应链为例[J]. 世界科技研究与发展（4）：426-431.

张亚莉，杨朝君，2006. 基于计划行为理论的项目风险沟通影响因素分析[J]. 软科学，20（3）：9-11.

张亚莉，杨朝君，2009. 项目风险管理循环控制力度的 ABMS 仿真[J]. 工业工程与管理，14（5）：98-102.

张亚莉，杨朝君，2015. 多组织研发项目风险管理的模式分析及知识复用研究[J]. 工程管理学报（3）：100-104.

张亚莉，杨乃定，2006. 知识管理视角下的项目风险管理过程与集成[J]. 工业工程与管理，11（6）：110-113.

张亚莉，杨乃定，杨朝君，2004. 项目的全寿命周期风险管理的研究[J]. 科学管理研究，22（2）：27-30.

张亚莉，杨乃定，杨朝君，2005a. 基于 Leontief 投入—产出模型的项目风险间关系的研究[J]. 管理评论，17（6）：35-38.

张亚莉，杨乃定，杨朝君，2005b. 一种项目风险问题的集成化研究框架[J]. 预测，24（5）：26-31.

张亚莉，张静文，2009. 一种基于知识复用的利益相关者风险沟通模式[J]. 科技管理研究（12）：393-395.

赵恒峰，邱菀华，1996. 风险间关系的研究及其在风险管理中的应用[J]. 科研管理（4）：24-29.

赵恒峰，邱菀华，1997. 风险因子的模糊综合评判法[J]. 系统工程理论与实践，17（7）：95-98.

钟懿辉，2013. VaR 值法在海外投标项目风险评估中的应用研究[J]. 管理现代化（3）：66-68.

朱明明，2010. 基于模糊层次分析法的工程项目风险评估[J]. 科技管理研究，30（20）：214-217.

朱启超，匡兴华，沈永平，2003. 风险矩阵方法与应用述评[J]. 中国工程科学，5（1）：89-94.

朱玮，王德，TIMMERMANSH，2009. 多代理人系统在商业街消费者行为模拟中的应用——以上海南京东路为例[J]. 地理学报，64（4）：445-455.